ARTHURIAN ARCHIVES

V

Norse Romances

Volume III

Haerra Ivan

ARTHURIAN ARCHIVES

ISSN 1463-6670

General Editor: Norris J. Lacy

Previously published volumes in the series are listed at the back of this book

Norse Romance

Volume III

Hærra Ivan

Edited by
Marianne E. Kalinke

D.S. BREWER

© Henrik Williams and Karin Palmgren 1999

All Rights Reserved. Except as permitted under current legislation
no part of this work may be photocopied, stored in a retrieval system,
published, performed in public, adapted, broadcast,
transmitted, recorded or reproduced in any form or by any means,
without the prior permission of the copyright owner

First published 1999
D. S. Brewer, Cambridge

Reprinted in paperback and Transferred to digital printing 2012

ISBN 978–0–85991–560–1 hardback
ISBN 978–1–84384–307–8 paperback

D. S. Brewer is an imprint of Boydell & Brewer Ltd
PO Box 9, Woodbridge, Suffolk IP12 3DF, UK
and of Boydell & Brewer Inc.
668 Mt Hope Avenue, Rochester, NY 14620, USA
website: www.boydellandbrewer.com

A CIP catalogue record for this title is available
from the British Library

Library of Congress Catalog Card Number: 99-21646

This publication is printed on acid-free paper

CONTENTS

Introduction   3

Hærra Ivan   10
    EDITED BY Henrik Williams AND Karin Palmgren

Sir Ivan   11
    TRANSLATED BY Henrik Williams AND Karin Palmgren

Variants   300

Select Bibliography   313

The publication of this book was made possible by a grant from the Swedish Council for Research in the Humanities and Social Sciences (HSFR).

ABSTRACT

Hærra Ivan is the first major work of fiction in Swedish. It was first translated from French into Old Swedish in 1303 at the behest of the German-born Queen Eufemia of Norway. This Arthurian romance introduced courtly literature into medieval Sweden and launched a new metrical type, extended narrative in *Knittelvers*. The 6446 verses (in the present edition) are an important source of our knowledge of the language of the time. *Hærra Ivan* has previously been edited twice, by J. W. Liffman and George Stephens (1949) and by Erik Noreen (1931). The present edition is based on the latter, with some minor alterations, but the text is presented in normalized Old Swedish, the first full-scale attempt to do so with an Old Swedish text. Divergences between the edition and the text of the main manuscript, Codex Holmiensis D 4, are provided in the apparatus. The romance is also translated into English and its literary and linguistic context described in the Introduction.

INTRODUCTION

The Arthurian romance about the adventures of the "Knight with the Lion," *Hærra Ivan*, was the first major work of fiction in Swedish. Like all other such works in the Middle Ages it was translated into Classical Old Swedish (1225–1375) from the language of a culture with deeper literary roots.

In the year 1300 Sweden was in some respects a culturally poor nation. In spite of the fact that most of the country had been Christianized for at least a century, and some parts several hundred years, continental influence had by no means fully penetrated Swedish society. This was true also for the higher strata of the population, even though they were the first to emulate foreign customs. Not until the 1280s did Sweden enact its first laws to regulate the existence of a noble class, and a fully feudal society never developed. Yet the need for Swedes to adopt "civilized" customs must have been obvious to anyone with international contacts, especially when the first diplomatic envoys were sent out, usually to broker royal marriages.

Such a marriage was instrumental in bringing courtly literary culture to Sweden, not surprisingly through contacts with its immediate neighbor, Norway, which had a much longer Christian tradition and closer contacts with the continent. In 1299 the Norwegian king Hákon Magnússon married the German princess Eufemia. In 1301 their only child, Ingiborg, was born. To secure their daughter's position they soon moved to have her allied to a powerful Swedish dynasty. Still an infant, she was betrothed in September 1302 to the twenty-year-old Swedish duke Erik, brother of the king of Sweden. In the summer of 1307 Erik returned to Norway to marry Ingiborg, but the marriage plans were delayed. In 1311 the differences were reconciled, however, and the wedding took place in the following year, unfortunately after Queen Eufemia had passed away in May 1312.

According to the manuscripts, Eufemia commissioned the translation of three romances—hence their designation *Eufemiavisorna* "Eufemia's lays": *Hærra Ivan* from French, *Hærtogher Fredrik* from German, and *Flores ok Blanzaflor* (its original language is not mentioned.) The poems were possibly translated by one and the same person. This translator is not only responsible for the introduction in Sweden of a new genre, the romance, but also for a new kind of verse, the *Knittelvers*, imported from Germany, which was most popular in Sweden throughout the Middle Ages.

The three *Eufemiavisor* were thus the first and most dominating form of courtly literature in Sweden. As such they have merited much scholarly attention, at least until the 1940s. The main points of inquiry have been three.

1. Were the *Eufemiavisor* first translated into Norwegian or into Swedish (or even Danish)?
2. When were they translated, and in which order?
3. Are they the work of the same or different translators, and who were they?

These questions were answered with reasonable certainty by Valter Jansson in his study *Eufemiavisorna. En filologisk undersökning* (1945). His study was preceded by half a century's intense discussion of the *Eufemiavisor*, chiefly by Stanislaw Sawicki's *Die Eufemiavisor. Stilstudien zur nordischen Reimlitteratur des Mittelalters* (1939). Jansson's impressive work not only managed to solve many problems, but also seems to have laid to rest scholarly interest in the subject. Since the publication of his monograph, not very much has been written about the *Eufemiavisor*, the most important exception being an article by Tony Hunt (1975).

I refer to Jansson's book for a complete survey of earlier literature and a review of the research history. The following is a summary of Jansson's most important results, and may be considered the *Stand der Forschung* even today, more than fifty years after the publication of his book. His answers to the above-mentioned questions are:

1. The *Eufemiavisor* were certainly translated from French (*Hærra Ivan* and *Flores ok Blanzaflor*) and German (*Hærtogher Fredrik*) respectively, and directly into Swedish rather than Norwegian. The language of the *Eufemiavisor* is not nearly as archaic as Old Norwegian was at the beginning of the fourteenth century, and many words and forms are specific to Old Swedish rather than Old Norwegian. This can be ascertained by the use of diagnostic forms in rhymes, where the risk of changes is slight compared to the language in the rest of the verse. Also, the heavy use of German loanwords and certain specific words is more typical for Old Swedish.

A number of evidently West Scandinavian words and forms do exist, and for this reason some scholars thought that the *Eufemiavisor* had been translated first into Norwegian, and then into Swedish. Jansson proves, however, that these western traits show not that the *Eufemiavisor* were translated from Old Norwegian, but rather that the Old Swedish of the translation is typical for certain dialects in the west of Sweden. Other, evidently South Scandinavian (Danish) traits, direct the search for the dialect used towards southwestern Sweden.

2. According to the Swedish manuscripts *Hærra Ivan* was "turned into rhyme" in 1303, *Hærtogher Fredrik* in 1308, and *Flores ok Blanzaflor* just before the death of Queen Eufemia (May 1, 1312). The reason why this self-dating, and its internal order, has not been universally accepted is threefold. Some scholars claim that linguistically the translation cannot be as early as the beginning of the fourteenth century. As for the order, there is a discrepancy in the dating of *Hærtogher Fredrik* in the Danish manuscript G, which gives the date of its translation as 1301. This latter fact fits well with the assertion by some scholars that *Hærra Ivan* shows much influence from *Hærtogher Fredrik*, and hence cannot have been translated five years earlier, as the Swedish manuscripts state, but most likely two years later, as claimed in the Danish manuscript.

Jansson argues forcefully and for the most part convincingly in favor of accepting the datings of the Swedish manuscripts at face value. He shows that the *Eufemiavisor* as preserved in the manuscripts represent a state of the language from the beginning of the fourteenth century. The forms occurring in rhymes are interestingly enough often more modern than forms within the verse, contrary to what might be expected. Jansson's opinion is that the genre itself and the influence from less archaic southern Old Swedish and Old Danish explain the seemingly anachronistic novations.

Jansson also denies any influence on *Hærra Ivan* from *Hærtogher Fredrik*, and seeks to show that the exact opposite is true. Much of the putative influence is derived from the common German verse tradition influencing both translations.

If we can trust the traditional dating, as seems likely, it is possible to link this to the circumstances surrounding the commissioned translations. Queen Eufemia seems to have been unusually attached to Duke Erik, and it was indeed natural for her to commission a romance, *Hærra Ivan*, to be translated into the language of her future son-in-law. Eufemia had probably planned the reading of the second translated romance, *Hærtogher Fredrik,* to coincide with the wedding celebration. When the wedding finally was to take place Eufemia had just died, but not before commissioning *Flores ok Blanzaflor.*

The contents of the romances harmonize with these events; they are thus an early example of the sociology of literature: *Hærtogher Fredrik* describes how a suitor overcomes the difficulties put up by his future father-in-law, and Eufemia may have intended the romance as encouragement to Erik not to give up his suit after the break with King Hákon. In the third romance Flores gets his Blanzaflor after many trials and tribulations—indeed a fitting wedding gift to Erik.

3. According to Jansson, all of the *Eufemiavisor* were translated by the same person. He shows how the skills of this person grew throughout the three romances; how typical traits at the end of *Hærra Ivan* recur at the beginning of *Hærtogher Fredrik*. *Flores ok Blanzaflor* completes this progression, even if it is closer in style to *Hærra Ivan.*

On his first trip to Norway, Duke Erik was accompanied by five noblemen from western Sweden, two of whom were from the southwestern, then Danish, province of Halland, the very area the language of the *Eufemiavisor* indicates as its origin. Jansson ventures the guess that the translator of the *Eufemiavisor* may have been in the company of the two noblemen from Halland and that the translation offers certain indications that a cleric may have been responsible.

The Manuscripts

Even though it is likely that the *Eufemiavisor* were translated at the very beginning of the fourteenth century, almost all of its manuscripts are quite late; only a fragment of *Flores ok Blanzaflor*, probably from after 1350, is earlier than the fifteenth century. Manuscripts of *Hærra Ivan* and *Hærtogher Fredrik* seem, however, to be mentioned already in the 1340s as belonging to King Magnús, the son of Duke Erik.

The preserved manuscripts of *Hærra Ivan* are presented and discussed in Noreen 1929 and 1931; they are as follows:

A. Codex Holmiensis D 4, Kungliga Biblioteket in Stockholm. Old Swedish. The text of *Hærra Ivan* was probably written in the cloisters of Vadstena by (at least) five hands, the earliest (hand 3) possibly from the first quarter of the fifteenth century and the latest (hand 2) from somewhat later than 1450. Changes are carried out, mostly by hand 2. The text is nearly complete, except for loss of verses 26–40, 1957–2062, and 3477–3600 of the present edition, which, however, incorporates readings from other manuscripts (see below).

B. Codex Holmiensis D 4a (Codex Verelianus, "Fru Märetas bok"), Kungliga Biblioteket in Stockholm. Old Swedish. *Hærra Ivan* is written in one hand from circa 1448 (Åström, p. 242).

C. Codex Holmiensis D 3 ("Fru Elins bok"), Kungliga Biblioteket in Stockholm. Old Swedish. At least three hands wrote Hærra Ivan in the year 1488 (Åström, p. 245 f.) . The manuscript, badly damaged by moisture, has suffered serious loss of text. There are linguistic traits typical for southern Scandinavia.

D. Codex Skokloster 156, Riksarkivet in Stockholm. Old Swedish/Norwegian mix (birgittinernorska). Written in the 1450s or somewhat later by Johannes, friar in Bergen. Incomplete text of 3355 verses.

E. Codex Holmiensis K 4, Kungliga Biblioteket in Stockholm. Old Danish. Written in one hand from the second half of the fifteenth century. Text stops at verse 6176 of this edition. Verses 2304–68 are also lacking due to loss of a leaf.

F. Codex Holmiensis K 47, Kungliga Biblioteket in Stockholm. Old Danish. Written in two hands from the end of the fifteenth century. The text corresponding to vv. 531–93 of this edition is missing because a leaf is torn out.

According to Erik Noreen none of the manuscripts is a copy of another. Mss. A–E are related and must be derived from a common source, but ms. F represents a separate tradition, giving the most complete text. It may be noted that the two Old Danish manuscripts, E and F, are thus not derived from the same source.

Previous Editions

The Old Swedish manuscripts of *Hærra Ivan* were first published by J. W. Liffman and George Stephens in their *Herr Ivan Lejon-riddaren*(1845–49). Ms. A constituted the main text, 534 "missing lines" were supplied in a list of notes (pp. CXLV–CCV) from other manuscripts, and other variants in these manuscripts were listed in an appendix.

In 1931 Erik Noreen published the text again as *Herr Ivan*. He also used ms. A as the basis for his edition and justified the publication by the flood of errors in the first edition and its unwieldy apparatus. Noreen lists his own variants as notes at the bottom of each page in the standard manner. He is sparse in giving variants from ms. C, since it is so similar to ms. B. In keeping with the philological practice of the time, Noreen added punctuation and capitalization when needed. He subdivided the text into sections, following the edition of *Yvain* by Wendelin Foerster. Noreen also numbered every fifth verse and marked expanded abbreviations in italics. He justified his textual emendations in his *Studier rörande Eufemiavisorna* 3 (1929). The edition itself is typical of its time and hence highly reconstructive. Noreen's basic premise was that the late manuscripts recording *Hærra Ivan* are obviously corrupt on numerous points. He argued that the independent manuscript traditions represented by mss. A–E on the one hand and ms. F on the other constitute a basis for emending the text substantially: whenever ms. F shares a feature with at least one manuscript in the group A–E, it most likely derives from a source closer to the original.

Noreen's stated intention was to reconstruct the text according to his best ability. The number of emendations to the text of ms. A is substantial. Liffman and Stephen's *Herr Ivan Lejon-riddaren* consists of 5754 verses, Noreen's *Herr Ivan* of 6446. Even if we discount the verses that Liffman and Stephens supply in an appendix, we find that Noreen has added another 158 verses. Noreen incorporates the emendations from mss. B–D without indicating this in the text (but, of course, in the notes), but emendations from mss. E and F, as well as conjectures, are marked by means of spacing.

The Present Edition

Noreen's edition fulfilled the highest scholarly expectations when it was published, and there have been no calls for another edition. Nevertheless, it is somewhat dated (and also out of print). Today's respect for the text of a manuscript was different in his time, yet his text still functions very well as the basis of almost any kind of study. It would be a waste of time to produce another edition of the same type as Noreen's.

Noreen's edition is therefore the basis of the text presented here, and the present edition serves as a complement to Noreen's *Herr Ivan*; to try to replace it would be presumptuous on my part. Noreen's edition is also available online at *Forntext*, the data base of older Swedish texts based at Gothenburg University. I have utilized this electronic version, which, however, was not proofread. Fil. dr Zeth Alvered of Uppsala University was kind enough to provide me with a very helpful concordance of the electronic text. After correcting the text to ensure that it followed the Noreen edition to the letter, I edited his text with caution and transposed it into normalized Old Swedish (see below). My punctuation sometimes differs from that of Noreen and I have joined certain compounds (see Variants). It should be pointed out that I do not mark expansions in the text or apparatus.

As noted, I have no intention of presenting a new critical edition of all the manuscripts. At the same time, it would be unsatisfactory to present a text based solely on Noreen's edition, it being the theoretical construct that it is. Therefore the Variants contain readings from ms. A whenever Noreen's text (and my edition) deviates from it, for example, when Noreen has supplied text for damaged or illegible passages, or when he has chosen a reading from a manuscript other than A. Furthermore, the text of ms. A has been corrected by several fifteenth-century hands, mostly by that of scribe 2. These revisions in ms. A are also indicated in the Variants. Thus, the text of at least one manuscript is available in full to the reader consulting the Variants.

The justification for and objectives of the present edition are to encourage the now negligible study of Old Swedish outside Sweden. The reasons for this situation are several, the two most important being that Old Swedish literature is poor compared to that in Old West Norse, and that Old Swedish texts are presented in a forbidding manner, at least to students and scholars used to normalized Old Icelandic. If Old Swedish is to (re)gain any degree of popularity, I believe it must be presented in a more appealing manner. The text and translation presented here aim to do that.

By tradition, Old Swedish is not normalized except for the regularization of punctuation and capitalization. Exceptions to this rule are very few, limited in scope and quite inconsistent. This is not the place for a full discussion of the problem, but the reasons behind the reluctance to normalize may be twofold. Most publishers of Old Swedish texts have been interested primarily in language, not literature. They have feared that normalization destroys evidence of dialectal and other linguistic variation of a text. This argument is valid, and it constitutes one of the reasons why diplomatic texts are necessary. The second reason why normalization is frowned upon probably derives from the difficulty of choosing a proper norm. Old Swedish changed dramatically from the ninth to the sixteenth century. Runologists, however, have succeeded in establishing a norm for Runic Old Swedish (800–1225), despite the variation during this period. Classical, or Early, Old Swedish (1225–1375) and Late Old Swedish (1375–1526) can in fact be normalized differently, should there be a need for this.

It is noteworthy that Noreen himself seemed compelled to normalize the portions of *Herr Ivan* that he incorporated from other manuscripts—and not only the Danish—whenever he thought the orthography deviated too much from that of ms. A. Examples of this practice may be found in verses 285–86 and 5247–48 of his edition.

I present here the first attempt to normalize an Old Swedish text of any length in a consistent manner. The lack of an established norm does not mean that normalization can be arbitrary. In my opinion there is at present only one practical option. The great dictionary of Old Swedish by K. F. Söderwall, *Ordbok över svenska medeltidsspråket* (1884–1918, Supplement 1925–73), uses normalized headwords. I have in principle used these, but with the following exceptions:

1. The letters *ä* and *ö* have been replaced with *æ* and *ø*.
2. Vowels in grammatical suffixes have not, as a rule, been normalized. This means that traces of Old Swedish vowel balance may still be discerned. The epenthetic vowel, however, is always written *e*.
3. Deviant forms in rhymed position have not been normalized, even when non-rhyming (cf. *svo ~ sva*). This is important to remember.

It should also be noted that the assimilated forms *ll* and *nn* have been normalized to *ld* and *nd*, respectively, but that forms of words without expected consonant intrusion, such as *somna* instead of *sompna*, are not normalized.

The normalization is thus almost entirely orthographical, seldom grammatical. Grammatical "errors" are not corrected. The principle behind the normalization is to make the text more accessible to readers unaccustomed to Old Swedish, and to make its meaning clearer, but also to ease the transition to reading unnormalized texts. For help with Old Swedish, see the standard grammars in German by Adolf Noreen (1904) and Elias Wessén (1970). English presentations of the history of the Swedish language have been written by Gösta Bergman (1973) and Einar Haugen (1975).

The Translation

To my knowledge no substantial portion of *Hærra Ivan* has been translated before. The English translation in the present volume has been carried out in cooperation. Karin Palmgren, Kalmar, completed the first version, together with extensive glossaries and commentaries, which also were helpful in my work on the edition itself. I produced a second version of the translation, which in its turn was much improved by Marianne Kalinke, University of Illinois at Urbana-Champaign. Karin Palmgren has carried the heaviest load in this collaboration. I assume the scholarly responsibility for the accuracy of the translation.

The Estate of Erik Noreen, represented by his children Sven Noreen and Emily Östlund, is gratefully acknowledged for permission to use the text of *Herr Ivan* as a basis for this edition.

Uppsala
December 1, 1998   *Henrik Williams*

HÆRRA IVAN

I nampn faþers ok sons ok þæs hælgha anda
vil iak taka mik til handa
forna saghu fram at føra
þem til skæmptan þær a viliæ høra
5   af þe værþoghasta konunga tva
þær man æ hørþe sagt i fra:
Karlamaghnus ok konung Artus;
til dyghþ ok æro varo þe fus.
Artus var konung af Ængland.
10 Han van Rom mæþ sværþ ok brand
ok var þær kesar mæþ mykle æra.
Han frælste Ængland af harþe kæra
ok skat þær romara fyrra giorþo,
sva at ængin han siþan kræfia þorþe.
15 Annar var Karlamaghnus af Franz.
Þæt vil iak Iþer sighia til sanz,
mot heþna mæn for kristna at striþæ
varo ænge fræmbre i þera tiþæ.
Baþe þe hærra iak sæghir i fra
20 þe hava þera framfærþ skipat sva,
ivir alla væruldina gar þera lof
hvar hærra ok førstæ søkiæ hof.
Konunga synir þe søkto þera hem,
hærtoghar, iærlar, grevar þiænte þem;
25 riddara synir þe giorþo ok sva
ok alle þe þær viþer kunno na.
Um þænne værþugh konung Artus dagha
varo kæmpæ starke þera lif þorþo vagha
for riddarskap ok fruor æræ.
30 Þæt ær illæ þe æru nu færræ
for fruor lof viliæ pris at vinnæ;
man kan þem nu næplik finnæ.

En sagha ær þe þær iak vil sighiæ,
þæt ær mik tet iak eigh ma þighiæ,
35 um en riddare, þæn ærlikaste man
þær man um hans dagha fan,

SIR IVAN

In the name of the Father, the Son, and the Holy Spirit
I will take upon myself
to tell an old tale
as entertainment for those who want to listen
about the two most worthy kings   5
about whom stories have ever been told:
Charlemagne and King Arthur;
they were eager for virtue and honor.
Arthur was the king of England.
He conquered Rome with sword and fire   10
and was emperor there with great glory.
He freed England from hardship
and from tribute which the Romans formerly imposed,
so that nobody has dared demand it since.
Charlemagne was the other one.   15
In truth I want to tell you:
where Christians battled against the heathens
none was more outstanding in those days.
The two rulers I am telling about
have governed their actions in such a manner   20
that their praise has spread over the entire earth,
wherever lords and princes hold court.
The sons of kings sought them out;
dukes, earls, and counts served them;
sons of knights did so as well   25
and all those who were able to do so.
In the days of the worthy King Arthur
there were strong champions who dared risk their life
for chivalry and the honor of ladies.
It is a pity there are fewer now   30
who want to gain honor in order to win praise from the ladies;
now they are scarcely to be found.

There is a story I would like to tell,
something revealed to me that I cannot conceal,
about a knight, the most renowned man   35
found in his day,

þæn þær þiænte konung Artus
daghlika pa hans hus.
Konung Artus sum I havin hørt
40 ær høvisk ivir allæ førstæ giørþ,
han i þæn sama timan
hiolt et hof forsniman
mæþ mykin fryghþ um pingizdagha tiþ.
Fruor ok iomfruor þe varo þær bliþ.
45 Riddara ok svena þe giorþo þem gaman
mæþ diost ok bohorþ þær þe komo saman,
þa konungen var mætter i open sol
up a sit hus i Karidol.
Þa þe varo mætte þe sato til saman,
50 riddara ok fruor giorþo þem gaman,
ok kalzaþo margt hvat slikt haver valdit
at mykit varþer iæt ok litit haldit
af alskyns minne þær fruo hava vald;
þæn ma vara i hiærtat bald
55 þær þe vilia hava til þiænaræ næræ
ok hava i þera hiærta kæra.
Þæt vil iak hælzt af ævintyr skriva
hvat skæmptan þe mondo forþom driva.
Þa konungin var mæt sum iak fyr saghþe
60 han eigh mælte utan sat ok þaghþe.
Hvat konungin vil i sit hiærta mena
þæt viste ængin utan han ena.
Han stoþ up ok gik at sova;
þæt folk sat alt ater til hova.
65 Þær undraþo riddara ok svena pa;
han var eigh van at gøra sva.
Drotningin var mæþ honom inne,
fruor ok mør ok høviska qvinna.
Þe riddara mæþan þær ute standa
70 —hvat ævintyr kom þem þa til handa?—
Segremors ok Gavian,
Kalegrevanz ok hærre Ivan
ok hærra Kæyæ qvaþsprak,
þær æ talær illa a hvars manz bak,
75 ok andre riddare flere;
þy var þera skæmptan mere.
En riddare het Kalegrevanz,
han hof sit ævintyr ok saghþe til sanz,
þær honum var mere laster æn æræ;
80 þy monde han sik saræ kæræ,
þa han sit ævintyr saghþe fram,

Hærra Ivan

who served King Arthur
every day at his castle.
King Arthur, as you have heard,
is esteemed above all other kings. 40
On this occasion
he had recently held court
with much joy at Whitsuntide.
Ladies and maidens were merry there.
Knights and squires entertained them 45
with jousts and tournaments when they assembled
under the open sky, after the king had eaten his fill
at his castle at Carduel.
After they had eaten their fill, they sat around;
knights and ladies amused themselves, 50
joking much about what had happened,
when much is promised but little kept
in matters of love where ladies rule;
that man must be bold of heart
whom they shall want at their service 55
and whom they would cherish in their hearts.
I want most of all to write about an adventure,
the kind of amusement they formerly enjoyed.
When the king had eaten his fill, as I told you earlier,
he did not speak but sat in silence. 60
What the king contemplated in his heart
no one knew but he alone.
He stood up and went off to sleep.
All the courtiers remained assembled.
Knights and squires were astonished: 65
he was not wont to do so.
The queen was with him in his chambers,
as well as ladies, maidens, and courtly women.
Meanwhile the knights were standing outside,
—what adventure befell them then?— 70
Sagremor and Gawain,
Kalegrevanz and Sir Ivan
and Sir Kay, the slanderer,
who always speaks ill behind every man's back,
and several other knights; 75
thus their amusement was greater.
One knight by name of Kalegrevanz
began his tale and told a true story,
which was more to his shame than to his credit;
that is why he may sorely regret 80
that he told of his adventure,

þæt han sik siælver hiolt for skam.
Drotningen monde þær næla ga,
hon stoþ þær nær ok lydde up a.
85 Ængen varþ viþer þætta var
utan Kalegrevanz, at hon þit gar.
Þæn æþlæ riddare stolt ok goþ
þaghar up mot hænne stoþ.
Hærra Kæye gaf honum þæt til saka,
90 han fik eigh bæter til orþa taka:
"Þu æst æn høviskare æn vi alle,
for þy skulum vi þik hærra kalla.
Þo man letar baþe ute ok inne
man kan eigh þolikin kæmpa finna.
95 Þæt þykker minne fruo sva,
I ærin en fromare æn andre tva.
Hvar skulum vi annan þolikin fa,
þæn þo ær krank at lita up a?"
Þa mælte æn hærra Kæye:
100 "Þæt vil iak Iþer sæghia,
til tokt æru vi alle ofsene
utan hærra Kalegrevanz ene."
"Kære hærra, mælin eigh sva!
Hær var ængin forespa.
105 Vi fingom mina fru ofsent at se;
þæt gør os allom saman ve."
Drotningin mælte til Kæye þa:
"Þit hiærta monde nu sunder ga,
hafþe þu eigh þolikt spot nu giørt,
110 sum vi havum alle saman hørt.
Þu haver alla mæþ spot untfangit,
þæt haver þik opta illa gangit."
Þe riddara varo mæþ bøn til reþo:
"Min fru, I skulin eigh varþa vreþa!
115 Han þiænar Iþer giærna til alla mata,
þo kan han sit spot eigh lata."
"Mik þykker iak haver ængte sagt
þær eigh bæter ær mælt æn ivir vare þagt.
Ængin skulde androm spot at driva
120 utan tokt ok æro hvar androm giva;
þy skulum vi alle hær mæþ þighia
ok riddarin sit ævintyr fram at sighia."
Þæn riddarin mælte: "Þæt sæghir iak þik,
hærra Kæye, um þu vilt lyþa mik,
125 mik bør eigh viþer þik at kiva;
sva mykin odyghþ þa kan þu driva.

in which he found himself humiliated.
The queen would pass close by
and stood near by and listened.
No one was aware of this, 85
except Kalegrevanz, that she approached.
The noble knight, honorable and courteous,
immediately stood up for her.
Sir Kay reproached him for that,
nor did he begin to speak any better: 90
"You are more courteous than the rest of us
and we should therefore address you as 'my lord.'
Even if we searched both outside and within,
we could not find such a champion.
My lady thinks so as well, 95
you are twice as capable as two others combined.
Where else should we find such a man,
who is nonetheless so untrustworthy?"
Then Sir Kay spoke again:
"I want to tell you this: 100
in respect to courtesy we are all too slow
except for Sir Kalegrevanz alone."
"My dear sir, do not speak like that!
There was no forewarning.
We noticed my lady too late; 105
all of us regret it."
The queen then said to Sir Kay:
"Your heart would have burst,
had you not been able to vent your rancor
as all of us have now heard. 110
You are always deriding everyone,
and things often go badly for you."
The knights were ready to plead for him:
"M'lady, you should not be angry!
He serves you willingly in every way, 115
but he cannot help his spite."
"I think I have not said anything
that is not better revealed than concealed.
No one should inflict scorn on others
but rather show each other courtesy and honor; 120
therefore all of us should hold our peace,
and the knight shall recount his adventure."
Then the knight spoke: "I tell you this,
Sir Kay, if you will listen to me,
I shall not argue with you any longer; 125
you are able to express so much wickedness.

Þæt þu mik driver for spot ok haþ
þær af æst þu siælf forsmaþ.
Þu ma mik eigh til skaþa koma,
130 þu mat mik ok sva litit froma.
Þu haver ok alla mæn forsmat
hvat þu format ok drivit þem haþ.
Þy vil iak giærna þakka þik,
at þu lot eigh brista a mik.
135 Mit ævintyr vil iak eigh længer sighia;
iak biþer mina fru, lover mik at þighia."
Hærra Kæye mælte æn þa:
"Min frua, um I vilin sva,
lyster Iþer þær a at lyþa
140 ok þænna goþa riddara at biþia
sit ævintyr fram at føra;
þæt ær þe þing vi giærna høra."
Drotningin mælte til hærra Kalegrevanz:
"Aktin aldrigh huru þæt gangs!
145 I þorvin eigh hærra Kæye at sætæ,
hans þrugh aktin ræt ængte vætta,
ok takin þæt Iþer eigh til skam.
For mina bøn sighin ævintyrit fram!"
"Min fru, matte þæt annat væra!
150 Þæt vare mik alt ofþungt at bæræ,
þætta ævintyr at sighia hæræ;
for Iþra bøn skal þæt þo væra.
Biþer iak ok alla þær til lyþa
hvat min orþ hava at þyþa.
155 I þænkin þær a mæþ vit ok sinne,
riddara ok fruor ok stolta qvinna,
hvat mik ær timpt ok ække drømpt,
mæþ mik var þæt æn aldrigh glømpt.

Þæt var forsniman ok ække lango,
160 iak for ok vilde nymære fanga,
væpnaþer væl til fot ok handa,
ok leta æn mik þorþe nokor bestanda.
Iak fan en vægh a høghro hand,
þær mik ledde til et fræmaþa land.
165 Þænne vægh var þiokker at riþa,
myrk ok þrang mæþ diupa liþa.
Han ledde mik genom ena viþa mark
til ena borgh þær var ful stark.
Stora gravar þær um gingo,
170 sva at ængin matte þær ivir springa.

Inasmuch as you inflict scorn and spite on me,
you will succeed in having yourself despised.
You cannot cause me harm,
no matter how little you can help me. 130
You have despised everyone else too
in every way possible and offended them.
Hence I want to thank you,
since you did not leave me out.
I do not want to tell my adventure any more; 135
I implore you, M'lady, permit me to remain silent."
Then Sir Kay spoke again:
"M'lady, if you will,
if you wish to listen
and to ask this noble knight 140
to tell of his adventure;
that is something we should like to hear."
The queen said to Sir Kalegrevanz:
"Do not mind the consequences!
You need not heed Sir Kay; 145
do not mind his abuse at all,
and do not interpret it as an insult to you.
At my request, tell about the adventure."
"M'lady, if only it could be otherwise!
It would be too difficult for me to bear 150
telling of this adventure here.
Still, at your reqeust it will be done.
I ask all of you to listen to
what my words have to convey.
Consider with reason and sense, 155
knights, ladies, and noble queen,
what happened to me, but not in a dream;
I have not been able to forget it.

It was recently and not long ago.
I set out in search of adventure, 160
well armed from head to toe,
in search of someone willing to test his mettle against me.
I found a road turning off to the right,
which led me to a foreign country.
This road was difficult to ride upon, 165
dark and narrow and with sheer drops.
It led me through a vast forest
to a castle which was well fortified.
A wide moat enclosed it
that nobody could jump over. 170

18 *Norse Romance*

```
       Ivir þe grava gik en bro.
       Husbondin kom ok mælte sva—
       han hafþe en høk a sinne hænde,
       havi han þak at han mik kænde—
175    'I skulin af stigha, i nat hær bliva;
       man skal Iþer alla naþer giva.
       Sighnaþ vare þe søta stund
       þær þik hær ledde a mina fund!
       Þu æst hær vælkomin Guþi ok mik.
180    Stigh bort af ok hvila þik!'
       Þær var arla qvælder ok dagher lius
       þa iak kom riþande til þæt hus.
       Mæþ mykin æra untfik han mik
       ok ledde mik up mæþ siælvum sik.
185    For utan husit þa hængde et borþ,
       af alskyns malm þa var þæt giorþ;
       en hamar hos þæt borþit la,
       þa man mæþ honum a borþit sla,
       þa taka þe riddara a husit at løpa,
190    hvar at sinom kompane øpa:
       'Vi skulum alle til hova ganga,
       mins hærra gæst mæþ ærom untfanga.'
       Riddara ok svena toko min hæst
       ok untfingo mik ræt aldra bæzt.
195    Þa møtte mik þe stolta iomfrughæ
       þær aldrigh ganger af min hugha
       ok aldrigh af mit hiærta gær
       æ hvar iak i væruldinne ær.
       Hon bøþ mik af hænna dyghþ
200    hiærtelika af væruldsins fryghþ.
       Þa giorþe hon sva dyghþelik
       þæt hon siælf afvæpnaþe mik.
       Siþan lot hon mik klæþe skæra,
       en riddare matte mæþ ærom bæra,
205    af brunt skarlakan ok hvitskin;
       en rik braza af gullit fin
       sat mæþ dyra stena
       gaf mik þe iomfrua rena.
       Hon ledde mik til en lønlik staþ;
210    mæþ ros ok lilia var han saþ
       ok yrter baþe gul ok grøn;
       iak toke þæt væl for al væruldsens løn;
       i þæn lukt lyste mik at væra;
       tokt iak þær sa af min hiærtelik kæra.
215    Þa gingo os þær alle i fra,
```

Hærra Ivan

Over the moat ran a bridge.
The master of the castle came and spoke—
he carried a hawk on his hand;
thanks be to him for taking note of me—
'You should dismount and spend the night here;   175
you will be shown every hospitality.
Blessed be the sweet moment
that brought you here to me.
God welcomes you and so do I.
Dismount and take a rest!'   180
It was early evening and the day was clear,
when I came riding up to the castle.
He received me with much honor
and led me in at his side.
Outside the castle there hung a gong   185
made of all sorts of metal;
a hammer lay beside the gong;
when someone strikes the gong with it,
the knights begin to run toward the castle,
each calling to his companion: 190
'We are all to go to court
to receive our master's guest with honor.'
Knights and squires took my horse
and received me extremely well.
Then the fair maiden met me,   195
the one who never will leave my mind
and never disappear from my heart,
no matter where on earth I am.
She offered me from the bottom of her heart
every possible joy in the world.   200
Then she behaved quite courteously
in that she herself removed my armor.
Thereafter she gave me splendid clothes,
which a knight could wear with honor,
of shiny scarlet and ermine;   205
a splendid buckle of precious gold
set with costly gems
the chaste maiden gave me.
She led me to a secluded place;
it was full of roses and lilies   210
of plants both yellow and green:
I thought it the finest place on earth.
In these surroundings I wanted to stay;
I found courteousness in my true love.
Then everybody left us.   215

ængin var ater utan vi tva.
Þa talaþe iak til min hiærtelik kæra:
'Skal iak fryghþ i væruldinne bæra,
þæt skal æptir Iþan vilia væra,
220 naþer, iomfrua, þæs havin I æra.'
Sva mykin glæþi hafþe iak þære,
iak toke þæt for al væruldsins æro;
matte þæt æptir min vilia ganga.
Aldrigh monde mik hæþan langa.
225 Þæt var mik þo mæst a men,
husbondin kom þa gangande i gen,
han bøþ os til borþ at fara:
'I maghin hær eigh længer vara.'
Vi giorþom hans vilia ok lotom han raþa;
230 han skipaþe os ræt alla naþe,
baþe vilt ok tampt ok alskyns kost,
ok bar os for baþe vin ok most
ok aldra handa naþe.
Guþ þakke honum for sina gavo!
235 Husbondin baþ mik þær vi sate
þæt iak skulde gøra ok ækki late
þæn sama væghin ater at riþa;
han saghþe han vilde mik hema biþa.
'Iak vet þæt monde lango væra
240 at þolikin riddare var komin hære,
þær sva for ævintyr at leta;
hvat I beþins þæt skal iak veta.'
Iak þakkaþe honum for þe æro
ok iætte at iak vilde koma þære.
245 Mik tok a min vægh at langa;
iak tok orlof ok gik til sianga.
Førsta daghin sit lius teþe,
þa var mik mit ørs til reþo.
Iak þakkaþe þem for þera dyghþ,
250 ok reþ iak þæþan mæþ glæþi ok fryghþ.
Þa iak hafþe riþit en litin stund,
þa kom þær løpande a mina fund
ville nøt ok grym diur,
leon, biørna ok pantiur
255 barþis þær mæþ mykin gny,
þæt iak ræþis for þem at fly.
Iak drogh mik þa ater til baka.
Þa varþ iak var viþer underlika saka,
en hirþe svartare æn en blaman,
260 leþare skapilse iak aldrigh fan.

No one remained except the two of us.
I then spoke to my heart's beloved.
'If I am to enjoy happiness in this world,
it must be according to your wishes,
gracious maiden, that is to your credit.'   220
So much pleasure I met with there,
that I thought it the greatest reward on earth;
had it gone as I wished,
I should never have longed to leave there.
But to my greatest unhappiness,   225
the lord of the castle then came back to us;
he invited us to go to table:
'You cannot stay here any longer.'
We did as he wished and let him decide;
he really showed us every hospitality,   230
provided game and beef and all sorts of food,
and brought both wine and juice
and all kinds of treats.
God reward him for his gifts!
The lord of the castle told me, as we sat there,   235
what I should do and not to neglect
to take the same road as before.
He said he would await me at his home.
'I know a long time has elapsed,
since such a knight has visited us   240
who is in search of adventure;
what you ask for, I shall grant.'
I thanked him for his kindness
and promised that I should return.
I began to long to set out;   245
I took leave and went to bed.
At the first light of dawn
my horse was ready for me.
I thanked them for their assistance
and rode away with joy and delight.   250
When I had been riding for a little while,
there came running up to me
wild beasts and fierce animals.
Lions, bears, and panthers
fought there with great clamor,   255
so that I was prepared to flee
and drew back again.
At that moment I observed a marvelous thing:
a shepherd blacker than a blackman,
a more loathly creature I have never seen.   260

Han hafþe i hænde ena stang
af iærn, baþe digher ok lang.
Han var fulder sum ilder knøs,
hans hovuþ var større æn ørsa høs,
265 halsin krokot sum ulvalde,
hans leþa skapilse iak nøþogh þalde,
hans har var hvast sum hiupona þorn,
næsa krokotte sum bokka horn,
hans øghon gul sum topasius,
270 af þem gik et sva ræþelikt lius,
hans mun var viþ, hans læpa bla,
hans haka sit a brystiþ la
anlitit þolikt sum biørna skin,
bassa tænder ok apina kin,
275 skæggit hvast ok illa flæt,
ryggin lang, mæþ kulom sæt,
hans føter breþe ok kartnæghle lang,
finger sum gripsklør varo þe vrang.
Han studde sik viþer enæ slæggio;
280 mio ok lange varo hans læggia.
Hans klæþe varo underlik
utan kostnaþ heþerlik;
þe rikasta klæþe han hafþe a,
þæt varo nøta huþer tva,
285 skurnæ alle i rema,
þem sa iak þær um honum svema.
Þa han sa mik til sin riþa,
iak vænte han þorþe mik eigh biþa,
han sprang a en attæ alnæ stubba,
290 studde sik viþ sina klubbo.
Han talaþe til min ræt ængte vætta;
iak viste eigh hvat slikt hafþe sæta.
Han sa til mik sva ræþelik
sum han vilde kiusa mik.
295 Iak hughsaþe alla handa saka,
hvat iak skulde til raþa taka,
at iak vare sva til reþo,
iak þorfte eigh ræþas for hans vreþe.
Iak hughþe at han monde galin væra,
300 mæþan han eigh mælte mæþ iak var þære.
Siþan þorþe iak fram at ganga,
se hvat ævintyr iak kunne fanga.
Iak mælte sum iak kunne bæzt:
'Sigh hvat manne þær þu æst,
305 hvat þu goþer hælder ilder ær,

Hærra Ivan

In his hands he carried a pole
of iron, both thick and long.
He was quite like an evil wight:
his head was bigger than that of a horse;
his neck was crooked like that of a camel. 265
His loathly looks I could hardly bear.
His hair was as prickly as a brier,
his nose as crooked as the horn of a goat,
his eyes as yellow as topaz:
from them went forth a frightful light; 270
his mouth was broad, his lips were dark;
his chin rested on his chest;
his face was like the skin of a bear;
a wild boar's teeth and monkey's cheeks,
beard prickly and poorly plaited; 275
his back was long and humped,
his feet broad with long deformed nails;
his fingers like a griffin's claws were malformed.
He supported himself against a sledge.
His legs were skinny and long. 280
His attire was strange,
splendid yet gratis;
the most valuable clothes he wore
were two cow hides,
entirely cut up into streamers, 285
which I saw flapping around him.
When he saw me riding up to him,
I expected him not to dare hold his own against me;
he jumped onto a stump eight ells high
and leaned against his club. 290
He spoke not a word to me.
I did not know what good that would do.
He looked at me as fiercely
as though he wanted to cast a spell on me.
I deliberated back and forth, 295
what I should do now
to prepare myself as best I could,
so as not to need fear his wrath.
I thought he must be mad,
since he did not speak while I was there. 300
Then I ventured to step forward,
to see what adventure I might encounter.
I spoke as well as I could:
'Tell me, what sort of a man you are,
whether you are good or evil; 305

hvi þu hær sva flatlika stær!'
Han svaraþe mik: 'Iak ær en man,
i fæghre skapilse mik ængin fan
æn þu haver mik hær nu set,
310 mina skæpna haver iak þik nu tet.'
'Hvat haver þu, kompan, hær at gøra?
Mæþ orlof vil iak þik at spøria.'
'Þæt haver iak gøræ um dagha langa,
þe diur at gøma þu ser hær ganga.'
315 'Iak vet eigh huru þæt ma væra
at þu kant þem gøme hære,
ville diur i øþe mark,
utan þe varo bundin mæþ band sva stark.'
'Sanlika, þæt sæghir iak þik
320 at þe æru al sva lyþogh mik,
sva haver iak þem mæþ lister fangit
at þe gita eigh fra mik gangit.'
'Nu manar iak þik a þina tro,
sigh huru þæt ma vara svo!'
325 'Þæt førsta þe høra mik at øpa,
þa þor ængte þera løpa;
þaghar iak far et at halda,
siþan ma iak þem allom valda;
iak taker þæt i horn ok kaster niþer,
330 at al hin annor skiælva viþer;
þe løpa til mik ok beþas naþe
ok fylghia al siþan mino raþe,
hvilikin annar þem giorþe sva,
han matte af þem stor skaþa fa.
335 Nu sigh mik, søte hærra kære,
hvat ær þin sysla? Hvi kom þu hære?'
'Iak ær en riddare, iak far ok letar
æptir þy mit hiærta reter,
hvar iak matte ævintyr fanga
340 þær mik til æro matte ganga.
Nu biþer iak, goþe kompan, þik,
at þu matte berætta mik,
hvar iak matte min mandom visa,
sva at min æra matte risa.'
345 'Iak kan Iþer et ævintyr sighia,
iak vil for Iþer þær eigh um þighia.
Hær ligger en kælda skampt i fra;
iak vil Iþer, hærra, sighia sva,
lyster Iþer þit at riþa,
350 I komin eigh þæþan for utan qviþa.

why you are standing there so abashed.'
He answered me: 'I am a man;
no one has encountered me in a fairer shape
than you now have seen me here.
I have now shown you what I look like.'   310
'What, fellow, are you doing here?
With your permission I want to ask.'
'I have to do this all day long;
I herd the animals you see wandering about.'
'I do not understand how it can be   315
that you can herd them here,
wild animals in this desolate land,
unless they were strongly fettered.'
'Truly, I tell you,
that all of them obey me,   320
for I have captured them with such cunning
that they cannot escape from me.'
'Now I urge you, upon your honor,
tell me how this can be!'
'As soon as they hear me shouting,   325
none of them dares to run away.
As soon as I catch hold of one,
I can control them all.
I take it by its horns and throw it down,
so that all the others tremble;   330
they run toward me and seek for mercy
and obey my commands from then on.
Anyone else who dealt with them thus,
would suffer great harm from them.
Now tell me, my dear sir,   335
what is your errand? What brought you here?'
'I am a knight; I set out to seek,
as my heart bids me,
whatever adventure I might encounter
that might redound to my honor.   340
Now I ask you, good fellow,
that you would tell me,
where I can test my mettle,
so that my honor might increase.'
'I can tell you about an adventure;   345
I do not want to conceal it from you.
Not far from here there is a spring;
I want to tell you this, sir,
if you desire to ride there,
you will not leave there without mishap.   350

Þænne vægh þær I hær ser,
han falder þit þær han Iþer ter
þe kældo þær iak haver af sagt;
hon ær alla væghna mæþ rosir þakt;
355 þe æþlo træ varo sat mæþ lista,
for vinters þvang þe løf eigh mista;
um kring hænne ær skipat sva
at solin kan hænne eigh na;
þe sama kælda haver mere pris:
360 hon ær iæmkald sum annar is.
Nær þe kældo ær en mulløgh af gul;
þær star en stolpe af under ful;
þe lænkia æru langa ok giorþa sva
at mulløghin ma væl vatnit na.
365 Þær star en kapella skampt i fra,
þe vænasta man mæþ øghon sa.
Tak vatnit af þæn springande brun,
þik varþer siþan væl ævintyr kun;
æn þu þæt um stolpan slar,
370 þu ser væl siþan huru þæt gar.
Þa komber vinter þær sva stark,
at alle þe fughla a þe mark,
leon, biørna ok alskyns diur,
ræþas for þæn harþa skur;
375 ræghn, haghl, frost ok snio,
ræþelik elder, þæt maghin I tro,
komber þær mæþ mykin dyn
for utan alla naþer ok skyn.
Kan þu sva þæþan koma bort,
380 þæt þik varþer ængte til menæ giort,
um Guþ þik þe lykko an,
þa æst þu sælare æn annar man.'
Hirþin baþ mik fara væl;
iak svaraþe honum: 'Lif hel ok sæl!
385 Þæt liþer nu fast at daghsins tiþa,
mik lyster eigh længer nær þik at biþa.'
Þa iak hafþe riþit en litin stund,
þa varþ iak var þæn vænasta lund
þær æ man mæþ øghon sa
390 nær þe kældo han saghþe i fra.
Iak vil þæt sighia af rættan akt,
mæþ blomster ok løf var hon sva þakt,
mik þotte þæt matte eigh ræghna sva,
at þæt matte þær genom ga.
395 I þæn lund þa varþ iak var

Hærra Ivan

The path you see here
will lead you where it will show you
the spring I have told about;
it is covered all over with roses.
The noble trees are planted with skill: 355
despite harsh winter they do not lose their leaves;
everything is so arranged
that the sun cannot reach it.
This spring has yet another quality:
it is as cold as ice. 360
Beside the spring there is a basin of gold;
there stands a wondrous pillar;
the chains are long and so arranged
that the basin easily reaches the water.
Quite nearby there is a chapel, 365
the most beautiful one eyes have ever seen.
Take water from the bubbling spring,
then an adventure will happen for sure;
if you pour it on the pillar
you will see what will happen. 370
Then such a violent storm will come
that all the birds in the land,
lions, bears, and all kinds of animals
will be frightened by this violent down-pour;
rain, hail, frost, and snow, 375
fierce flashes of lightning, believe me,
will break out there with great din
without any mercy or regard.
If you can get away from there,
nothing will do you harm; 380
if God grant you that luck,
you will be more blessed than any man.'
The shepherd wished me farewell.
I answered him: 'God speed! Good luck!
Day is now drawing to a close, 385
I do not wish to stay with you any longer!'
After I had ridden for a while,
I caught sight of the most beautiful grove
eyes have ever beheld
at the spring he had told me about. 390
I want to tell you this as accurately as possible.
It was so covered with flowers and foliage
that I did not think it could rain so hard
that it could be penetrated.
In the grove I discovered 395

ene mulløgh af gul sva klar,
þo man al væruldinne leta skal,
man finder eigh annar þolik fal.
Þæt mughin I for sannind tro
400 at þæn kælda væller svo
sum þæn kætil ivir elde hænger
ok vældin alla væghna um gænger.
Þæn stulpe var af smaragdus giørþ,
þæn sten var þit mæþ listom førþ,
405 undir honom fyra robin
sva røþe ok skære sum solen skin.
Af þe under þær iak þær sa,
þær ma iak væl sighia fra,
ok vil iak ængte af þy løna;
410 hva þit vil fara han ma þæt røna.
Iak tok þæn mulløgh þær hængde af gul
ok fylte af kældan til hon var ful
ok vatnit iak siþan a stulpan slo;
þæt angrar mik at iak giorþe svo,
415 for þy at þa burþis storm ok gny,
molnaþe himil ok molnaþe sky,
ok tok sva angistlika at ræghna,
elder fløgh þær alla væghna,
haghl ok frost monde þær eigh þryta;
420 iak þænkte at þær skulde alt niþer bryta.
Iak fik af ræddogha sva mykin nøþ,
iak fiol þær niþer sum iak vare døþ.
Hafþe Var Hærra eigh giort sva væl,
þa vare iak þaghar slaghin i hæl
425 af þe træ þær fiollo niþer;
þæt þakkar iak giærna þem iak til biþer,
þær alla væruldina haver at raþa
ok mik halp þæþan mæþ sina naþa.
Þa iak hafþe lighat ena stund i dvala,
430 þa hørþe iak ater þe næktergala
ok andra fughla mæþ søte røst;
mit hiærta gladdis ok fik ena trøst.
Þa iak sa lius ok solina skina,
þa glømde iak alla angist mina.
435 Æn sa iak þær en fughla skara
mæþ mykin fiælde i væþrit fara;
þe sungo mæþ sva søte tona,
æ mæþan iak liver iak ma þæt mona;
hvars þera røst var sær um sik
440 ok varo þo alla saman lik;

a basin of gold so bright
that even if one searched the entire world
one would never find its equal.
You can take this as the truth,
that the spring boils as hard 400
as the kettle hanging over the fire
and the boiling water spreads all around it.
The pillar was made of an emerald;
that stone was brought there with great skill;
under it were four rubies 405
as red and bright as the shining sun.
Of the wonders I saw there,
I want to tell you in full
and I do not want to conceal anything;
whoever wants to go there will experience it. 410
I took the gold basin hanging there
and filled it from the spring until it was full,
and then I poured the water over the pillar.
I regret that I did this,
because then the storm and din began, 415
the sky clouded over and the clouds darkened
and it began to rain very heavily;
lightning flashed about everywhere;
hail and frost were not missing.
I thought everything would be destroyed there. 420
My fear caused such great distress
that I dropped down as though dead.
Had Our Lord not seen fit
I would have been killed
by the trees that were felled. 425
I thank Him whom I worship,
Who has rule over the whole world
and helped me escape through His mercy.
After lying there unconscious for a while,
I heard the nightingale once more 430
and other birds with sweet voices;
my heart rejoiced and was comforted.
When I saw light and the sun shining,
I forgot all my anguish.
Once more I saw there a flock of birds 435
in large numbers flying in the air;
they sang with such a sweet sound
that all my life I shall remember it;
each of their voices was unique,
and yet they were all alike; 440

þolikin sang ma hvarghin væra
utan man finder ater þære;
mik þotte þæt vara sva mykin pris
ræt sum iak vare i paradis;
445 iak lydde sva længe a þera sang
at iak varþ hemsker af þera bang.
Siþan varþ iak var viþer annor tiþande,
en væpnaþer riddare kom þær riþande;
han rænde fast ok var sva fri,
450 iak þænkte at þe varo ti<o>.
Þa iak sa at han var en,
til mit ørs var iak eigh sen;
iak sprang a bak ok rænde af staþ
ok var iak i mit hiærta glaþ
455 at þe æra skulde mik koma til handa
at nokor þorþe mik bestanda.
Þæn riddare þær iak sa þær riþa
han øpte fast ok baþ mik biþa.
Han var grymber ok illa vreþ,
460 man matte han høra sva langa leþ.
Han øpte fast mæþ mykin kæro
ok spurþe hvi iak var komin hære:
'Þu haver mik giort en høghan oræt,
þæt skal þu giælda nu alt slæt;
465 atte þu mik nokra skuld at giva,
iak vilde æptir þit minne bliva;
mæþan þu haver giort for hoghamot,
þu skal þæs aldrigh fanga bot.
Þæt ma væl synas a þænna skogh
470 at iak haver fangit skaþa nogh.
Utan I vilin mik þæt bøta
þa vil iak Iþer sva harþlika møta
ok mik for Iþer eigh at giva
utan annar vara skal døþer bliva.
475 For þæn last I giorþen mik hære
þa ma iak mik sara kæra.
Iak matte eigh vara i mit hus.
For haghl ok frost ok eldsins lius.
Fruor ok mør þær fyrre varo glaþæ,
480 þem havin I komit i drøvilse ok vaþa
mæþ snio, storm ok harþæ skuræ;
þæt matte eigh hiælpæ torn, eigh muræ.
Hvat I havin giort þæt I varo balde,
fyr æn I koma bort, I skulin þæt gialda.'
485 Æptir þæsse orþ han þaghar þaghþe;

such a song cannot be found anywhere
unless you find theirs again;
I thought there was as much glory
as though I were in Paradise.
I listened so long to their song   445
that I became confused because of their sound.
Then I became aware of something else:
an armed knight came riding there.
He rode fast and was so undaunted
that I thought there must be ten.   450
When I saw that he was alone,
I was not slow to get my horse;
I mounted and rode off,
and I was glad in my heart
that I should be so honored   455
that someone dare to fight me.
The knight I saw riding there
called out loudly and asked me to wait.
He was fierce and very angry;
he could be heard from far away.   460
He voiced aloud some serious charges
and asked why I had come here.
'You have wronged me greatly
for which you will certainly suffer;
If you had any charge against me,   465
I would have settled it peacefully;
since you have acted out of arrogance
you will never receive satisfaction.
It can surely be seen in these woods
that I have suffered enough damage.   470
Unless you are willing to compensate me,
I shall fight very hard against you
and shall not surrender to you,
unless one of us is killed.
Against the outrage you have done me here,   475
I must protest strongly.
I was not able to be in my castle
because of hail and frost and lightning.
Ladies and maidens who used to be merry,
to them you have brought sorrow and danger   480
with snow, storms, and heavy rains;
no towers, no walls could withstand them.
For what you have done, being so bold,
you will pay before you escape.'
After these words he fell silent;   485

mæþ sin glævio han til mik laghþe.
Hans ørs var springande sum en ra;
en raskare riddara iak aldrigh sa.
Min skiold iak þaghar for mik bøþ,
490 iak matte mik væria, þæs giorþis mik nøþ.
Var ørs þe sprungo þa væl fast,
min glæviæ a hans hiælme brast.
Siþan var han mik alt for stark,
han stak mik niþer a þe mark;
495 han tok mit ørs ok bort han reþ;
mere skam iak aldrigh beþ.
Han vilde mik eigh þe æro te,
han virþe en tima til mik se.
Underløst þa giorþe han sva,
500 han var en starkare æn andre tva.
Hvat skulde iak þa til raþa fa,
þær iak hafþe ængte at riþa pa?
daghin leþ þa fast at qvælde.
Iak gik mik ater til þe kældo.
505 Þa tok mik ok þæþan at langa;
iak viste eigh hvart iak skulde ganga
utan gik ater til þæn skogh.
Min husbonda kom mik þa i hogh,
at þæþan monde iak hiælpina vænta,
510 hvat raþ iak monde af honum hænta.
Iak gik blyghelik i garþin fram
for þæn last ok for þæn skam
þær mik var um daghin skeþ
þæn morghon þær iak þæþan reþ,
515 þær iak min husbonda for mik fan.
Sva dyghþelika þa giorþe han
ok gik mik bliþelika i mot;
alla mina sorgh ræþ han mik bot.
'Þu æst hær Guþi vælkomin ok mik,
520 hvat hær ær bæzt þæt biuþer iak þik.'
Ængte matte iak annat finna
æn fruor ok mør ok høviska qvinna
þe giorþo mik sva mykin æra
sum første tima þa iak kom þære;
525 riddara ok svena þe giorþo ok sva;
þæt løne þem Guþ þær alt forma.
Alt þæt folk a husit ær
undraþo dighert hvi iak kom þær,
þæt min lykka var sva gangin
530 þæt iak blef hvarte døþ æller fangin;

he turned his lance against me.
His steed sped like a deer;
a swifter knight I've never seen.
I held my shield in front of me,
it was necessary for me to defend myself.   490
Our horses, they ran very fast;
my lance broke against his helmet.
At last he was too strong for me,
he knocked me to the ground;
he took my horse and rode off.   495
A greater disgrace I have never suffered.
He would not even honor me
with so much as a glance.
Of course he acted in that way,
since he was stronger than any other two.   500
What was I to do then,
since I did not have anything to ride upon?
The day was swiftly drawing to a close.
I returned once more to the spring.
Then I began to wish I were far away;   505
I did not know where to go
but returned to the woods.
Then I remembered my host once more,
and that I could expect help there,
whatever form that might take.   510
I went up to the house, shyly,
because of the disgrace and the shame
that had befallen me during the day
since I rode off from there in the morning.
There I found my host before me.   515
He acted very kindly then,
and came cheerfully towards me;
he found a remedy for all my sufferings.
'You are welcome both to God and me,
the best there is I offer you.'   520
I did not notice anything different,
for ladies and maidens and courtly women
paid me as much honor
as the first time I came there;
knights and squires did so too.   525
May God the Almighty reward them.
All the people at the castle
wondered greatly why I had come there,
that my luck had been such
that I was neither killed nor captured;   530

þa hafþo þe hvarte sport æller hørt
þæt þæþan kom nokor utan døþ.
Hvat iak viþer þe kældo sa,
þær haver iak Iþer sagt i fra
535 ok ængte vætta lagt þær til.
Han late, hva þæt eigh tro vil."

"Mæn vet," saghþe hærra Ivan,
"frænde, iak þik illa an,
þæt þu mik þæt eigh fyrra teþe
540 hvat þik viþ þe kældo skeþe.
Hafþe þu þik þær ræt um akt,
þu hafþe mik þæt fyrra sagt.
An mik Guþ baþe lif ok æmpne,
iak skal þin last væl ærlika hæmpna;
545 han skal koma i þolika nøþ
æller vil iak þær um bliva døþ;
mit lif vil iak þær um vagha,
þæt skal honum angra alla dagha."
Þa mælte um hærra Kæyæ:
550 "Hør mik hvat iak vil sæghiæ!
Hærra Ivan rosar af mandom sin,
þæt valder hans hovuþ ær fult af vin.
Hva nu vil striþa um silf æller gul,
han honum bestar mæþan han ær ful;
555 hærra Percefal ok Diderik van Bærna,
þem bestoþe han nu baþom giærna.
Þo at han i qvæld vil dighert þrætta,
þæt haver i morghon ængte sæta.
Kære hærra, nar vilin I fara?
560 Sighin os þæt hær opinbara!
vilin I qvar i nat hær liggia?
Þæt ær þe bøn min fru vil þiggia.
Iþer ma i nat sva væl drøma
þæt I maghin þæt for angist gløma.
565 Vilin I ændelika i apten riþa,
Vadein røþe þor Iþer eigh biþa,
far han þæt spyria sanlik
þæt I ærin nu sva angistlik.
Mughum vi æn alle þær viþer koma
570 at helse Iþer morghon hær i tome."
Drotningin svaraþe Kæyæ þa:
"Þit hiærta monde nu sunder ga,
hafþe þu þolikt spot eigh giørt
sum vi havum nu hær alle hørt.

they had never heard nor been aware
that anyone had escaped with his life.
What I witnessed at the spring,
that I have told you
without adding anything.   535
Believe it or not, as you wish."

"For sure," said Sir Ivan,
"kinsman, I am angry with you,
since you did not sooner tell me
what happened to you at the spring.   540
Had you really cared about it,
you would have told me sooner.
Lord, give me both power and opportunity,
and I shall duly avenge your disgrace;
he is going to experience such trouble   545
or I shall be killed in the process;
I will risk my life for this,
so that he will regret it all his life."
Then Sir Kay spoke:
"Listen to what I have to say!   550
Sir Ivan boasts of his prowess;
this is because his head is full of wine.
Anyone willing to fight for silver or gold,
he'll fight with while he is drunk.
Sir Perceval and Theodoric of Verona,   555
he would fight both of them now.
Even if he wants to start a fight tonight,
that is of no importance tomorrow.
My dear sir, when will you set out?
Tell us that here clearly.   560
Do you want to stay the night here?
That is the request our queen would accept.
May you dream so well tonight
that you are able to forget all your anxiety.
Would you prefer to ride off this evening,   565
Wadein the Red will not dare await you,
if he finds out
that you are now so violent.
May all of us who have the chance
greet you here in ease tomorrow."   570
The queen then answered Kay:
"Your heart would burst now,
had you not vented your spite,
as we have now all heard here.

575 Mik þykker þik vara en galin fiænda;
hvar man vilt þu mæþ orþum skænda.
Forbannaþ varþe þin fula tunga!
Hon haver þik giort dagha þunga,
þy at þu kan aldrigh af at lata;
580 þu æst þæs værþ man skulde þik hata."
Up stoþ þa hærra Ivan.
"Guþ vet, frugha," saghþe han,
"mik þykker ængte um Kæyæ orþ;
haver han nokor mandom giort,
585 þæt vil iak sighia sanlik,
han finder þæt væl mæþ siælvum sik.
Sina tungo ma han eigh stilla,
þy at han vil daghlika tala illa.
Hvar sins hærra æro vil akta,
590 han skal sik gørla þær um vakta,
gøma sin orþ ok vara eigh braþ,
þa varþer han ængin staþ forsmaþ.
Vilde hærra Kæyæ gøra sva,
þa matte han høghelik æro fa.
595 Þo vil iak sighia sanlik,
æn iak rætlika þænker mik,
mik bør eigh viþer þik at kiva,
sva mykin oføgho kan þu driva.
Þin orþ hava ængte sæta;
600 iak aktar þik ræt ængte vætta."
Þa þe hafþo sagt al þera nymære,
þa kom konungin gangande þære.
Þe þaghar up mot honum stoþo
ok alle honum sina þiænist boþo.
605 Konungin sattis nær drotninginne niþer.
"Gørin alle þæt iak Iþer biþer!
Riddara ok svena, I mughen væl sitia;
iak vil þæsse tiþande vita.
Drotningin skal sighia þæsse nymære
610 þær hærra Kalegrevanz førþe hære."
Drotningin var baþe høvisk ok glaþ,
hon saghþe þaghar fram i staþ,
kærþe høghelik ivir hans vanda
ok læt þær ængte æptir standa.
615 "Aktin þæt komber han haver at bæra,
vrækin þæn læst han haver at kæra,
for þæn skuld at I ærin vis;
þæs havin I baþe æro ok pris."
Þa konungin hafþe þætta hørt,

Hærra Ivan

I think you are an angry devil; 575
you want to insult every man with words.
Cursed be your nasty tongue!
It has given you hard days,
since you can never rein it in.
You deserve to be detested!" 580
Then Sir Ivan stood up.
"God knows, M'lady," he said,
"I do not care for Kay's words;
had he achieved some manly deed,
—this I truly want to tell you— 585
he invented the story himself.
He cannot control his tongue,
since he has to speak ill every day.
Whoever cares to be in his master's good graces,
should take care 590
to mind his speech and not be rash,
then he will not be despised anywhere.
If Sir Kay did so
he would be greatly respected.
Nevertheless I shall truthfully say, 595
if I consider the matter well,
I should not dispute with you,
you are capable of great mischief.
Your words are of no importance;
I do not pay any attention to you." 600
When they had told their adventures,
the king came walking toward them.
They immediately rose for him
and all paid him their respect.
The king sat down beside the queen. 605
"Please do as I bid you!
Knights and squires, you may sit down;
I want to know what has happened.
The queen should recount the adventures
that Sir Kalegrevanz has told here." 610
The queen was both courteous and merry;
she told him at once,
she lamented his difficulties
and left nothing out.
"Consider the embarrassment he has to bear, 615
avenge the disgrace he has to endure,
since you are wise;
thus you will have both honor and praise."
When the king had heard this,

620 vilin I høra hvat þær var giørt?
Han svor þa en høghelik eþ,
for þæn skuld at han var vreþ,
um Uterpandragons sins faþer siæl,
þær han giærna unte væl,
625 ok um siæl sinna moþer
ok sva sins kæra broþer,
þæt han skulde til þe kældo fara
mæþ riddarskap ok frugho skara
innan fiughurtan natta fræst
630 ok varþa Vadeins røþa gæst.
Alle vare þæsse tiþande fro
þæt konungin vilde gøra svo,
baþe riddara ok svena
utan hærra Ivan ena,
635 þy at han vilde giærna þæn første væra,
fyr æn nokor riddare kome þære,
ok sik þæt under vinna
þæt ævintyr at finna.

Hærra Ivan gik þa al ena
640 þit han fan sina svena.
Han lot en lønlik til sik kalla;
hina andra vara þær ater alla.
"Þu skal min gangara saþla i staþ!"
Svenin giorþe sum han baþ.
645 "Iak vil fyr i væghin riþa
ok þær vil iak þik lønlika biþa;
mit ørs skal þu æptir føra,
min tygh ok alt þæt þær til høræ;
gangarin før þu ater i gen;
650 iak vil riþa for utan sven.
Þu skal þæt for ængom opinbara
hvart iak vil hæþan fara."
"Havin þær ængin iævogha up a
at iak vil giærna gøra sva."
655 Han stegh a sin gangara ok reþ
lønlik stigh ok skamma leþ.
Svenin hiolt alt hvat han iatte
ok kom þæt skiutasta þær han matte.
"Þæt iak far sva lønlika bort,
660 þæt haver mik hærra Kæyæ giort.
Iak an honom eigh þæt ævintyr at fanga
þær mik daghlika æptir langæ.
Gavian æller hærra Kæyæ

Hærra Ivan

do you want to hear what there was done? 620
He swore then a solemn oath,
because he was angry,
by the soul of his father, Uther Pendragon,
whom he loved well,
and by the soul of his mother 625
and likewise by that of his dear brother
that he would go to the spring
with a suite of knights and ladies
within a fortnight
to be the guest of Wadein the Red. 630
Everyone was delighted at this news
that the king wanted to do this,
both knights and squires,
all but Sir Ivan alone,
because he wanted to be the first, 635
before any other knight came there,
and to achieve the marvel
of finding this wonderful adventure.

Sir Ivan then went alone
to where he found his squires. 640
He secretly sent for one of them;
the rest remained behind.
"You must saddle my riding-horse at once!"
The squire did as he requested.
"I want to ride on ahead 645
and wait there for you in secret
You are to bring my charger along,
my armor and everything that goes with it;
the riding-horse you will take back;
I want to ride without a squire. 650
You must not disclose to anyone
where I am riding from here."
"Do not have any doubts
that I shall willingly do so."
He mounted his horse and rode 655
on a secret path and the short way.
The squire kept everything he had promised
and followed as quickly as he could.
"I am leaving so secretly
because of Sir Kay. 660
I begrudge him the adventure
that I long for every day.
Gawain or Sir Kay

—þæt vil iak Iþer for sanno sæghiæ—
665 hvilikin þera þær hafþe um biþit,
konung Artus hafþe honom þæt genast givit."
Þa han væpnaþer var han þæþan reþ
krankan vægh ok myrka leþ,
høgh biærgh ok diupa dala;
670 han for þær ivir mæþ mykin qvala.
Þæn vægh var myrk ok ængte lius,
þær honum ledde til þæt hus
þær han þe æþla iomfru sa
þær I hørþin fyrra sagt i fra.
675 Han kunne þæt eigh fulsighia hær
af alle þe æro han fik þær
af þe stolta iomfruo klara
þær sina tokt kan væl bevara.
Hvat han hafþe fyrra af væruldinne let,
680 hænna lika hafþe han eigh set
til tokt ok æro i allan staþ;
man matte væl se þæt Guþ var glaþ
ok bliþ for utan møþa,
þa han læt hana føþa.
685 Guþ hænna æro gøme
ok mæþ sina naþer eigh forgløme!
Got hærbærghe hafþe han þe nat;
um morghonin reþ han þæþan brat
en vægh þær baþe var litin ok sma,
690 þær han þe villo diuren sa
ok þæn akerkarlin fan
þær likare var til trol æn man.
Han sighnaþe sik, hans hiærta skalf,
han þænkte þæt vara diævulin sialf.
695 Han spurþe væghin til þe kældo.
"I maghin þær, hærra, koma at qvælde."
Siþan reþ han fast, þæt var hans akt,
han fan þær alt sum honum var sagt.
Han fylte þe mulløgh ok giorþe svo
700 ok vatnit siþan a stolpan slo.
Þa fiol sva mykit myrker up a,
han viste eigh hvart han skulde ga,
frost ok snio, haghl ok is;
þa varþ han þæt ævintyr vis.
705 Þa myrkit forgik ok ater kom lius,
þa kom þær riþande af þæt hus
en riddare væpnaþer ok hosenskoþ,
til sit lif et hælaþe goþ.

Hærra Ivan

—that I can tell you truthfully—
whichever of them had asked for it, 665
King Arthur would have offered it to him promptly."
When he was armed he rode away
on a poor road and a secret path;
over high mountains and through deep valleys
he traveled with great difficulty. 670
The road was dark and without light
that led him to the castle
where he saw the noble maiden
of whom you heard before.
He could not fully relate 675
all the favors he received there
from the noble maiden fair
who knows how to keep her virtue.
As much as he had experienced on this earth
he had never seen her equal 680
in respect to virtue and honor;
one could see that God was glad
and ever so kindly disposed,
when he let her be born.
The Lord preserve her honor 685
and never forget to show her His kindness!
That night he had excellent lodging.
In the morning he rode away hastily
on a road both small and mean.
There he saw the wild animals 690
and found the churl
who was more like an evil wight than a man.
He crossed himself, his heart was trembling,
he thought it might be the devil himself.
He asked him the way to the spring. 695
"M'lord, you will arrive there before the night."
Then he rode away fast, that was his goal,
he found there everything he had been told.
He filled the basin and did this
and poured the water on the pillar. 700
Then such a great darkness fell,
he did not know where to go,
frost and snow, hail and ice;
then he was sure of the adventure.
When the darkness disappeared and the light returned, 705
there came riding from the castle
an armed knight in mail breeches,
a warrior huge in stature.

Sva angistlika þa øpte han,
710 iak þænkte han vare en galin man.
Sva harþlika þe saman rændo
at hvar þera annars glævio kænde;
þo at þera skaft varo þung ok stark
þe gingo þo sunder a þe mark,
715 ok ængin þera stak annan niþ;
þær var þo ilt at sitia viþ.
Vadein hin røþe hiolt þæt for hat
þæt hærra Ivan for honum sat.
"Þolikin last haver iak eigh fyrre haft
720 at nokor skulde sitia for mit skaft,
þo haver iak mangin fra saþulin rørt
mæþ þæt skaft þær iak haver ført."
Þe toko þa til þera sværþ
þær høghæ pæninga varo værþ;
725 hvar þera slo annan sva fast
at elder af þera hiælme brast.
Þera mandom teþis þær mæþ æra,
hvat hvar vilde gøra for sin kæra.
Þe hioggo þera skiolda alla i stykke,
730 hvar vilde hin annan niþer þrykkia
ok gøra þæt honum matte skaþa;
iak vænte þe komo eigh þæþan baþe.
Þera sværþ sva fastlika bitu,
brynior ok hiælma þe sunder slitu.
735 Iak haver eigh hørt af mera vanda,
þæt en striþ matte sva længe standa.
Þe varo baþe stolt ok rika;
hvarghin vilde for annan vika
eigh sva bret sum en fot;
740 þæt ulte þære hoghmot.
Þe sloghos sum þe matto mæst;
þo hiog hvarghin annars hæst;
þæt stoþ þem baþom væl til mata,
for þera tokt vildo þe þæt lata.
745 Hærra Ivan gik þa væl i hagh:
han gaf Vadein et slagh
sva at hiælm ok hovuþ sunder gik
af þæt slaghit þær han fik.
Hans brynia varþ af bloþin røþ;
750 han flydde þa eigh utan nøþ.
Man ma honum eigh skuld at giva,
þær han matte eigh længer liva,
ok hafþe fangit døþelik sar;

So awfully did he cry out
that I thought him to be a madman.   710
They rushed at each other so hard
that each of them felt the other's lance;
even though their spear shafts were heavy and strong,
they fell in splinters to the ground,
but neither thrust the other down;   715
still it was difficult to remain in the saddle.
Wadein the Red considered it an insult
that Sir Ivan remained in the saddle before him.
"I have never endured such an affront
that anybody should remain in the saddle before my lance;   720
after all, I have unseated many a man
with the lance I have carried."
They then reached for their swords
which were worth much money;
each hit the other so hard   725
that sparks flew from their helmets.
Their valor was revealed there with honor,
what each was prepared to do despite his suffering.
They chopped each other's shields to pieces
each wanted to knock the other down   730
and do anything that might hurt him;
I expect they won't both come away from there.
Their swords cut so keenly,
that coats of mail and helmets were split asunder.
I have never heard about greater distress,   735
nor that armed combat could last as long.
They were both proud and mighty,
neither wanted to yield to the other
as much as a foot of ground;
their pride would not let them.   740
They fought as hard as they could,
yet neither wounded the other's horse;
that was to both their credit;
their chivalry prevented their doing so.
Sir Ivan was successful;   745
he struck Wadein a blow
so that his helmet and head split apart
from the stroke he received.
His coat of mail turned red with blood;
then he fled, not without reason.   750
He must not be blamed for that,
since he would not live much longer
and had received a mortal wound.

þæt aktaþe hærra Ivan eigh et har.
755 Rasklika kastaþe han um sin hæst
ok flydde undan sum han matte mæst.
Þæt undraþo þe a husit varo,
hvar sva mykit monde fara
ok sva flykterlika rænna,
760 fyr æn þe fingo han at kænna.
Þæt første þe kænde hærra Vadein,
þe loto honum genast in.
Hærra Ivan hafþe þær til vilia,
han vilde sik eigh viþ honum skilia,
765 utan han finge iæmhøghelik ære
sum hans frænde miste þære.
Hærra Vadein hafþe ømkelik læte
þa han flydde af þæt stræte.
Hærra Ivan æptir honum rænde;
770 han hafþe þær hvarte vin ælla frænde
þær han matte a trøsta þæt sama sin,
han fylghþe þo honum a husit in.

Þe porta varo baþe sma ok þrange,
tve matto þær eigh saman in ganga;
775 up var undin þæn fælleport,
mæþ mæstarskap þa var þæt giort;
sva vaþelika sum han hængde,
hærra Ivan þo sik þær in þrængde;
vaþelika monde han gøra þa,
780 han vilde sit lif forgiva sva.
Þæn fælleport þær niþer skøt
—hærra Ivan þa en skaþa løt—
hans spora af hans føter slo
—þæt var vaþelikt, þæt maghin I tro—
785 hans goþa ørs ræt sunder i tva,
sva at hvar lot fra hin annan la
ok fælde han siælvan a þe iorþ.
Guþ frælste han af þe høghelika morþ,
at porten skulde honom ækki takæ
790 sva at hans lif matte sakæ.
Hærra Vadein rænde fra honum bort
ok in i genum þæn aþalport.
Þa han sina riddara sa,
þa mælte han ok saghþe sva:
795 "Iak ma mik sare for Iþer klagha:
en riddare mik hær æptir iaghæ,
han haver mik sva sara skænt

Sir Ivan did not care a whit.
He swiftly turned his horse 755
and fled as fast as he could.
Those at the castle wondered,
who it was dashing along so fast
and riding in such headlong flight
until they could make him out. 760
As soon as they recognized him,
they let him in at once.
Sir Ivan was determined
not to part from him
before he gained as much honor 765
as his kinsman had lost there.
Sir Wadein behaved deplorably
when he fled down the path.
Sir Ivan pursued him;
he had neither friend nor kinsman there 770
whom he could trust,
yet he followed him into the castle.

The gates were both small and narrow,
two men could not enter abreast.
The portcullis was drawn up; 775
it was done with great skill.
As dangerously as it hung there,
Sir Ivan nonetheless pushed his way in.
He behaved dangerously,
since he put his life at such risk. 780
The portcullis shot down
—Sir Ivan then suffered damage—
it struck the spurs off his feet
—it was dangerous, you may believe me—
his good charger was sliced in two, 785
so that each half parted from the other
and he himself was knocked to the ground.
God saved him from a violent death,
preventing the portcullis from touching him
so that his life was not lost. 790
Sir Wadein fled away from him
and in through the main gate.
When he saw his knights,
he spoke and said this:
"I must complain bitterly to you: 795
a knight is pursuing me here;
he has injured me so badly

þæt mit lif ær nu braþlika ænt."
Þa þe hafþo sva talats viþer
800 þa styrte han døþer af hæstin niþer.
Þæt gik hærra Ivan þa af later,
þe luktu genstan portin ater,
mællom þe porta monde han standa;
han var þa stadder i høghelik vandæ
805 ok aktaþe sik eigh þæþan koma,
han trøste þo up a sin froma.
En iomfru kom þa gangande þær.
"Goþe riddare, hvi stan I hær?
I havin min hærra slaghit i hæl,
810 for þy ærin I eigh kompne hær væl;
I giorþen os sva myken nøþ,
iak vænter I bliven þær for døþ.
Min fru haver fangit sva mykin sorgh
ok alt þæt folk a þæsse borgh
815 æptir þæn hærra os hafþe valda
ok alla vara æro skulde inne halda.
Man haver Iþer, hærra, þo eigh glømt,
vi vitom þæt væl, I ærin hær gømd."
Þa svaraþe hærra Ivan:
820 "Guþ vet, iomfru," saghþe han,
"I skulin þæt se alt annorlund ganga
fyr æn iak læter mik sva fanga."
Þe iomfru svaraþe honum þa:
"Iak vil Iþer hiælpa hvat iak ma.
825 Iþert hiærtæ mon eigh skiælvæ,
I ærin en man af Iþer siælvæ.
Iak ær Iþer skyldogh til þiænist være
for þe tokt ok for þe æra
I giorþin viþ mik, en fatøk qvinna
830 þa iak for at konung Artus finna,
mina frua boskap hemelik;
þæn æræ þær I þa visten mik,
þæt skulin I nu sanlika røna,
iak vil þæt minnas ok Iþer løna.
835 Iak fan þær ængin sva høviskan man
þær mik tokt viste a mina san.
Iak Iþert nampn gørlæ mon:
hærre Ivan, konung Yrians son.
Nu var þik glaþ i hiærta ok hugha,
840 mina hiælper þe skulu þik fulvæl dugha,
ok vilt þu lyþa mino raþæ,
þik skal ængte varþa til skaþa."

that my life will soon be over now."
As they were thus talking,
he fell dead from his horse. 800
Sir Ivan was then very distressed.
They immediately closed the gate again;
he had to stay between the gates.
He was in great danger then
and did not expect to escape; 805
nonetheless he trusted in his courage.
Then a maiden came walking in.
"Good knight, why are you standing here?
You have killed my master,
hence you are not welcome here; 810
you have caused us so much suffering,
that I expect you to be killed for it.
My mistress has suffered such great sorrow,
as have the people at this castle
over the lord who was to rule us 815
and uphold all our honor.
But you, M'lord, have not been forgotten;
we know well that you are hidden here."
Then Sir Ivan answered:
"God knows, maiden," he said, 820
"you will see it turn out quite otherwise
before I let myself be captured thus."
The maiden then answered him:
"I want to help you in any way I can.
Your heart must not tremble, 825
you are your own man.
I owe it to you to be of service
for the chivalry and honor
you showed me, a humble woman,
when I went to see King Arthur 830
as my mistress's secret messenger;
the respect you then paid me—
that you will certainly experience now—
I shall remember and reward you.
I found there none as courteous 835
who showed me respect, on my honor.
I distinctly remember your name:
Sir Ivan, King Yrian's son.
Now rejoice in your heart and soul;
my assistance will be of great use to you, 840
and if you follow my advice,
no harm will come to you."

Þe iomfru var mæþ dyghþom ful,
hon gaf honum et fingergul
845 ok satte þæt a hærra Ivans hand.
Þæn sten var komin af India land.
"Han haver sva mykla dyghþ ok æra,
hvilikin man han a sik vil bæra
i lykte hand, þæt vil iak Iþer te,
850 þæt ængte øgha ma han se.
Þa þæsse angist forganger Iþer,
þa skulin I gøra sum iak biþer,
þænna sten mik ater fa,
um Iþer siælvum þæt likar sva."
855 "Guþ þakke Iþer for rika gavo!
Iak haver nu þæt þær iak vil hava.
Ma iak mæþ friþ i væruldenne bliva,
iak skal þæt fortiænæ æn iak ma liva."
Þe iomfru mælte til hærra Ivan þa:
860 "Vi skulum nu genast hæþan ga
i genom þætta mykla hus
þær I sen brinna sva margh lius,
þær nær i en lønlik staþ."
Han giorþe genast sum hon baþ.
865 Hon ledde han i en litin kova.
"I skulin um stund hær liggia ok sova
ok hvilæ Iþer i þæsse siang
en litin stund ok ække lang."
Þe siæng var reþ yfrit rik
870 af dyræ klæþen ok kostelik;
examit ok sva bliald
hon laghþe ivir þæn riddara bald.
"Liggen hær nu ok havin naþæ,
Iþer skal ængte vætta skaþa,
875 mæþan iak later Iþer ætande reþæ;
I þorven eigh ræþæs þera vreþe."
Þa han hafþe lighat en litin stund,
þa kom hon ater i hans fund,
hon hafþe mæþ sik yfrit kost,
880 mioþ ok vin ok ærlik most.
Hon baþ han ga til borþ i staþ,
æta ok drikka ok gøra sik glaþ.

Þæn døþis þiænare angraþe sin skaþa
ok letaþo hans i alla staþa
885 baþe ute ok inne;
þe matto han þo eigh finna

The maiden was full of good will;
she gave him a gold ring
and put it on Sir Ivan's hand. 845
This stone had come from India.
"It possesses such great power and excellence,
that whoever wears it
in his closed hand, I will show you,
cannot be seen by any eye. 850
When this misfortune of yours is over,
you shall do as I ask:
return this stone to me,
if it pleases you."
"May God thank you for the precious gift! 855
I now have what I want.
If I remain in peace in this world,
I shall return it, if I live."
The maiden then said to Sir Ivan:
"Now we must at once go hence 860
through this big castle,
where you see so many candles burning,
to a hidden place nearby."
He immediately did as she asked.
She led him to a small chamber. 865
"You should sleep here for a while
and rest in this bed
for a short time but not for long."
The bed was most sumptuously arranged
with precious and expensive cloth; 870
velvet and gold brocade
she spread over the valiant knight.
"Lie here now and have some rest,
nothing whatever will hurt you,
while I have food prepared for you; 875
you need not fear their wrath."
When he had lain for a short while,
she returned to him.
She brought along rich food,
mead and wine and excellent juice. 880
She asked him to take his meal at once,
to eat and drink and cheer up.

The dead man's servants were dismayed at their loss
and hunted for him everywhere,
both outdoors and within; 885
yet they could not find the one

þær hærra Vadein hafþe slaghit i hæl;
þe finna han eigh, þæt ær væl.
Þa mælte um þe stolta klara:
890 "Hærra, iak vil Iþer þær viþer vara,
akta aldrigh hvar þe løpa,
hvat þe ute æller inne øpa,
þe gøra eigh sva mykin gny
at I skulin af sænginne fly.
895 Hær maghin I nu braþlik se
i þætta hus ræt alla þe
baþe riddara ok svena
þær Iþer mæþ skaþa mena;
þe sva ømkelika lata
900 ok þe sin kæra hærra grata,
hans lik þe um husit bæra
ok þænkia Iþer finna þære.
I havin ena skæmptan at se þær a
huru galne þe um husit ga;
905 þa þe hava alt um let,
þe fa Iþer þo eigh set.
Iak ma hær eigh længer dvælia,
iak vil Iþer Guþi i hænder sælia;
iak þakkar honum innelika giærna
910 for þe naþer han giorþe mik, Iþer þærnæ,
at iak haver Iþer funnet hæræ;
iak vil Iþer til þiænist væræ."
Þa hon var honum gangin i fra
þa matte han genast høra up a
915 af draghin sværþ sva mykit bang.
Sume hafþo bogho ok sume stang;
þe varo þær alle sva girughe up a
ok þænkto honum genast fa,
sum þæt leon þær grymæst ær,
920 þær se þe diur ok ække fær.
Þe kærþe sinæ angist marghen faldæ,
hvat þolikin olykka haver at valda.
"At han ær hæþan sva komin bort,
man haver slikt under eigh fyrra sport,
925 ivir þæssæ høghæ tinnæ,
mæþan vi maghom han eigh finnæ."
Þe toko þa hvar a annan kalla.
"Mik þykker vi ærum galne alle;
utan han vare fughl ok hafþe vinga,
930 han matte þænna mur eigh ivir springa,
mæþan allæ portæ i lase æræ;

who had slain Sir Wadein.
They do not find him, fortunately.
Then the fair and noble maiden said:
"M'lord, I want to remind you once more, 890
do not heed where they are running,
whether they shout outdoors or within,
no matter how much noise they make,
you should not desert your bed.
Soon you will be able to see here 895
in this castle all those,
both knights and squires,
who intend to hurt you
and lament so grievously
and who mourn their dear lord. 900
They carry his body about the castle
and believe they shall find you there.
You will be entertained by watching
how madly they roam the castle;
when they have looked for you everywhere, 905
they still won't get to see you.
I cannot stay here any longer.
I will leave you in the hands of God.
I thank Him sincerely
for the mercy He showed me, your handmaid, 910
when I found you here;
I will be at your service."
When she had left him,
he could at once hear
the great din of drawn swords. 915
Some men had bows, others had poles,
all there were very anxious
to seize him immediately,
like the fiercest lion
which sees the animals but cannot catch them. 920
They kept lamenting in their distress,
wondering what had caused such misfortune.
"That he should have gotten away,
such a thing is unheard of,
over these high pinnacles, 925
since we cannot find him."
Then they began calling to each other.
"I believe we have all lost our wits;
unless he were a bird and had wings,
he could not leap over this wall, 930
since all the gates are locked.

þy þykker os þæt under væra,
utan þæt vare mæþ diævulsins makt,
þær mangæ haver svikit mæþ onda akt."
935 Þe letaþo þæt hus i alla vra
ok um þe sæng þær han i la;
sva optelika þe rørþo han,
þe sagho þo eigh þæn æpla man.
Þa þe hafþo husit alt innan let
940 ok fingo han hvarte hørt ælla set,
þa þe sagho þæt matte eigh dugha,
þa kom þær gangande þe stolta frugha.
Guþ haver eigh vænare alit giørt.
For sorgh gat hon eigh talat ælla hørt;
945 ømkelik þa varo hænna lat
for sorgh ok iæmber ok mykin grat.
Førsta hon a likit sa
i ovit fiol hon niþer ok la.
Þe fruær hænne stoþo næræ
950 loto vatn a hænne bæræ.
Þæt førsta þe frua forsinnaþe sik
hon ref sit har sva iæmerlik.
Riddara ok svena hænne baþo:
"Vi viliom þæt alle Iþer raþa,
955 fruor ok mør ok høviska qvinna,
I latin Iþan grat i þætta sinne,
sænden buþ æptir klærka gamal ok unga
ok lætin for hans siæl læsæ ok siunga!"
Mit a golvit stoþ hans bare,
960 þær fruan bar for hiærtat sare;
mæþan klærkæ sungo ivir þæn døþæ,
þa tok likit sva fast at bløþa
at bloþit langt a golvit ran.
Þa visto þe alle þæt for san
965 at þær var inne þæn sami man
þær vighit ivir honum van.
Hvat þe mælto ok hvat þe giørþo,
hærra Ivan þæt sva gørla hørþe.
Þe toko þa af ny at leta;
970 hærra Ivan monde af angist sveta.
Þe letaþo baþe uppe ok niþer
til þe siælve kændos viþer
at þe matte honum eigh finnæ.
Þæs þakke Guþ þæn æpla qvinna.
975 "O ho, o ho, o ho!"
þæn æpla fru hon saghþe svo.

Thus it seems like a miracle to us,
unless it were with the devil's power,
who has deceived many a one with his evil designs."
They searched the castle in every corner 935
and around the bed in which he lay;
as often as they touched him,
they still did not see the noble man.
When they had searched the whole castle
and neither saw nor heard him, 940
they realized it was of no use.
Then the noble lady approached.
Our Lord has not created a more beautiful face.
For grief she was not able to speak or hear;
the sounds she made were pitiable, 945
caused by grief and lamentation and much weeping.
As soon as she saw the corpse
she fell down in a swoon.
The ladies standing beside her
had water brought to her. 950
As soon as the lady recovered her senses
she tore her hair most pitifully.
Knights and squires entreated her:
"All of us want to give you advice,
ladies and maidens and noble women, 955
stop your crying for the present,
send for priests, old and young,
and have Masses sung and read for his soul!"
His bier stood in the middle of the floor;
there the lady displayed her heart's distress; 960
when the priests chanted over the deceased,
the body began to bleed so profusely
that the blood spread over the floor.
Then everyone knew for certain
that the very man was in there 965
who had committed the slaying.
Whatever they said and whatever they did,
Sir Ivan heard it very distinctly.
They then began to search anew;
Sir Ivan was sweating with fear. 970
They searched both upstairs and downstairs
until they themselves realized
that they could not find him.
May the Lord reward the noble woman for that.
"Ah oh, ah oh, ah oh!" 975
said the noble lady then,

"Hvat diævulskap mon þolikt væra
þæt vi han eigh se, ok ær þo hære?
Ma þæt nokor draghæ til minne
980 at blind ær giorþ baþe man ok qvinnæ?
Hærra Guþ i himirik,
þolik harm iak aldrigh fik
þæt iak skal han eigh fa at se
þær mik haver giort i hiærtat ve.
985 Iak vet þæt þo mæþ al min sinne
þæt han ær hær i husit inne.
Hafþe han eigh svikit þæn æþla man,
aldrigh hafþe han dræpit han.
En fræmbre riddare aldrigh var
990 —til riddarskap var han ospar—
fødder i vara dagha;
for ræþsl hafþe han ængin agha.
Han þorþe aldrigh hans at biþa
hælder opinbara mot honum riþæ,
995 han matte eigh sigher for honum tapa,
vare þæt eigh giort mæþ diævulsskapa;
vi havum þæt rønt mæþ fulle skil,
han kan þær alt ofmykit til."
Mæþ anger ok harm þe mondo hava
1000 þe toko þæt lik ok baro til grava.
Þa þe laghþo honum niþer
þe frugha gaf sik illa viþer:
"Hær ligger nu min hiærta kær,
þolik annan iak aldrigh fær."
1005 Þa þær varo sungna siæla tiþe
þe frugha gik bort mæþ mykin qviþa.
Þe iomfru eigh sina tokt forglømde,
gik þit sum hon hærra Ivan gømde.
"Hørþen I nu, min hiærta kære,
1010 ok saghin I þætta folk alt hære,
þær eigh matte finna þik;
þakka þæs Guþi ok eigh mik."
"Guþ vet, iomfru, þæt sæghir iak Iþer,
iak var fast rædder, þær kænnis iak viþer;
1015 þæt iak var fræls af þænna vaþa,
þæt fik iak af Guþi ok Iþra naþe."
Iak biþer þæt giærna, um þæt ma ske,
at iak matte þe frugho se
þær þætta hus ok fæste a,
1020 um I maghin þæt føghæ sva."
Iomfruan svaraþe sum I maghin høra:

"what devilry can this be,
that we cannot see him, and yet he is here?
Can anyone recall
that both man and woman are struck blind? 980
Our Lord in Heaven,
such misery has never yet befallen me
that I should not get to see him
who has caused me such heartache.
Still I know with all my heart 985
that he is still in the castle.
Had he not deceived the noble man,
he would never have slain him.
There never was a more excellent knight
—in chivalry he was unsparing— 990
born in our time;
he had no fear of the terrifying.
He would not have hesitated to fight against him
nor openly ride against him;
he would not have lost the victory, 995
had it not been done through devilry
—we know it with good reason—
he is all too capable for that."
With distress and grief within them
they took the corpse and carried it to the grave. 1000
As they lowered him
the noble lady lamented grievously:
"My heart's beloved now rests here,
I shall never have another like him."
When the Requiem Mass had been chanted, 1005
the lady departed with much mourning.
The maiden did not forget her good will;
she went to where she had hidden Sir Ivan.
"Did you now hear, my heart's beloved,
and did you see all those people here, 1010
who were not able to find you?
Thank the Lord for this, not me."
"The Lord is my witness, maiden, I tell you,
I was very frightened, I admit that;
that I was rescued from this danger 1015
I owe to God's help and yours.
I sincerely ask you, if it can be,
that I be permitted to see the lady
who owns this castle and fortress,
if you can arrange it so." 1020
The maiden answered, as you may hear:

"Iak vil þæt storlika giærna gøra.
Vi skulum til þæt vindøgha ganga,
þær maghin I se þæt Iþer til langa;
1025 þe þær siter i skarlakan skin
þæt ær þe stolta frua min."
Hærra Ivan gørla at hænne gømde.
Þe frua sin husbonda eigh forglømde
ok tok sik þa af ny at kæra:
1030 "Slik riddara vet iak eigh til væra
sum þæn hærra iak haver mist.
Þæs naþe mik Guþ ok Iesus Krist!"
Þa hon hafþe mælt ok gratit sva
hon fiol i ovit ok længe la.
1035 Hærra Ivan stoþ ok sa þit fram.
"Hiælper iak eigh hænne, þæt ær mik skam!"
Han vilde fram til hænna løpa;
þe iomfru tok a han at øpa
ok talar til han sva harþlik:
1040 "I skulin, hærra, lyþa mik
ok eigh af þænne staþ at ganga
utan I vilin mykin skaþa fanga;
I skulin hær vara æptir mit raþ
ok gøras eigh alt ofbraþ.
1045 Arla ok sirla þa maghin I se
al þe ævintyr hær ma ske
ok ma þæt ængen livande finnæ
at I æræ hær sva lønlik inne.
Um þu vilt mæþ raþe liva,
1050 þu skal þit lif eigh sva forgiva,
at þine ovinir fa ivir þik vald;
þe akta þik sva marghin fald.
Minnins gørlæ hvat iak haver sagt
ok hughsen þær a mæþ staþlika akt!
1055 I skulin hvarghin hæþan ganga
fyr æn I visso af mik fanga.
Iak ma hær eigh længer væra.
Guþ gøme Iþer baþe lif ok æra!
Iak ræþis min fru hon ma þæt finna—
1060 antiggia siælf hælder annor qvinna—
nokor þe skipilse finna a mik
at iak sva længe haver varit mæþ þik."

Hærra Ivan sat þær æptir ene.
Þæt gik honum mæst at mene:
1065 "Um þæt skal sva illa ganga,

"I will very willingly do so.
We shall go to the window
where you can see what you long for;
she who sits there in fur-lined scarlet, 1025
she is my noble mistress."
Sir Ivan watched her carefully.
The lady did not forget her husband
and then began lamenting anew:
"I know there is no such knight 1030
as the husband I have lost.
Therefore have mercy on me, God and Jesus Christ!"
After she had spoken and cried thus,
she fell down unconscious and lay there for a long time.
Sir Ivan stood there and observed it. 1035
"If I do not help her, it will be a disgrace to me!"
He wanted to run up to her.
The maiden began to call out to him;
she talks very sternly to him:
"You will have to obey me, M'lord, 1040
and not leave this place,
unless you want to be greatly harmed;
you should stay here as I tell you
and not act too hastily.
Early and late you can then watch 1045
all the remarkable things that happen here,
and may no living person discover
that you are here in secret.
If you want to stay alive with my assistance,
you must not risk your life 1050
or your enemies will conquer you;
they hunt for you in many ways.
Remember carefully what I have said
and consider it with a steady mind!
You should not leave here 1055
until you hear from me.
I cannot stay here any longer.
God preserve both your life and honor!
I fear my mistress may find out
—either she or some other woman— 1060
by some behavior of mine
that I have been with you so long.

Sir Ivan remained there alone.
This caused him the greatest pain:
"If it turns out so badly 1065

iak ma eigh visso hæþan fanga,
um iak skal sva hemelika hæþan fara,
þa ma mik ater hærra Kæyæ dara
ok drivæ mik til hova spot
1070 —þæt þykker mik eigh vara got—
ok kan iak þæt eigh visa mæþ skæl
þæt iak Vadein slo i hæl."
Fruan la ena stund i dvala.
Þa hon ater matte tala,
1075 hænna lat þe varo sva underlik
at stundum vilde hon dræpa sik,
æn stundum baþ hon for hans siæl,
at Guþ skulde hana gøma væl.
Hærra Ivan ater til hænna sa,
1080 han þænkte mæþ sik ok saghþe sva,
þa han sa hænna hvita kin:
"Nu gave þæt Guþ at þu vare min!
Matte iak þe fru valdugh væra,
iak toke þæt for al væruldsins æra!
1085 Hvat þænker iak þæn saloghe man,
at iak hænne sva hiærtelika an!
Iak haver hænne giort sva mykit i mot,
hon þænker þæs aldrigh fanga bot,
þa iak drap þæn hon unte væl;
1090 hon hatar mik eigh for utan skæl.
Þæt iak star mykit æptir hænna minne,
tvar, þæt gør iak af hemsko sinne.
Iak vet þæt væl for utan svik,
hon saghe mik hælder døþ æn qvik.
1095 Þo haver iak hørt sighia en visan man,
þæt han i bokom skrivit fan:
hva þær staþlika haver akt up a,
man qvinno hugh skiut vænda ma,
þy at man finder þæt opta sva,
1100 þe sighiæ þæt ne, þe vilia ia.
Iak þarf eigh tala sva underlik;
hva vet hvat Guþ vil øræ mæþ mik?
Han ma væl hænna hiærta vænda
ok hana mik til glæþi at sænda."
1105 Han sat sva længe ok þænkte þær a
til fruan monde þæþan ga.
Þæt han fik hænne eigh længer se,
þæt giorþe honum i hiærtat ve;
þo at han matte væl þæþan riþa,
1110 han var þo eigh for utan qviþa,

that I cannot take away any evidence from here,
if I were to leave here in secrecy,
Sir Kay will once more mock me
and bring on me the court's derision
—it does not seem good to me— 1070
if I cannot prove beyond doubt
that I slew Wadein."
The lady lay unconscious for a time.
When she could speak again,
her laments were so strange; 1075
at times she wanted to kill herself,
and at times she prayed for his soul
that God preserve it well.
Sir Ivan observed her once more.
He thought to himself and said, 1080
when he saw her white cheeks:
"God give that you were mine!
Were I to have power over the lady,
I would consider it the world's highest glory!
What am I thinking of, poor man, 1085
when I love her so truly!
I have done her such great harm,
that she will never consider herself compensated,
when I killed the one she loved sincerely;
she does not hate me without reason. 1090
That I yearn for her love
I certainly do out of folly.
I know it well,
she would rather see me dead than alive.
Yet I have heard a wise man tell 1095
what he had found written in a book:
everyone who is very observant knows
that one can quickly change a woman's mind,
since this has often been demonstrated;
they may say "no," yet mean "yes." 1100
I need not talk so strangely;
who knows what God intends for me?
He may well change her heart
so that it inclines towards me, to my joy."
He sat thus for a long time, thinking about this, 1105
until the lady left.
That he could no longer see her
made his heart ache;
even if he could ride away happily,
he would all the same not be without sorrow 1110

       utan han for þe glæþi far
       þær hans hiærta æptir star.
       Han var rædder ok þænkte svo
       at hærra Kæyæ vilde eigh tro
1115 at han hafþe vrækt mæþ mykin æra
       þæn last hans frænde hafþe at kæra.
       Fyr æn han vilde skilias viþer þe fru
       at þe eigh finnas lønlik tu
       han vilde hælder døþer bliva
1120 æller sik fangin i hænna vald giva.
       Þe iomfru þær han hafþe kær
       hon kom þa ater gangande þær
       ok sa hærra Ivan mykit syrghia.
       Þa vilde hon honum þær at spyria:
1125 "Hvat ær Iþer nu til qviþo,
       for hvi ærin I nu sva obliþe?"
       Hærra Ivan svaraþe þæn iomfru rik:
       "Þæt sæghir iak Iþer sanlik,
       første tima iak Iþer ser
1130 min sorgh forgar, mit hiærta ler."
       Þa mælte um þe iomfru skøna:
       "I skulin ræt ængte for mik løna,
       ær þæt nokot þær Iþer gør ve,
       þæt maghin I mik hemelika te."
1135 "Skal iak þæt sighia for utan spot,
       þa þotte mik þæt vara ærlika got,
       matte iak þe stolta fruo fa
       þær iak hær sniman for mik sa."
       Þa svaraþe honom þe stolta rena:
1140 "Iak forstar væl hvat I mena
       ok vil iak Iþer leþe vara,
       þo I vilin genast hæþan fara."
       "Iak vil hælder hær ena stund biþa
       ok siþan hæþan opinbara riþa
1145 æn nokor skal þæt fanga sport
       þæt iak skal hæþan stiælas bort."
       "Æten ok drikken ok gørin Iþer glaþa,
       Iþer skal ængte vætta skaþa.
       Mæþan I sitin hær viþer borþ
1150 vil iak forsta minna fruæ orþ
       ok sighia Iþer huru þæt gar,
       hvat andsvar iak af hænne far."

       Luneta for sin frua gik þa,
       hon fiol a knæ ok mælte sva:

unless he first experienced the happiness
for which his heart yearned.
He was afraid and thought
that Sir Kay would not believe
that he had honorably avenged 1115
the disgrace his kinsman had to protest.
Sooner than be separated from the lady
—because there could not secretly be two such—
he would rather be killed
or give himself up into her power. 1120
The maiden who held him dear
then came back there
and saw Sir Ivan deeply grieving.
Hence she wanted to ask him:
"What is now your sorrow, 1125
why are you now grieving so?"
Sir Ivan answered the noble maiden:
"I tell you the truth:
as soon as I see you,
my distress disappears, my heart smiles." 1130
Then the fair maiden spoke again:
"You should not withhold anything from me;
be there anything that worries you,
you should let me know it in confidence."
"Could I say it without being derided, 1135
it would seem a very good thing to me,
if I could marry the beautiful woman
whom I saw before me just now."
Then the fair and chaste one answered him:
"I understand well what you mean, 1140
and I will be your safe-conduct,
even though you were to wish to leave at once."
"I would rather wait here for some time
and afterwards ride openly from here
than that someone find out 1145
that I stole away from here."
"Eat and drink and be happy,
nothing at all will harm you.
While you sit here at the table
I shall learn my lady's designs 1150
and tell you what happens,
what answer I get from her."

Luneta then went to her mistress;
she knelt down and spoke thus:

1155 "Min kæra fru, latin Iþra qviþa
ok Iþan harm ok varin bliþa,
þo at Iþer mykit æptir han langa
I maghin eigh han þo ater fanga."
"Iak vet þæt væl at þæt ær sva
1160 at iak kan honum aldrigh ater fa;
iak unte honum þo i hiærtat væl,
for þy vil iak mik syrghia i hæl."
"Min frua, laten Iþer anger faræ
ok fællen eigh mer for honum taræ,
1165 Guþ ma Iþer giva en annan man
þær iæmvæl til riddarskap kan.
Þænkin I þæt þa ærin I vis,
þær af fangin I æro ok pris."
Þa svaraþe hænne þe æþla frugha:
1170 "Hvi talar þu slikt ok haver i hugha?
Iak hørþe aldrigh fyrra af þik
þæt þu vilde svika mik.
Þæt annar þolikin i væruldinne ære,
ne tvar, þæt ma eigh være."
1175 Luneta svaraþe þe fruo þa:
"Iak vet en bæter æn hans tva;
Guþ, min frua, læti þæt sva ganga
at I mattin han til husbonda fanga!"
"Gak þu bort, þin ondæ vættær!
1180 Iak vil þik ængte vætta sæta.
Þo man al væruldina leta vil,
man finder hans ængin lika til."
Þe iomfru mælte ok saghþe sva:
"Min kæra frua, I þænkin þær a,
1185 um konung Artus vil hit fara
mæþ riddarskap ok fruo skara
ok vil Iþart land for Iþer hæria,
hva skal þæt for honum væria?
Af alt Iþart folk maghin I eigh finna
1190 þæn riddara sik þor þæt under vinna
Iþart land sva vakta ok gøma
sum Iþer væl bør til søma.
Takin ok I þær til Iþra qvinna,
þe hava þær til hvarte makt æller sinne;
1195 þo at þe til þe kældo riþa
þe orka viþer ænga kæmpa striþa.
Nu þænkin þær a, min kæra frugha,
þæt iak Iþer raþer af hiærta ok hugha,
um I mattin nokon þæn riddara fa

"My dear lady, cease your lamentation 1155
and your grief and cheer up;
even if you long for him greatly,
you cannot bring him back."
"I truly know that it is so
that I shall never get him back. 1160
But I loved him deeply in my heart,
that is why I want to die of grief."
"My lady, leave off your grief
and shed no more tears for him;
God may give you another husband 1165
who is his equal in chivalry.
If you think this way, then you are wise
and you will gain honor and praise."
Then the noble lady answered her:
"Why do you talk like that, and what do you have in mind? 1170
I have never before heard from you
that you wanted to deceive me.
That another like him exists in this world,
no, that can certainly not be."
Then Luneta answered the lady: 1175
"I know someone twice as good as he was.
Oh Lord, my lady, let it be so
that you get him as your husband!"
"Go away, you evil creature!
I will not pay any heed to you! 1180
Even if one searched the whole world,
you will never find his equal."
The maiden spoke and said:
"My dear lady, consider this:
if King Arthur comes here 1185
in the company of his knights and ladies
intending to devastate your country,
who shall defend it against him?
Among all your people you will not be able to find
a knight daring enough to undertake the marvelous deed 1190
of protecting and defending your country
in a way that is fitting for you.
Consider also all your women:
they have neither the strength nor disposition to do it;
even if they ride to the spring, 1195
they will not be able to engage a champion in combat.
Think of it, my dear lady,
what I advise you with my heart and mind:
if you could get such a knight

1200 þær þætta ævintyr þorþe bista,
I ælsken han ok havin han kæran,
þa halden I baþe land ok æra.
Þe frua þænkte þa mæþ sik:
"Þæt ær alt sant hon sæghir mik;
1205 hvat hiælper mik þær for sværia,
þæt skal þo æ þæt sama væra."
Hon vilde eigh lata þæt up a sik finna.
"Gak þu bort, þin hemska qvinna!
Þin orþ hava sva underlika grena,
1210 iak vet eigh gørla hvat þu mena;
mik þykker þem litit hava at þyþa;
a þolikt kalz vil iak eigh lyþa."
"Min kæra fru, hvi talen I svo.
Hvat iak haver talat, I gørin þæt þo;
1215 I kunnin eigh Iþart hiærta vænda
fyr æn I havin mere skaþa i hænde."

Þe iomfru þa eigh annat svar fik,
þy stoþ hon up ok þæþan gik.
Ater sat þæn stolta rena,
1220 hon þænkte lønlik viþer sik ena:
"Hvat riddara ma sva goþer væra
þær hon gaf þolik pris ok æra?"
Þæt þotte þe fru vara en høghelik vandæ
at þe iomfrua skulde þæt forstanda
1225 þæt hon skulde siþan þæt gøra
þæt hon vilde eigh fyrra høra.
Luneta kom þa ater þære:
"Latin Iþra sorgh, þæt skal sva væra!
Hvat hiælper Iþer þær æptir langa
1230 þæt I maghin aldrigh ater fanga!
Mik þykker þæt vara mykin osnille
þæt I vilin Iþart lif sva spilla.
Þæs vare væl tiþ af at lata
at sitia alla stund ok sarlika grata.
1235 Hvat, þænkin I þæt a Iþra tro
at al væruldsins pris mæþ honum do?
Ne, þæt var alt mykit minna!
Man ma margha þolika finna
þe halvo bæter æru æn han;
1240 þo var han en goþer man."
"Tvar, þu sæghir ække sant!
Næmpn mik þæn um þu þæt kant!
Kan þu gøra mik þær skæl til,

who dared to undertake this adventure, 1200
if you love him and cherish him,
then you will protect both country and honor."
The lady thought to herself:
"It is quite true what she is telling me;
what good does it do to curse 1205
what will remain the same anyway."
She did not reveal any of this.
"Go away, you foolish woman!
Your words are so strange;
I do not really know what you mean; 1210
I think they are of little importance;
I do not want to listen to such jesting."
"My dear lady, why do you talk like that?
What I have said, you will do anyway;
you are unable to change your mind 1215
until you have suffered more harm."

The maiden then got no further answer.
She stood up and went away.
The fair and chaste one remained behind;
in secret she thought to herself: 1220
"What knight can be as excellent
as the one to whom she gave such praise and honor?"
The lady thought it a great dilemma
that the maiden realized
that she would do later 1225
what she did not want to hear about earlier.
Then Luneta returned:
"Give up your grief, things are as they are!
What good does it do you to long for
what you will never get back! 1230
I think it is great folly
that you want to ruin your life in this way.
Hence it is about time to stop
sitting and crying sorely all the time.
Do you really believe 1235
that all the virtue in the world died together with him?
No; it was something much less!
One can find many like that
who are twice as good as he;
nevertheless he was a capable man." 1240
"You certainly do not speak the truth!
Name him for me, if you can!
If you are able to justify it,

iak þæt giærna høra vil."
1245 "Um iak han næmpner—þæt ær Iþer mot—
þær Iþer angist ma raþa bot.
Vilin I, min frugha, eigh vara obliþa,
þa vil iak gøra þæt I mik biþia."
Þe frugha svor en høghelikin eþ
1250 þæt hon skulde eigh varþa vreþ.
"Ia, þæt ma Iþer til lykko ga,
min frugha, um I vilin gøra sva.
Þæt givi Guþ i himirike
at þæn riddare matte Iþer væl lika!
1255 Mæþan vi ærum hær sva hemelika tva
sva at þær ængin hørir up a,
þa vil iak giærna for Iþer føra
alt þæt iak vet Iþer lyster at høra.
Hvar tva riddara skulu striþa
1260 ok hvar þor væl hin annan biþa,
sighin þæt, for þy at I ærin vis,
hvilikin þera givin I pris,
þæn annan slar i hæl ok gør honum nøþ
æller ok þæn þær bliver døþ?
1265 Iak þænker han høghre pris væl bær
þær sigher ivir hin annan fær."
"Mik þykker þik vara þær til lika
mæþ klokom orþom vil þu mik svika."
"Min fru, iak kænnis eigh þær viþer,
1270 þæt ær þo sant iak sæghir Iþer,
en fræmbre riddare ær þæn man
þær Vadein drap æn siælver var han."
Þe frugha bøþ hænne bort at ganga.
"Þu skal min vinskap aldrigh fanga;
1275 þy þu æst baþe galin ok øræ,
læt mik þæt aldrigh optare høra.
Diævulin haver þik kænt þæt raþ,
at þu haver mik sva sara forsmaþ
at þu vil mik koma þær til,
1280 ælska þæn man þær iak eigh vil."
"Minnes, min frugha, I mæltin svo
ok svorin þæt a Iþra tro,
þa I mik baþen þæn riddare nempnæ,
I skulde aldrigh þæt a mik hæmpna.
1285 Iak haver þæt giort for Iþra bøn
ok vænter mik alt bæter løn."

Þe iomfru monde þa þæþan ga

I shall gladly listen."
"If I name him—it will be against your will— 1245
the one who can help in your difficulty,
if you, my lady, won't be unfriendly,
then I shall do what you ask."
The lady swore a solemn oath
that she would not be angry. 1250
"Yes, it will be your good fortune,
my lady, if you will do so.
God in Heaven grant
that the knight might please you well!
Since we two are here so privately 1255
so that nobody can listen,
I will be glad to tell you
all that I know you wish to hear.
If two knights are fighting
and each dares to hold his ground against the other, 1260
tell me, since you are wise,
on which one will you bestow praise,
on the one who kills the other and makes him suffer
or on the one who is slain?
I think more praise belongs to him 1265
who gains victory over the other."
"I think it would be just like you
to want to deceive me with clever words!"
"My lady, I will not admit that,
what I tell you is nonetheless the truth, 1270
the more outstanding knight is the man
who killed Wadein rather than he, Wadein, himself."
The lady ordered her to leave.
"You shall never have my friendship
because you are both mad and crazy; 1275
let me never hear it again.
The devil has given you that counsel,
and hence you have sorely annoyed me
because you want to get me
to love the man I do not want to love." 1280
"Remember, my lady, you said
and swore upon your honor,
when you asked me to name the knight,
that you would never avenge that on me.
I did so because of your request 1285
and I expect a much better reward."

The maiden then went away

til þæt hus hærra Ivan i la.
Hon hafþe honum ængin þe tiþande at bæra
1290 þær honom þotte nokor glæþi i være.
"Avi," mælte þe stolta fru,
"mik þykker illæ vara nu,
at iak skulde sva illa til hænna tala
þær allan min anger kunne svala."
1295 Æn kom ater Luneta þa
ok letaþe æptir þæt hon monde æptir þra;
hon vilde eigh for sin fruæ sky,
hon burþe sina talan ater a ny;
hænne þotte sva ilt at þæþan faræ
1300 fyr æn hon finge bæter ansvara.
Þa svaraþe hænne þe stolta frugha:
"Iak haver nu þæt i mina hugha,
hvat iak braþlika talaþe til þik,
sanlika þæt angrar mik.
1305 Iak haver þæt alt... rønt,
þu haver eigh sannind for mik lønt.
Mit raþ þæt stander mæst til þik;
sigh þæt nu, min kæra, mik,
um þæn riddara þu haver sva kær,
1310 af hvat slækt han komin ær.
Iak vet þu vilt mik eigh svika;
sigh um han ma vara min like;
ivir land ok goþs þa skal han valda
ok vil iak han for hærra halda.
1315 Þo vil iak giærna þæt bevara,
at þæt eigh sighis opinbara
at þæn man skulde mik valdugher væra
þær for hafþe dræpit min hiærta kæra.
Þe iomfru svaraþe hænne þa:
1320 "Min kæra frugha, þæt ær eigh sva,
I þorvin þær eigh for angist bæra,
af honum sker Iþer en høghelikin æra;
iak vet han ær sva høvisker man,
dyghþ ok æro han vakta kan
1325 toktelik mæþ føghe sinnæ;
man ma hans likæ eigh til finnæ.
Guþ mæþ sina naþe
han givi at I komin saman baþe!"
Þæn fruæ svaraþe þa þæn þærnæ:
1330 "Hvat þu mik raþer þæt gør iak giærna.
Hans nampn vil iak nu varþa vis
þæn þu giver sva høghelikin pris."

to the dwelling where Sir Ivan lay.
She had no news to tell him
in which he found any pleasure. 1290
"Alas," said the noble lady,
"I now think it is a pity
that I spoke so harshly to her
who could relieve all my troubles."
Luneta returned once more, 1295
and tried to get what she was seeking.
She did not want to avoid her lady;
she began to speak anew.
She thought it was a pity to leave
before she got a more favorable answer. 1300
Then the noble lady replied to her:
"I have now been turning over in my mind
what I rashly said to you,
I truly repent it.
I have certainly realized 1305
that you have not concealed the truth from me.
I really need your help;
tell me now, my dear,
about the knight whom you hold so dear,
from which family he is descended. 1310
I know that you will not deceive me;
tell me whether he is my equal;
he is to rule over land and property
and I shall have him as my lord.
Still I want to be careful, 1315
so that it will not be said publicly
that that man should have power over me
who earlier had slain my beloved."
Then the maiden answered her:
"My dear lady, it is not so; 1320
you do not need to fear this.
Great honor will come to you from him.
I know he is such a very courteous man,
that he will guard virtue and honor;
he is cultivated and of proper disposition; 1325
one cannot find his equal.
May God in his grace
permit you two to be joined!"
The lady then answered the handmaid:
"What you advise me, I shall gladly do. 1330
Now I want to know the name of the man
to whom you give such high praise."

Luneta svarar sum hon væl kan:
"Þæn stolte riddare heter Ivan."
1335 Þe frugha gat þa eigh længer þagt:
"Af honum ær mik opta mykit sagt,
iak haver þæt sva opterlika hørt,
hvilikin mandom han haver giørt;
til græmbre riddare ængin mon
1340 æn hærra Ivan, konung Yrians son."
"Ængin sannare þæt sighia ma,
min kæra fru, æn þæt ær sva."
"Nær kunnin I þæt føghia sva
at iak þæn riddara sea ma?"
1345 Luneta tok þa hemelika at le:
"I fæm dagha fræst ma þæt eigh ske."
"Avi mik, min hiærta kæra,
ofsent þykker mik þæt væra,
matte han i morghon koma til mik,
1350 mæþ æro skulde iak þæt løna þik."
Þa svaraþe hænne þe stolta iomfrugha:
"En fughl ma þæt eigh flygha
a en dagh, iak sæghir svo,
sva langt ær þit, þæt maghin I tro.
1355 Þo haver iak sva raskan en sven
þær iak vil honum sænda i gen
ok læta honum þæt kunnukt væra
at a þriþia dagh þa kome han hære.
Lætin saman koma, þæt vil iak raþa,
1360 Iþra riddara ok svena baþe;
innan þænna tima maghin I finna
um nokor ær þæn sik þor under vinna,
um konung Artus vil Iþer hæria,
hva landit þor for honum væria.
1365 Iak vet þæt væl mæþ ræ ttan skil
at ængin af þem þor taka þær til.
Þy þarf þær ængin undra up a,
min fru, at I vilin gøra sva,
Iþer þæn til hærra akta
1370 þær Iþart rike þor gøma ok vakta
ok siælf ær þolikin en æpla man
sum konung Yrians son hærra Ivan.
Lætin frænder ok viner þæt af Iþer høra
at I vilin þæt mæþ þera raþe gøra;
1375 fyr æn nokor þera, sum iak kan at skilia,
sik binder þær til, þe gøra Iþan vilia."
Þe frugha svarar: "Min hiærta kæra,

Luneta answers as best she can:
"The noble knight is called Ivan."
The lady could not remain silent any longer: 1335
"I've often heard much about him;
I have so often heard
what manly deeds he has performed;
no one remembers a more outstanding knight
than Sir Ivan, King Yrian's son." 1340
"Nobody can say this more truthfully,
my dear lady, that it is so."
"When can you arrange
for me to see the knight?"
Luneta then began to smile secretly: 1345
"In five days' time it cannot be."
"Poor me, my dear friend,
I think that is too slow.
Could he come to me tomorrow,
I would reward you fittingly." 1350
Then the noble maiden answered her:
"A bird cannot fly the distance
in one day, I dare say,
it is so far, you must believe it.
I have, however, a very quick squire 1355
whom I shall send to him
and make it known to him
that on the third day he should come here.
Have assemble, I advise you,
both your knights and squires. 1360
During this time you could find out,
if there is anybody who dares to undertake
—if King Arthur wants to attack you—
to defend the country against him.
I know full well and for good reason 1365
that none of them dares to undertake it.
Hence, no one there needs to be surprised,
my lady, that you will do this,
to take as your husband
the one who dares to protect and defend your realm 1370
and is himself such a noble man,
King Yrian's son, Sir Ivan.
Let kinsmen and friends hear from you,
that you will do so with their consent;
before any of them—as I know full well— 1375
commits himself to it, they will do your will."
The lady answers: "My dear friend,

a mina tro þæt skal sva væra;
min orþ vil iak þær mæþ ænda;
1380 læt skiut æptir honum at sænda!"
Þe frugha sænder buþskap braþ,
biuþer menlika koma saman sit raþ.
Þe iomfru nu til hærra Ivan gik,
mæþ mykin liufhet hon han untfik:
1385 "I skulin nu væræ glaþer,
Guþ haver Iþer giort sva høghelika naþer,
þæt Iþart hiærta æptir star,
þæt alt nu æptir Iþan vilia gar."
Þe iomfru lot et karbaþ gøra,
1390 hærra Ivan monde hon þær innan føra.
"Min hærra, I skulin hær innan fara,
til alla þiænist vil iak Iþer vara."
Mæþ hvite hand vreþ hon hans bak
ok skipaþe honum ræt alskyns mak;
1395 hon kæmbde hans hovuþ siælf ok þva,
hon unte honom væl, þy giorþe hon sva.
Þa han skulde stigha af þæt baþ,
et rikt baþlakan kom þær i staþ
hon kasteþe ivir han sva innelik.
1400 "Min hærræ, lig ok hvile þik!"
Hon lot honum rikæ klæþer skæræ,
en riddare matte mæþ ærom bæræ,
af røt examit mæþ rikæ laþ,
en rik brazæ hon hæmte baþ,
1405 bælte ok pung mæþ dyra stena,
þæt gaf honum þe stolta rena,
hat ok huvo mæþ rika borþa,
æptir Lunete vilia varo þe giorþa.
Þa han þe klæþin hafþe up a
1410 en vænare riddara man aldrigh sa.
"I skulin hær biþa þæt ma Iþer dugha,
ena stund mæþan iak gar til min frugha."
Luneta for þe fru gik þa,
hon fiol a knæ ok mælte sva:
1415 "Hær ær nu ater komin þæn sven
I sændin hærra Ivan i gen,
han haver syst alt þæt I baþin
ok tørt han hit a Iþra naþer."
"Nu læt han genstan til mik fara
1420 sva at ængin livandis varþer þæs vara
utan iak ok han ok þu, vi þre,
þæn fiærþa vil iak ræt eigh se."

it will certainly be so;
with this I want to end my speech;
have him sent for immediately!" 1380
The lady sends out word immediately,
bidding her counsellors to gather.
The maiden now went to Sir Ivan;
she greeted him with great kindness.
"You should now be happy. 1385
God has granted you such great mercy,
as your heart desires,
that all will now go according to your will."
The maiden had a bath prepared;
she brought Sir Ivan in there. 1390
"M'lord, you are to get into the bath;
I want to be of full assistance to you."
With her white hand she rubbed his back
and devised all sorts of comfort for him.
She personally combed and washed his hair. 1395
She loved him much; that is why she did it.
When he was to climb from the bath,
a splendid bath towel was brought there at once,
and she threw it over him tenderly.
"M'lord, lie down and rest yourself!" 1400
She had sumptuous clothes made for him,
which a knight could wear with honor,
of red velvet with costly trimming.
She ordered a rich clasp to be fetched,
a girdle and a purse with precious stones; 1405
these she gave him, the beautiful, chaste one;
a hat and a cap with fine borders;
they were made according to Luneta's wishes.
When he had put on these clothes,
a handsomer knight was never seen. 1410
"You shall wait here—that will help you—
for a while, while I go to my lady."
Then Luneta went to the lady,
fell to her knee, and spoke thus:
"The squire has now returned 1415
whom you sent to meet Sir Ivan;
he has done everything you ordered
and brought him here to be at your mercy."
"Let him now come to me at once,
so that no living soul become aware of it 1420
except for me and him and you, we three;
a fourth person I definitely do not want to see."

Luneta til hærra Ivan þa gik,
sva underlika hon til orþa fik:
1425 "Min fru þæs vis nu urþin ær
at I sva lønlika havin varit hær
ok giver mik þær for mykla skuld
at iak haver Iþer sva længe duld.
Iak vænter þo naþer af hænne fanga.
1430 I skulin nu til minna frugho ganga
ok ræþins ræt ængte vætta,
I vitin eigh hvat slikt haver sæta;
vil hon Iþer for fanga fa,
lætin þæt æptir hænna vilia ga."
1435 "Guþ vet, iomfrugha, þæt skulin I høra,
iak vil þæt storlika giærna gøra,
hænne mik for fanga giva
ok æptir hænna naþer bliva."
"Þæt ma Iþer til æro ga,
1440 um I vilin, hærra, gøra sva;
I maghin væl utan angist væra,
a mina tro hær sker Iþer æra."

Hon tok þæn riddare af fræmæþe land
liuflik i sin hvitæ hand
1445 ok gingo saman hemelika tu
þit þe funno þe stolta fru.
Iak sæghir þæt mæþ rætte san,
en lønlik angist þa hafþe han,
han vilde þæt eigh opinbara te,
1450 at þe frugha skulde þæt se.
Þa þe mondo in for hænne ga
þe frugha til þæn riddara sa,
sva innelika at honum gømde
þæt hon sina tokt þær mæþ forglømde;
1455 þæt hon mæþ orþ han eigh untfik,
þær mæþ forglømde hon siælve sik.
Hærra Ivan stoþ hænne langt i fra
ok þænkte þær sva staþlika a
huru han sin orþ matte sva fram føra
1460 at þe frugha vilde þem høra.
Iomfru Luneta mælte þa
til sinna fru ok saghþe sva:
"Iþart hoghmoþ mon Iþer svika,
at I lætin ængin vara Iþan lika.
1465 Æþle riddare, hvi standin I sva?
Hvat kunnin I hvarte ne ælla ia?

Luneta then went to Sir Ivan;
she began to speak most strangely:
"My mistress has now learned 1425
that you have been here secretly
and she blames me greatly for it,
that I have concealed you so long.
Still, I expect to be pardoned by her.
You should now go to my lady 1430
and do not be the least afraid;
you do not know what such things imply;
if she wants to make you a prisoner,
let it be according to her will."
"God knows, maiden, listen to this: 1435
I want to do so very willingly,
give myself as prisoner to her
and remain at her mercy."
"It will be to your honor,
if you, M'lord, will do so; 1440
you may be quite without anxiety;
honor will certainly be shown to you here."

She took the knight from a foreign country
gently by her white hand,
and the two went secretly 1445
to where they found the beautiful lady.
I say this with complete certainty:
he was secretly afraid,
but he would not reveal it,
so that the lady should not see it. 1450
As they walked into her presence,
the lady watched the knight,
studying him so carefully
that she then forgot her good manners,
since she did not receive him with words; 1455
thus she forgot her good manners.
Sir Ivan stood far away from her,
considering very carefully,
how to put forward his words
so that the lady would want to listen to them. 1460
Then the maiden Luneta addressed
her mistress and said:
"Your arrogance may betray you,
in that you let no one be your equal.
Noble knight, why are you standing thus? 1465
Are you not able to say either "no" or "yes"?

Talin, mæþan I ærin kompne hære!
Þæt þykker mik et under væra."
Luneta kallar hærra Ivan þa:
1470 "I skulin nu til minna frugho ga
hemelika nær hænne at sitia,
alt hænna raþ þa skulin I vita—
I þorvin ænga angist bæra,
I ærin ful vælkompne hære—
1475 ok nær minne fru at bliva,
hon vil Iþer al þing forgiva
um Vadein hin røþa,
þæt I sloghin han til døþa."
Hærra Ivan ok Luneta, þe tu,
1480 fiollo a knæ for þe fru:
"Iak ær hær komin a Iþra naþe,
ivir lif ok goþs þa skulin I raþa."
Þe fru svarar sum I maghin høra:
"Man skal Iþer ængte vald hær gøra;
1485 um Guþ vil at iak ma liva
I skulin nær mik mæþ fryghþinne bliva."
"Min kæra fru, iak talar svo
ok lovar þæt a mina tro,
iak vet mik hava giort Iþer a mot,
1490 þy biuþer iak Iþer þolika bot,
Iþer kan eigh hænda sva mykin nøþ,
iak vil Iþer væria æller bliva døþ."
"Hærra Ivan, iak spyr þæt af Iþer,
um I þæs siælve kænnins viþer,
1495 at I giorþin mik en høgh oskiæl
þa I min hærra sloghin i hæl?"
"Min fru, um iak ma mæla svo,
sva angistlika han mik þær slo,
I þorvin eigh undra iak vilde mik væria,
1500 iak var eigh van at lata mik bæria;
iak var þær stadder i høghelik vande,
um I þæt rætlika vile forstande,
iak skulde honum antiggia døþin giva
æller ok skamlika fangin bliva.
1505 Hvi mon iak ok tala slikt,
þæt ær, frugha, eigh underlikt,
iak vet þær til sva margha dømæ,
sit eghit lif vil hvar man gømæ."
"Iak haver Iþra dyghþ sva opta hørt;
1510 hvat I havin, hærra, mik mote giørt,
þæt ær Iþer alt forgivit hære.

Speak up, since you have come here!
It seems like a miracle to me."
Luneta then calls Sir Ivan:
"You should now approach my mistress   1470
and sit close to her;
you will then learn her whole will
—you need not be afraid
you are very welcome here—
and remain here with my mistress;   1475
she will forgive you everything
concerning Wadein the Red,
whom you dealt a mortal blow."
Sir Ivan and Luneta, these two,
fell on their knees before the lady: 1480
"I have come here, at your mercy;
you will rule over life and property."
The lady answers, as you may hear:
"No one shall harm you here;
if God grants me to live,   1485
you shall remain with me with joy."
"My dear lady, I say so,
and certainly promise it;
I know I have transgressed against you;
that is why I offer you such recompense: 1490
no matter how great your peril,
I shall defend you or else be killed."
"Sir Ivan, I ask of you,
if you yourself confess
that you wronged me greatly,   1495
when you slew my husband?"
"M'lady, if I may say so,
he struck me there so violently,
you need not wonder that I wanted to defend myself;
I was not used to letting myself be struck;   1500
I was in great danger there.
If you will rightly understand it,
I either had to slay him
or else be shamefully captured.
The reason why I talk like this,   1505
M'lady, is not remarkable.
I know many examples thereof;
every man wants to preserve his own life."
"I have heard of your prowess so often;
whatever you have done against me, M'lord,   1510
that is quite forgiven here.

                Nu sitin nær mik, min hiærte kære,
                ok sighin þæt mik mæþ rættan skil,
                huru þæt ær Iþer sva komit til
1515   þæt I mæþ hiærta ok sinne
                ælskin mik for alla qvinna."
                "Þæt vil iak giærna sighia Iþer,
                iak kænnis þær opinbarlika viþer,
                Iþer fæghrind haver mit hiærta spænt,
1520   þæt mit lif ær braþlika ænt
                utan iak naþer af Iþer ma fa;
                min kæra frugha, I þænkin þær a."
                "Sighin mik þæt a Iþra tro,
                um þæt æn kan varþa svo
1525   þæt konung Artus vil mik hæria,
                um I þorin mit land for honum væria?"
                "Þæt skulin I, frugha, spyria ok høra,
                iak trøster mik þæt fulvæl at gøra,
                Iþart land at væria sva
1530   at þær skal ængin beþas a."
                Frughan gladdis þaghar þær viþer
                ok sattis baþin saman niþer.
                "Þæt skal alt vara æptir Iþan vilia,
                os ma eigh utan døþin skilia."
1535   Þe fru mælte til hærra Ivan þa:
                "Vi skulum genast hæþan ga
                i þæt hus hær stær hos,
                þær riddare ok svena biþæ os;
                skal iak þær gøra kunnukt þik
1540   hvat þe hava alle raþit mik."
                Nu haver Luneta fræmt sin vilia.
                Þæt raþer iak allom þær lønlik vilia gilia,
                þe havi þær staþlika akt up a
                hvat Luneta giorþe honum, gøre ok sva
1545   ok lyþe raþ af stolta qvinna,
                þa maghin I stundom ævintyr finna.

                Iak vil þæn hægoma læta bort
                ok sighia hvat þær var siþan giort.
                Frughan ok hærra Ivan gingo þa
1550   sva minnelika saman tva
                i þæt myklæ hus ræt baþin saman;
                þær var baþe glæþi ok gaman.
                Riddara ok svena up mot honum stoþo
                ok alle honum sina þiænista boþo.
1555   Hvar mælte til hin annan þa:

Now sit down beside me, my dearest,
and tell me clearly,
how it has come about
that with heart and mind   1515
you love me above all women."
"This I will gladly tell you;
I confess it openly:
your beauty has fettered my heart
so that my life will soon be ended,   1520
unless I can find favor with you;
my dear lady, consider this."
"Tell me, on your honor,
if it should happen
that King Arthur attacks me,   1525
whether you dare to defend my realm against him?"
"M'lady, you will learn and see;
I believe myself fully capable
of defending your country,
so that nobody will claim it."   1530
The lady was immediately pleased at this,
and both sat down together.
"It shall be according to your will;
nothing but death can part us."
The lady then said to Sir Ivan: 1535
"We shall go from here at once
to the building nearby,
where knights and squires await us;
there I shall inform you
of what they all have advised me."   1540
Luneta has now accomplished her will.
I advise everyone who wants to woo secretly
to pay close attention to
what Luneta accomplished for him. Do likewise,
and follow the advice of noble women;   1545
then you will at times encounter adventure.

I shall leave idle talk aside
and tell you what happened there later on.
The lady and Sir Ivan then went
—the two of them quite amorously—   1550
together to the big house;
there was both delight and rejoicing.
Knights and squires arose for him
and all offered him their service.
Each then said to the other: 1555

"En stoltare riddara man aldrigh sa;
sighnaþ varþe þæn goþa stund
þæt han kom hit a vara fund;
vi maghom liva for utan kære,
1560 skal þolikin riddare var forman være;
sæl ær min frugha um þæt gar sva
at hon skal han til husbonda fa;
þo hon skulde krono i Rom at bæræ
hon matte eigh fanga høghre æra."
1565 Þe sattis alle saman þær niþer,
hvar æptir þy sum þær var siþer.
Up stoþ drotsætin ok mælte sva:
"I skulin alle lyþa up a
enæ stund ok sitiæ ok þighiæ
1570 ok høre hvat iak vil Iþer sighiæ.
Þæt mon Iþer væl kunnukt væra
hvilikin skaþa vi fingom hære,
þa var forman fiol os i fra,
þær al var æra stoþ up a.
1575 Konung Artus bor nu sina færþ
hvar dagh hit mæþ skiold ok sværþ,
vil vart rike alt undir sik bryta;
vi maghom vart goþs eigh for honom nyta,
utan ful makt mot honum stær.
1580 Han komber innan fiughurtan dagha hær.
Vi þorvom nu væl en goþan forman,
minna frugho rikæ væl væria kan.
A fruor ligger liten væria,
þy at þe kunnæ eigh vapn at bæræ.
1585 Þy spyr min frugha Iþer til raþa,
um þæt ma vara for utan skaþa,
æn hon skulde til gipto ga,
at þær laghe ængin last up a,
þæt hon vilde gøra sva,
1590 mæþan hærra Vadein sva sniman do."
Riddara ok svena svaraþo þa:
"Þær til sighia vi giærna ia
ok þykker os þæt vare raþelik
at hon sva braþlika gipter sik
1595 ok os allom en hærra fa
þær hænna rike styra ma,
at þæn høghe pris eigh sva forgar
þær hær haver varit væl i hundraþ ar."
Þe fiollo a knæ for þe frugha:
1600 "Vi biþiom Iþer giærnæ um þæt ma dugha

"A more outstanding knight has never been seen;
blessed be the lucky hour,
when he came into our midst;
we shall be able to live without care
if such a knight becomes our leader.   1560
Our lady will be fortunate, if it happens
that she gets him as her husband;
even if she wore a crown in Rome,
she would not get greater honor.
They all sat down together,   1565
each according to the custom there.
The seneschal stood up and spoke thus:
"You should all listen
for a while and sit in silence
and listen to what I want to tell you.   1570
It must be well known to you,
what loss we have suffered here,
when our leader departed from us,
on whom all our honor depended.
King Arthur is now preparing his journey   1575
here each day with shield and sword;
he wants to subject our country.
We shall not be able to keep our estates from him,
unless sufficient forces oppose him.
He comes here within a fortnight.   1580
We really need a good leader now
who can properly defend M'lady's realm.
Little defense rests with women,
since they cannot bear arms.
Therefore M'lady seeks your advice,   1585
whether it can be done without disgrace,
if she contracted a marriage,
so that there would be no shame,
if she wanted to do so,
since Sir Wadein died so recently."   1590
Knights and squires then answered:
"We gladly consent to this
and we think it well-advised
that she marry so quickly,
and thus give all of us a lord   1595
who can rule her country,
so that the high honor will not cease
that has existed here for well over a hundred years."
They fell on their knees before the lady:
"We gladly beg you, if it helps,   1600

```
              ok ærum þæs alle saman glaþ,
              um I vilin giptæs nu ræt i staþ
              ok skilia os viþ þæn høghelika vanda
              þær os daghlika star til handa."
       1605   Þe frugha lot sum hon vilde þæt eigh høra,
              hon vilde þo þæt fulgiærna gøra;
              hon læt sik længe biþia þær til
              fyr æn hon þem nokot svara vil;
              þo at þe hafþo allæ sagt ne,
       1610   hon hafþe þæt þo forlatit eigh.
              Þe frugha svaraþe sum I maghin høra:
              "Iak vil mæþ Iþra raþe gøra.
              Þænne riddare þær hær siter,
              han ær baþe høvisk ok viter;
       1615   han haver længe biþit mik
              til ærlik þing ok heþerlik;
              han ær konungs son vis ok fram;
              iak ma han væl taka for utan skam."
              Up stoþ þe frugha þa sva toktelik.
       1620   "I Iþart vald þa giver iak mik
              ok biþer iak Iþer alla i sæn
              þæt I genast varþin hans mæn."
              Þa svaraþe riddare ok svæne ok þærnæ:
              "Hvat I biuþen þæt gørom vi giærnæ."
       1625   "Ia, I havin þæt sva opterlika hørt,
              hvilikin mandom han haver giørt,
              konung Yrians son hærra Ivan,
              fræmbre riddare man aldrigh fan.
              Mik þykker þæt vara sva hemska æra
       1630   at dvælia þæt sum þo skal væra
              ok manz æra stander up a;
              for þy vil iak nu gøra sva,
              vart bruþløp skal nu væra i staþ."
              Þæs urþo riddara ok svena glaþ
       1635   ok þakkaþo þe frugha innelik
              þæt hon vilde sva øþmiuka sik.
              Þe høgtiþ burþis nu mæþ pris,
              þy at hærra Ivan var vis.
              Hva þær var komin æptir goþs ok hava,
       1640   þe foro þæþan mæþ rika gava;
              þe vit um væruldenæ hava let,
              et rikare hof hava þe eigh set.
              Þæt ma iak Iþer sighia til sanz,
              man fan þær baþe bohorþ ok danz,
       1645   torney ok diost þem þæt lyste gøra
```

and we shall all be pleased,
if you got married at once
and ended the great peril
in which we find ourselves each day."
The lady pretended she did not want to hear of it, 1605
yet she wanted to do it very much;
she lets herself be implored for a long time,
before she wants to give them an answer;
even if everyone had said no,
she would not have refrained from it. 1610
The lady answered, as you can hear:
"I will act according to your advice.
The knight who sits here,
he is both courteous and wise;
he has wooed me for a long time 1615
in an honest and honorable cause;
he is the son of a king, wise and brave;
I can take him as my husband without disgrace."
Then the lady stood up with dignity.
"I place myself in your power 1620
and ask you all at this time
that you become his men at once."
Knights and squires and maidens then answered:
"What you bid, we gladly do."
"Yes, you have so often heard, 1625
what prowess he has displayed,
King Yrian's son, Sir Ivan;
a more valiant knight has never been found.
I consider it a foolish sense of honor
to postpone what is bound to happen 1630
and what a man's honor demands;
that is why I want to do as follows:
our wedding is to be held at once."
Knights and squires were pleased at this
and thanked their mistress sincerely, 1635
because she wanted to humble herself.
The feast now began with magnificence,
because Sir Ivan was wise.
Everyone who had come for goods and riches
left with precious gifts; 1640
those who have searched far and wide
have never seen a wealthier court.
I can tell you truthfully,
both tourneys and dancing were found there;
tournaments and jousts for all interested 1645

matte man þær aldra væghna høra.
Af þæn glæþe man þær sa
ær mik sent at sighiæ i fra,
þo at iak matte þusanda vinter liva
1650 iak kunne þæt eigh til fullo skriva.
Hærra Ivan ma væl vara glaþ
ok fryghþa sik i allan staþ,
han ær en hærtogh valdogh nu
ivir Landevans land ok sva þe fru;
1655 þæn døþe ær nu al forglømd;
hærra Ivan haver baþe æro ok sømd
af alt þæt folk i landit ær,
þe hava honum alle saman kær
ok vilia hælder nær honum bliva
1660 æn nær hærra Vadein, æn han matte liva.

Þa þe høgtiþ hær forgik,
konung Artus eigh forsumar sik
ok for mæþ hær af Britania
i þæt land hærra Ivan nu a.
1665 Þe varo af þera lif ospara
ok vildo alle til ævintyr fara.
Þæt var miþsomars dagh at qvælde
þa þe komo farande til þe kældo
ok hærbærghaþo þær um þe samo nat.
1670 Konung Artus hafþe þæt fyrra iat
at han vilde þæt enkannelika se
hvat ævintyr honum matte þær ske.
Þa þe hærra sato a raþ
þa mælte hærra Kæyæ, þy han var braþ:
1675 "Hvar mon nu hærra Ivan væra,
mæþan han ær ække komin hære?
Han rosaþe þa han drukkin var
þæt han skulde hær koma til svar,
sva sum vinit þa honum kænde,
1680 at hæmpnas hær sins kæra frænda.
Mik þykker sum iak haver hørt
han haver þæt ræt ække giørt.
Han vil hælder til buþøls riþæ
æn han þor hær for kælden striþæ.
1685 Diærver var han þe sama stund
han rosaþe sik sva margha lund,
saghþe þæt for riddare ok svena,
han vilde þæt forsøkia al ena
þæt ævintyr taka os i fra,

you could hear everywhere.
The merriment that was seen there
is too much for me to relate;
even if I were to live for a thousand years,
I could not record it fully. 1650
Sir Ivan can certainly be pleased
and rejoice in every way;
he is now a mighty duke
over the land of Landuc and the lady too;
the dead man is now quite forgotten. 1655
Sir Ivan has both honor and glory
from all the people in the country;
they are all fond of him
and would rather be with him
than with Sir Wadein, if he were alive. 1660

At the same time that the feasting came to an end here,
King Arthur does not delay
and left Britain with his army
for the country Sir Ivan now rules.
They were unsparing of their lives 1665
and all wanted to seek adventure.
It was at evening of Midsummer Day,
when they reached the spring
and lodged there for the night.
King Arthur had previously promised 1670
that he particularly wanted to see
what adventure could befall him there.
When the lords were sitting in council
Lord Kay said, since he was hasty:
"Where could Sir Ivan be, 1675
since he has not come here?
He boasted, when he was drunk,
that he would come here in defense,
as the wine then taught him,
to avenge his dear kinsman. 1680
I think that I have heard
that he has not done so.
He would rather ride to feasts
than dare to fight at the spring.
Daring he was at the very moment 1685
he praised himself in many ways;
he said it before knights and squires
that he wanted to attempt it alone,
to take that adventure from us,

1690 þæt ængin vara matte þæt fa.
Vi þorvom hans orþom ængte sæta,
en drukkin man vil dela ok þrætta.
Þa man ær virþer lit til hova
han vil sik giærnæ siælver lova."
1695 Þa Kæyæ hafþe talat sva,
hærra Gavian svaraþe honum þa:
"Þo at hærra Ivan ær eigh hær,
hva vet hvat mæþ honum timt ær;
honum ma mang þing vara skeþ
1700 siþan han af Britania reþ;
sanlika iak þæt sighia vil
at I vitin, hærra, þær litit til.
Þæt sæghir iak Iþer a mina tro
at hærra Ivan nøþugher giorþe svo,
1705 tala þolikt a nokon man
sum I havin nu giort viþer han;
þæt vita alle donde mæn,
han flydde for ræþsl aldrigh æn."
Til hærra Gavian saghþe hærra Kæye:
1710 "Iak vil giærna nu for Iþer þeghiæ
ok akta þæt eigh viþ ena bøna;
min orþ koma æn til røna.
Iak sæghir þæt hær opinbara,
han skildis fra hova sum en dare."
1715 Siþan þe hafþo talat svo
konungin vatnit a stolpan slo.
Þa tok sva angistlika ræghna,
elder fløgh þær aldra væghna
ok al þe under I havin hørt
1720 varo þær al af nyo giørþ.
Þæt førsto hærra Ivan þætta sa,
rasklika drogh han sin tygh up a
ok sattis a þæn goþa hæst
þær hærra Vadein atte aldra bæzt.
1725 Han hiog þæt ørs a baþa siþa
ok dvaldis eigh til kældona riþa.
Þæt første hærra Kæyæ varþ þæs var
at þæn riddare komen var,
han þaghar for konungin gik i staþ
1730 ok honum sva hiærtelika baþ:
"Vilin I mik, hærra, þæt ævintyr giva,
iak vil þæt forþiæna um iak ma liva."
Þæt haver æ varit Kæyæ siþ
at han vilde sik þær koma viþ

so that none of us might get it. 1690
We need not heed his words at all;
a drunken man wants to argue and quarrel.
When one is little esteemed at court,
one likes to praise oneself."
When Sir Kay had spoken thus, 1695
Sir Gawain answered him:
"Even if Sir Ivan is not here,
who knows what is happening with him;
many things may have happened to him,
since he rode away from Britain. 1700
I certainly will say so
that you, M'lord, know little about it.
I can tell you in truth
that Sir Ivan did so unwillingly,
speaking thus of any man, 1705
as you now have done of him;
all honest men know
he has never yet fled because of fear."
Sir Kay said to Sir Gawain:
"I shall gladly keep quiet now 1710
and not care a whit;
my words will nonetheless come true.
I say it openly here:
he left the court like a madman."
After they had talked like this, 1715
the king poured the water over the pillar.
Then it started to rain very heavily;
lightning bolts flew everywhere,
and all the marvels you have heard about
occurred there once again. 1720
As soon as Sir Ivan saw this,
he quickly put on his armor
and mounted the good horse,
the best one that Sir Wadein owned.
He dug the spurs into both sides 1725
and did not tarry in riding to the spring.
As soon as Sir Kay noticed
that the knight had arrived,
he went at once to the king
and asked him from the bottom of his heart: 1730
"Sire, if you will grant me this adventure,
I shall prove deserving of it, if I live."
It has always been Sir Kay's custom
to get involved in matters

1735 utan fara for spot ok flærþ;
þy far han mang en skamlik færþ.
Konung Artus saghþe: "Þu vilt æ kiva;
iak vil þik þæt ævintyr giva."
"Guþ þakke Iþer, hærra, for Iþræ gavo,
1740 iak haver nu fangit þæt iak vil hava."
Han væpnaþis siþan þæt skiutasta han ma
ok reþ þit sum han hærra Ivan sa.
Giter hærra Ivan vrækt þæn sak
þær hærra Kæyæ haver talat a hans bak,
1745 um Guþ honum þe æro an
honum af at stinga, þa ær han man.
Þæt førsta hærra Ivan Kæyæ kænde,
sva harþlika han mot honum rænde
ok þrykte æptir sins hiærta lyst
1750 sina dighro stang for sit bryst.
Han var i sit hiærta fro
at væruldin hafþe þæt føghat svo
at þe hafþo funnits þær baþe
ok han matte vrækia sin skaþæ,
1755 þær Kæyæ hafþe honum giørt
sum I havin alle fyrra hørt.
Þe læto fara sva starklik saman;
þæt gik hærra Kæyæ þa af gaman.
Hærra Ivan stak þæn riddara þa,
1760 at ørs ok man a iorþenæ la;
hans gylte hiælm var þakt mæþ ler;
þær la Kæyæ ok matte eigh mer.
Han monde honum eigh mera gøra,
hans ørs monde han þæþan føra,
1765 þy at þæt var þa þe førstæ riþ
þær þe saman kompne varo mæþ striþ.
"O ho!" saghþe marghin man,
"Hærra Guþ þa sighne han,
þæn stoltæ riddare þik niþer stak,
1770 han ær værþer sva myklæ þak
af marghin man þær þu haver skænt;
han haver þik nu en lek kænt
þæt þu æst skamlika hær forsmaþ
ok ligger hær mæþ spot ok haþ."
1775 Kæyæ þotte ilt a markinne biþa
ok þorþe þo eigh til hova riþa.
Hærra Ivan reþ sik þæþan þa
þit han þæt hærskap halda sa,
førþe hans ørs i sinne hænde;

with no danger of either scorn or disdain;   1735
therefore he undertakes many a shameful quest.
King Arthur said: "You always want to fight;
I will grant you the adventure."
"God reward you, Sire, for your boon;
now I have got what I wanted."   1740
He armed himself as fast as he could
and rode to where he saw Sir Ivan.
If Sir Ivan is able to avenge the charge
Sir Kay has made behind his back,
if God grants him the honor   1745
of unseating him, then he is a man.
As soon as Sir Ivan recognized Sir Kay,
he fiercely rode against him,
pressing to his heart's content
his big pole to his breast.   1750
He was pleased in his heart
that the world had arranged it so
that the two of them had met there
and he could avenge the disgrace
Sir Kay had brought on him,   1755
as you all have heard before.
They rushed so violently at each other
that Sir Kay lost his good spirits.
Sir Ivan struck the knight so hard
that horse and man lay on the ground;   1760
his gilded helmet was covered with mud;
there lay Kay and could no more.
He would not do any more to him;
he intended to lead away his horse,
since this was the first time   1765
that they had met each other in battle.
"Ah ha!" said many a man,
"the Lord God bless him.
The proud knight who knocked you down,
deserves such great thanks   1770
from many a man whom you have offended;
now he has taught you a lesson,
so that you are shamefully despised here
and lie here in scorn and contempt."
Kay did not like remaining on the ground   1775
yet dared not ride to court.
Sir Ivan then rode off
to where he saw the army standing;
he led Kay's horse by the hand.

1780 ængin man honum þær þa kænde.
"Iak vil þætta ørs eigh hæþan føra,
iak ær eigh þæs skyldogh at gøra;
ænga þe havor iak hava vil
þær konung Artus kompanum hørir til;
1785 nu lætin þætta ørs væl bevara;
iak vil min vægh nu hæþan fara."
Konung Artus svarar honum þa:
"Hvar æst þu þær hær talar sva?
Hvat donde man ma vara þænne?
1790 Iak ma honum eigh for vapnom kænna.
Iak vil Iþer giærnæ spyriæ hær
Iþert nampn, hvat þæt ær."
Þa svaraþe honum þæn æþle man:
"Hærra, iak heter Ivan."
1795 Han øpte þæt opinbara þær
for alt þæt folk þær komit ær,
at hærra Ivan var komin þære;
han var untfangin þær mæþ æra.
Konung Artus siælf at Kæyæ lo
1800 mæþ alt hans folk ok mælte svo:
"Kæyæ matte þa hælder hema bliva
þa han baþ sik þæt ævintyr giva;
vi havum alle saman hær set,
han fik þæt nu han haver æptir let."
1805 Konung Artus hærra Ivan þa baþ:
"I skulin mik sighia ræt nu i staþ
hvat Iþer ær sket i þænna tiþa,
siþan snimarst I fra hova riþo."
"Þæt vil iak, hærra, giærna gøra,
1810 lyster Iþer þær a at høra.
Iak haver vunnit þætta land,
siþan iak for bort, mæþ minna hand,
ok þe sama frugha ær nu min
sum fyrra atte hærra Vadein."
1815 Han saghþe hvat honum var komit til handa
ok lot þær ængte ater standa.
"Min hærra, iak vil Iþer þæs biþia
þæt I vilin hem mæþ mik at riþa
mæþ alt þæt folk I havin hære."
1820 "Ia sanlika, þæt skal sva væra;
iak vil hær eigh længer biþa,
morghon viliom vi mæþ Iþer riþa."
Hærra Ivan visaþe þa genast hem
ok lot sighia allom þem

No one recognized him there.   1780
"I do not want to take this horse away;
I am not obliged to do so;
I do not want any booty
belonging to King Arthur's champions;
now let this horse be well kept;   1785
I want to go my way now."
King Arthur then answers him:
"Who are you who talks here thus?
What valiant man can he be?
I do not recognize him by his coat of arms.   1790
I would like to ask you here
for your name, what it may be."
Then the noble man answered him:
"Sire, my name is Ivan."
He called it out clearly there   1795
before all the people who had come,
that Sir Ivan had come there;
he was received there with honor.
King Arthur himself laughed at Kay
with all his people and spoke thus: 1800
"Kay should sooner have stayed at home
than ask to be granted the adventure;
we have all seen here
that he has now gotten what he asked for."
Then King Arthur asked Sir Ivan: 1805
"You should tell me at once,
what has happened to you during the time
since you rode away from court."
"I will gladly do that, lord,
if you desire to hear about it.   1810
I have won this country
with my own hand, since I departed,
and mine is now the same lady
who formerly was married to Sir Wadein."
He told what had happened to him   1815
and left out nothing.
"M'lord, I want to invite you
to accompany me to my home
with all the people you have here."
"Yes, certainly it will be so;   1820
I do not want to remain here any longer;
tomorrow we ride with you."
Sir Ivan at once sent word home
and had announced to all

1825　at konung Artus komber þære
　　　ok skal þær atta dagha væra.
　　　Þæt første frughan þætta fra,
　　　þa mælte hon ok saghþe sva:
　　　"I skulin alle mot honum fara,
1830　riddara ok svena mæþ frugho skara,
　　　untfanga han sva hiærtelik,
　　　biþia han vara vælkomin Guþi ok mik."

　　　Arla um morghonin dagher var lius
　　　konung Artus reþ þa for þæt hus.
1835　Þa kom honum farande i gen
　　　af þæt hus baþe riddare ok sven
　　　mæþ bambor ok pipor ok mykin fryghþ;
　　　þæt giorþo þe for konungsins dyghþ.
　　　Þær helser hvar annan sum han bæzt kan
1840　mæþ føgha orþ þe untfingo han:
　　　"I ærin Guþi vælkompne hære
　　　ok alle þe mæþ Iþer æra.
　　　Min fru læter Iþer sina þiænist biuþa
　　　ok alle þe þær hænne til lyþa."
1845　Þa þe komo sva nær man matte þem se,
　　　þe lekara toko þera konst at te,
　　　basun ok bambara mondo þær eigh skorta
　　　þa þe riþo for þe porta;
　　　þe skæmptan þe þær giørþo
1850　sva viþa væghna man þæt hørþe.
　　　Þæt hus var alla væghna um kring
　　　mæþ bliald, baldakin ok rika þing
　　　kostelika forþækat þa,
　　　at hvilikin væghna man til sa
1855　þær af gik sva mykit lius
　　　alla væghna um þæt hus;
　　　þa solen a þæt klæþe sken
　　　man matte þær næplika se i gen.
　　　Til konungsens hærbærghe var væghen strøþ
1860　mæþ dyra klæþe baþe gul ok røþ,
　　　golvit þakt mæþ baldakinnæ
　　　þy rikaste þær man matte finnæ.
　　　Þe stighu af þera hæsta,
　　　þe stolto riddara ok svæna bæzto.
1865　Þa kom þe frugha þem i gen
　　　—hænne fylghþe baþe riddare ok sven—
　　　stolt i hænna skarlakan skin
　　　ok fylghþe konungen i hærbærghit in.

that King Arthur would arrive 1825
and stay for a week.
As soon as the lady learned this,
she spoke and said:
"You should all go to meet him,
knights and squires with a bevy of ladies, 1830
to receive him very cordially,
as welcome to God and me.

Early in the morning the day was light;
King Arthur rode towards the castle.
Then there came riding toward him 1835
both knights and squires from the castle
with drums and flutes and much rejoicing;
they did so on account of the king's benevolence.
They greet one another as best as they can;
with suitable words they received him: 1840
"God welcome you here
and all who are with you.
M'lady offers to be at your service
and all who are her subjects."
When they were so near one could see them, 1845
the musicians began to perform their art;
there was no lack of trumpets or drummers,
as they rode up to the gates;
the merriment they expressed there
was heard far and wide. 1850
The castle was covered all around
with gold brocade, baldachin and precious things
so richly decked,
that in whatever direction one saw
there radiated such a strong light 1855
all around the castle;
as the sun shone on the fabrics,
you could hardly look at them.
The road to the king's lodging was covered
with costly textiles, both yellow and red, 1860
the floor covered with baldachin,
the richest one could find.
They dismounted their horses,
the proud knights and best of squires.
Then the lady came to meet them 1865
—both knights and squires accompanied her—
magnificent in her scarlet ermine,
and accompanied the king into his lodging.

En krona af gul var ivir hænna har,
1870 rike stena innan hænne var;
þæn vænlek man a hænne sa
þæt ær mik sent at sighiæ i fra,
nu liver ængin mæstare sva vis
þær sighia kan af al þæn pris
1875 þær Guþ haver hænne giørt
sum I en del havin fyrre hørt.
Þa mælte þe stolta klara,
baþ konung Artus vælkomin vara—
"ok hvart þæt barn mæþ Iþer ær
1880 æro vælkompne, min hærra kær.
Sva sæghir min hærra ok vi baþe,
ivir land ok goþs þa skulin I raþa."
Konung Artus svarar af mykin fryghþ:
"Guþ þakke Iþer for Iþra dyghþ!"
1885 Þæn hærra var baþe vis ok klok,
þe frugho sva minnelika til sik tok,
han minte hænna mun sva røþ
ok giorþe alt þæt þe frugha bøþ.
Hvat matte høghre glæþi væræ
1890 æn vara untfangin mæþ þolike æra.
Iak vil sighia ok vara eigh braþ,
huru sol ok mane gøra sit raþ,
ok biþer alla riddara ok svena:
forstandin gørla hvat iak mena.
1895 Sum solin ær for stiærnor skær
um morghons tiþ þa hon up gær
lius ok skær at se up a,
hærra Ivan hænne væl likas ma
for alla þe riddara nu æro til;
1900 þæn pris iak honum giva vil.
Sum manin lyser þe myrko nat
mæþ molen sky ær ivir þakt,
sva ær Luneta bland stolta qvinnæ
mæþ kyskhet tokt ok æþla sinnæ.
1905 Luneta nampn þæt þyþe iak svo
sum nyan mana, þæt maghin I tro.

Luneta tok hærra Gavian vara
hvar han for i þera skara.
Førsta hærra Gavian hænne sa
1910 þa mælte han ok saghþe sva:
"I skulin vara min hiærta kæra
for alla þe i væruldinne æra;

On her head she wore a golden crown;
precious gems were set in it.   1870
The beauty one saw her display
is too much for me to relate.
There now lives no master so wise
who can tell about all the splendor
that God has granted her,   1875
which you have heard of in part before.
Then the splendid, beautiful lady spoke,
welcomed King Arthur
"and everyone who is with you
is welcome, my dear lord.   1880
Thus say we both, my husband and I;
land and possessions are at your disposal."
King Arthur answers with much delight:
"God thank you for your kindness!"
That lord was both sage and wise;   1885
he embraced the lady cordially;
he kissed her red lips
and did everything the lady commanded.
What could be of greater pleasure
than to be received with such honor.   1890
I want to tell you and not be hasty,
how the sun and the moon work,
and I ask all of you knights and squires:
understand accurately what I mean.
As the sun is bright compared to the stars,   1895
when it rises in the morning,
bright and brilliant to see,
Sir Ivan may well be compared to it
more than all the knights who now exist;
this praise I want to give him.   1900
As the moon shines in the dark night
which is covered with cloudy skies,
thus is Luneta among beautiful women
with chastity, virtue, and noble disposition.
The name of Luneta, I interpret it   1905
to be the new moon, you may believe me.

Luneta took note of Sir Gawain
wherever he was in their gathering.
As soon as Sir Gawain saw her,
he spoke and said: 1910
"You are to be my heart's beloved
above all others on earth;

iak vil for Iþer baþe gøra ok lata
hvat Iþer kan vara væl til mata;
1915 I frælstin min frænda af høghelikin vaþa
þa han var komin a Iþra naþe."
Þe iomfru saghþe hærra Gavian
alt huru hon hafþe frælsat han
af store høghelik vande
1920 þær honom var komit til hande.
Hærra Gavian þa sva hiærtelika lo
þa han hørþe Lunetam tala svo
ok svarar hænne: "Iak giærnæ biþer,
um I en riddara þorvin viþer,
1925 um nokor kan Iþer skuld at giva,
þæt vil iak væria æller døþer bliva."
Þæn riddare ok iomfru kalzaþo saman
ok giorþe þem baþe glæþi ok gaman.
Þe rikasta þær i landit æræ
1930 varo allæ saman kompne þæræ.
Konungin blef þær ena stund
ok hafþe þær glæþi sva marghin lund.
Þe skæmptaþo þem þe langa dagha;
stundum riþu þe i skogh at iagha
1935 ok stundom a mark mæþ falk at beta,
mæþ leþehunda hiort at letæ;
fughla ok diur varo þem til reþa,
hvart þe vildo fara at veþa.
Þe atta dagha fulskyt forgingo
1940 af alskyns skæmptan þe þær fingo.
I þænna tima varþ konungin vis
hvilikin æra ok hvilikin pris
hærra Ivan hafþe vunnit þær
ok hvilikin hærra þær han nu ær.
1945 Siþan lot konungin þem þæt forstanda
at han vilde fara hem til landa.
Han kallar hærra Ivan hemelik:
"Iak vil at þu skal fylghia mik,
þæt viliom vi Iþer raþa,
1950 Iþer frænde hærra Gavian ok vi baþe."
Þa mælte hærra Gavian:
"Ia, min frænde hærra Ivan,
I skulin þær staþlika þænkia up a
ok lata Iþan pris eigh sva forga,
1955 þær I havin havat i Iþra dagha;
nu førsta skulin I goþs ok lif vagha,
for frua pris ok þera lof

I shall do as you bid—or refrain—
however it may suit you.
You saved my kinsman from great peril, 1915
when he was at your mercy."
The maiden told Sir Gawain
all about how she had rescued Sir Ivan
from the very great peril
in which he found himself. 1920
Sir Gawain then laughed with all his heart,
when he heard Luneta talk thus
and answers her: "I ask you sincerely,
if you ever need a knight,
if someone should charge you with anything, 1925
I shall defend you or else die."
The knight and the maiden chatted together
and both experienced joy and merriment.
The most distinguished people in the country
had all assembled there. 1930
The king remained there for a while
and experienced pleasure in many ways.
They amused themselves all day long;
sometimes they rode into the woods to hunt
and sometimes into the fields with falcons, 1935
with hounds in pursuit of deer;
birds and animals were at their disposal
wherever they wanted to go hunting.
The week passed very rapidly
with all pastimes available there. 1940
During this time the king learned
what honor and what esteem
Sir Ivan had won there
and how great a lord he is there now.
Then the king gave them to understand 1945
that he wanted to return to his realm.
He sends for Sir Ivan in secret:
"I want you to accompany me,
that is what we advise you,
both your kinsman Sir Gawain and I." 1950
Then Sir Gawain spoke:
"Yes, my kinsman Sir Ivan,
you should consider it carefully,
and not let your fame perish
that you have acquired in your time; 1955
now more than ever you must risk life and property;
for the respect and esteem of ladies

skulen I søkiæ mangt et hof;
hvar torney ok diost kan saman koma,
1960 þær skulin I opta visæ Iþer froma,
ok latin þæt ængen livandis finnæ
at I liggen heme sum en qvinnæ.
I þorvin Iþer eigh at angist givæ;
iak vil daghlik hos Iþer blivæ
1965 baþæ i lust ok sva i nøþ;
os ma eigh skiliæ utan døþ.
Iak mæler eigh þæt for þæn sama sak
þæt iak an Iþer nokot omak,
at I ok Iþer frua I ælskens eigh baþæ,
1970 þæt vil iak Iþer aldrigh raþæ.
Þæt ær eigh langa, þæt var for snimæ,
iak ma væl minnes a þæn samæ timæ,
þæt iak hafþe ok en hiærtæ kær
þær iak vilde giærnæ varæ nær.
1975 Mik þykker mik varæ þera likæ,
þem falso predikare þær folkit vile svikæ,
han komber en annan þær opta til
þær han eigh siælver øræ vil,
þy at iak biþer Iþer þæt øræ
1980 þær iak vilde eigh siælver høræ."
Hærra Ivan svaraþe honum þa:
"Iak vil giærnæ øræ sva,
far iak orlof af min kæræ,
iak vil Iþer fylghiæ, þæt skal væræ."

1985 Hærra Ivan gik þa for þæn fru:
"Enæ bøn iak af Iþer beþes nu,
af Iþer þær al min glæþi til stær,
I ærin min fryghþ æ hvar iak ær.
Lover mik um þæt ma varæ
1990 enæ stund a ævintyr faræ;
vilin I sva øræ, min hiærtæ kæræ,
þæt ma os baþe komæ til ære."
Þæn frua forstoþ sik eigh þær pa
þæt han vilde þær um øræ sva,
1995 sigh sva brat viþer hana skiliæ;
hon giorþe þok hærra Ivans viliæ
ok gaf honum orlof þaghar i staþ.
Hærra Ivan varþ þa i hiærtæt glaþ
at hon lovaþe honum mæþ konungen riþæ,
2000 um han vilde hælder eigh heme biþæ.
"Iak far nu hæþen mæþ Iþert raþ,

Hærra Ivan

you should seek out many a court;
wherever tourneys and jousts take place,
there you should often exhibit your prowess 1960
and let no living soul think
that you are staying at home like a woman.
You do not need to be alarmed;
I shall always remain with you
both in sickness and in health; 1965
nothing can part us save death.
I do not say this for the reason
that I wish you any trouble,
so that you and your wife not love each other any more,
that I would never bring on you. 1970
It has not been long ago, but only recently—
I can well remember that time—
when I too had a lady love
with whom I wanted to stay.
I think I was like 1975
the false preacher who wanted to deceive people;
he often gets others to do
what he himself does not want to do,
since I ask you to do
what I myself did not want to hear." 1980
Sir Ivan answered him then:
"I shall gladly do so,
provided I get leave from my love;
I shall accompany you, thus it shall be."

Sir Ivan then went to his wife: 1985
"I ask a boon of you,
of you, in whom is all my joy;
you are my delight wherever I am.
Permit me, if it is possible,
to set out on adventures for a time; 1990
if you grant this, my dearest,
it will be to both our honor."
The lady did not understand
why he would want to do this,
to part from her so soon. 1995
Still she did Sir Ivan's will
and gave him leave at once.
Sir Ivan was pleased in his heart,
because she allowed him to ride with the king,
since he preferred not to stay at home. 2000
"I shall now go away with your consent,

       þy at iak vil nøþugh vara forsmaþ;
       iak vil þæt eigh til hova høræ
       at iak eigh þorþe nu sva øræ,
2005   ræt riddarskap at lata,
       þær mik stoþ for væl til mata.
       Þæn frua svaraþe honum væl:
       "I skulen bort fara mæþ en forskiæl,
       at þa et ar forgangit ær,
2010   þa skulen I ater komæ hær.
       Þæt skulen I lova a Iþræ tro
       at I, hærra, skulen øræ svo.
       Iak sæghir Iþer þæt sanlik,
       laten I þæt, þa mistæ I mik
2015   ok al þæn æræ I havin hær,
       æ huru þæt ok siþan gær.
       Iak vil þæt eigh for Iþer lønæ,
       þæt varþer Iþer sant, þæt skulen I røne."
       Hærra Ivan stoþ ok hughsaþe pa,
2020   han sukkaþe saræ ok mælte sva:
       "Forbiuþe þæt Guþ, min hiærtæ kære,
       mik sva længe fran Iþer være!
       Iak haver þær til baþæ hugh ok sinne
       þæt skiutast iak ma Iþer ater finnæ.
2025   Man riþer þo opta sva af garþæ,
       man hughsar annat ok annat kan varþæ.
       Mik undrar I vilin eigh undanskiliæ
       um iak varþer fangen a mot min viliæ
       æller mik kan koma sot til handa
2030   sva at iak ær eigh før riþæ til landa."
       Þa svaraþe honom þe hiærtæ kæræ:
       "I þorven þær for eigh angist bæræ;
       hvar þæn tiþ þu þænker a mik
       ængen oglæþi ma skaþæ þik,
2035   eigh sot, eigh hær, þæt skulen I vitæ,
       þær mughen I, hærre, væl a lite.
       Iak giver Iþer hær et fingergul;
       þær ær i en sten af dyghþom ful;
       hva honum bær a sinæ hand,
2040   han far eigh skaþa a vatn æller land,
       eigh i eld at brinnæ,
       eigh bloþ til skaþa rinnæ;
       þæn dyghþ skal man af honum finnæ,
       um han eigh forglømer kærestæ sinnæ.
2045   Þæt ær þok et underlikt mal,
       han gør manz kiøt iæmhart sum stal.

for I would rather not be disdained.
I do not want to hear at court
that I did not dare to do so,
but forsake true chivalry, 2005
which formerly was becoming to me."
Then the lady answered him amiably:
"You are to leave on one condition:
that when one year has passed,
you must return here. 2010
You must promise it on your honor
that you, M'lord, will do so.
I truly say to you,
if you fail, then you will lose me
and all the honor you have here, 2015
however that may happen.
I will not hide this from you,
it will be proved to you; that you will learn."
Sir Ivan stood and considered it;
he sighed heavily and said: 2020
"God forbid, my heart's beloved,
that I be away from you so long!
I have both the will and the mind
to return to you as quickly as possible.
Still, one often rides from home 2025
intending one thing but another happens.
I wonder whether you would not make an exception,
should I be captured against my will
or should I be overcome by illness,
so that I cannot ride home." 2030
Then his heart's beloved answered him:
"You do not need to be anxious about that;
as long as you think of me,
no misfortune can befall you,
no illness, no army, you should know that; 2035
you may, M'lord, be fully assured.
Here I give you a gold ring;
it has a stone with such power
that whoever wears it on his hand
will not be injured at sea or on land, 2040
will not burn in fire,
nor shed blood through injury;
such power shall one experience,
if one does not forget one's beloved.
Moreover, it is a remarkable thing: 2045
it makes a man's flesh as hard as steel.

Þæn liver eigh i værulden til
þær iak þæn stenen unna vil
for utan Iþer, min hiærtæ kære.
2050 Nu gøme Iþer Guþ æ hvar I ære!"
Hærra Ivan tok orlof i þæn sama stund
ok minte þæn frua af hiærtans grund.
Hvat þe hærra monde þær givæ,
þæt ær mik alt ofsent at skrivæ.
2055 Þær var baþe glæþi ok grat,
þæn hærrin ok fruæn skildis at.
Hærra Ivan fylgher konung Artus nu;
hans hiærtæ ær heme hos hans fru;
mik þykker vare under at hughsa þær a,
2060 huru þæt ma væræ sva,
hans likame bort mæþ konungen fær
ok livet ær þok æptir hær,
æ hvat likamin komber til vaþa
þe fru haver þo ivir livit raþa.
2065 Hva kan þær af sighiæ æller skrivæ,
mæþ hvat skæl han ma livæ!
Mik ræþis þæt mon hærra Ivan svika,
han mon ofmykit a ævintyr fikia;
æ mæþan hærra Gavian han ma valda
2070 þa vil han honum til hova halda.

Nu havin I hørt hvat þær var giort,
þe toko orlof ok riþo bort.
Hærra Gavian ok Ivan þe fylghþos baþe
ok lyddo hvar hins annars raþe.
2075 Þæt var þa bæggias þera lust
søkia baþe torney ok diost,
ok hvar þe komo baþe tva
þær saghþo riddara ok svena i fra,
at fræmbre riddara matte eigh væra;
2080 þæs hava þe baþe pris ok æra.
Af mykin æra varo þe sva kat
at þe gavo eigh gøm þær at,
fyr æn forgangit var þæt ar
ok þa et annat komit var.
2085 Konung Artus hafþe latit þa
riddara ok svena þæt forsta
at þe skuldo alle til hova riþa
til Karidols heþ ok þær hans biþa.
Þær var baþe glæþi ok gaman,
2090 þe hærra ok første komo til saman.

There is no one in this world
to whom I would give this stone
except you, my heart's beloved.
God be with you, wherever you are!" 2050
Sir Ivan took leave at that moment
and kissed his wife with all his heart.
What the lord had to leave there
would take too long for me to describe.
There were both joy and tears, 2055
when the lord and the lady parted.
Now Sir Ivan accompanies King Arthur;
his heart is back home with his wife.
I think it wondrous to consider
how this could be: 2060
his body goes away with the king,
but his heart remains here.
However his body might be hurt,
still the lady has power over his heart.
Who could tell or write about it, 2065
how he can stay alive!
I fear that Sir Ivan will be faithless
and strive too much for adventure;
as long as Sir Gawain has his way,
he will keep him at court. 2070

Now you have heard what happened there;
they took leave and rode off.
Sir Gawain and Sir Ivan accompanied each other
and did each other's will.
Both of them took pleasure 2075
in seeking out both tournaments and jousts,
and wherever the two appeared,
there knights and squires said
that more outstanding knights could not be found;
on account of this both earn praise and honor. 2080
Because of the great honor they were so merry
that they did not heed the fact
that a year had passed
and another had come.
King Arthur had then let 2085
knights and squires know
that they should all ride to court,
to Carduel Heath to await him there.
There was both joy and merriment;
the lords and princes gathered. 2090

Þæt qvæld þa hovit skulde være
þa kom hærra Ivan riþande þære
ok hærra Gavian, hans kære frænde,
sva at ængin man þem þær kænde.
2095 Þe laghþos annan vægh a þe heþæ
ok loto þera kost mæþ ærom reþa.
Man lot ivir þe hærra sla
þe rikæstæ tiæld man finnæ ma.
Kozar iærl mælte til konungin þa:
2100 "Hvat riddara mono vara þæsse tva
þær hær sva kosterlika fara
ok ængte goþs þa vilia þe spara?"
Konung Artus svarar for utan dval:
"Mik þykker iak þem kænna skal,
2105 þæt ær ængin annar man
utan min frænde hærra Ivan."
Konungin mælte til riddara ok svena:
"I skulin eigh nu vara sene,
vi viliom alle til þem riþa
2110 sva at ængin skal hær hema biþæ."
Þe svaraþo sum I maghin høra:
"Vi viliom þæt alle giærna gøra,"
þy at þæt þotte ængen ofmykit være
þæt þe matto honum gøræ til æræ.
2115 Þær var skæmptan ok fagher læte
þa þe hærra gingo at æta.
Þe sattos viþer þæt sivala borþ;
hærra Ivan þænkte up a þe orþ,
þa kom honum først i hugha
2120 hvat han hafþe iæt sinne frugha,
at þæt var ængte vætta sat
þær han hafþe fyrra hænne iat.
Nu kom en iomfru riþande þær
fra þe fru sum honum var kær;
2125 hon var baþe høvisk ok bald;
hon laghþe sin skin for utan þæt tiald,
ivirløs hon in for þe hærra gik;
sva underlika hon til orþa fik.
Hon talar til konungen þaghar i staþ:
2130 "Min fru mik Iþer helsa baþ
mæþ sinne þiænist mangafalda,
þær maghen I, hærra, ivir valda,
ok alle þæsse riddara ok svena
for utan hærra Ivan ena.
2135 Þæt iak honum hær sighia vil

Hærra Ivan 105

The evening the tournament was to be held
Sir Ivan came riding there
and Sir Gawain, his dear kinsman,
so that nobody recognized them.
They headed in a different direction on the plain 2095
and had their equipment set up with splendor.
Over the lords there was put up
the richest tent to be found.
Earl Koozar then said to the king:
"What knights might those two be 2100
who behave so extravagantly,
not sparing any cost?"
King Arthur answers without delay:
"I think I can recognize them:
it is no other man 2105
than my kinsman Sir Ivan."
The king spoke to the knights and squires:
"You should not tarry now;
we shall all ride to them
and nobody should stay behind." 2110
They answered as you may hear:
"We shall be pleased to do so,"
because no one thought it too much
to show him respect.
There were joking and fine manners, 2115
as the lords went to eat.
They sat down at the round table;
Sir Ivan mused over the words
which only then he remembered:
what he had promised his wife 2120
and that nothing had been done,
as he had earlier promised her.
Now a maiden came riding there
from the lady who was dear to him.
She was both courtly and splendid; 2125
she left her fur-coat outside the tent;
without outer garment she went before the lords.
She began to speak quite strangely.
She says at once to the king:
"My lady asked me to greet you 2130
with every kind of respect
that you, lord, are entitled to have,
and all these knights and squires as well
except for Sir Ivan alone.
What I want to tell him here 2135

        at þolikin liughare ær eigh til,
        man finder eigh hans lika
        þær sva kan fruor svika.
        Han ær mik leþ ok ække liuf,
2140   þy han ær værre æn nokor þiuf.
        Minnis þu, Ivan, þu saghþe svo,
        þa þu minne frugho lovaþe tro,
        at þu skulde ater koma þær
        førsta þæt arit forgangit ær;
2145   iak vil þik þær til gøra skæl,
        þu haver þæt lughit, þæt vet þu væl.
        Þu skal þæt opinbara kænnæ
        þæt þu far ængte mer af hænne;
        hon varþer þik aldrigh af hiærtæ hul.
2150   Nu sænt hænne ater sit fingergul,
        iak kræver þæt opinbara hæra,
        þu skal þæt eigh nu længer bæra."

        Hærra Ivan sat þa ok þaghþe
        mæþan iomfrughan þætta saghþe,
2155   hon tok af honum baþe vit ok sinnæ
        sva at han kunne ængen andsvar finne.
        Þe iomfru lop þa braþlik fram,
        hon giorþe hærra Ivan mykla skam
        ok tok þæt fingergul af hans hænde.
2160   "Sit nu qvar, þin fule skænde!
        Þu þarf þik aldrigh til hova vænda
        þær riddara ok svena þik fyrra kændo.
        Hærra, I skulin mik orlof giva,
        iak ma hær eigh længer bliva.
2165   Guþ gøme Iþer alla þær iak vil,
        hærra Ivan iak þær undanskil."
        Þe iomfrugha braþlika þæþan reþ.
        Hærra Ivan sara i hans hiærta sveþ;
        þæn riddare hiolt sik sva ømkelik;
2170   han vare þa hælder døþer æn qvik
        ok sva langt þæþan komin bort
        þæt ængin finge til hans sport,
        hvarte vin æller frænde,
        at ængin man honum kænde.
2175   Han haver nu mist al þæn æra
        þær han i væruldinne hafþe bæra
        ok þær til baþe vit ok sinne;
        slikt fanger man for stolta qvinnæ;
        þera hoghmoþ ær alt ofbald,

is that another such liar does not exist;
one cannot find his equal
who can betray women in such a way.
He is loathsome to me and not dear,
since he is worse than any thief.   2140
Do you remember, Ivan, what you said,
when you gave your word of honor to my lady
that you would return there
as soon as the year had passed?
I want to let you know   2145
that you have lied; you know it well.
You shall clearly know
that you will get nothing else from her;
she will never be devoted to you in her heart.
Now send back her gold ring;   2150
I demand it openly here;
you are not to wear it any longer."

Sir Ivan sat in silence,
while the maiden said this;
she took both his wits and mind   2155
so that he could not find an answer.
The maiden quickly ran forward;
she brought Sir Ivan great dishonor
and took the gold ring from his hand.
"Stay here, you contemptible villain!   2160
You may never again return to court
where knights and squires once accepted you.
Sire, give me leave;
I cannot stay here any longer.
I ask that God bless you all   2165
except for Sir Ivan."
The maiden rode quickly away.
Sir Ivan's heart ached grievously;
the knight behaved quite pitifully.
He would rather have been dead than alive   2170
and so far away from there
that nobody would know his whereabouts,
neither friend nor kinsman,
and that nobody knew him.
Now he has lost all the honor   2175
he had borne on earth
and furthermore both his wits and mind.
That is what happens because of haughty women;
their arrogance is much too great,

2180 þær þe giva þolik þiænista giald.
Hærra Ivan sprang up fra þæt borþ,
han mælte til ængin man et orþ
ok lop þem allom sva langt i fra
þæt ængin þera matte honum na.
2185 Ovit hans hiærna sva fordref
þæt al sin klæþe han af sik ref
ok barþe sik mæþ þorn ok qvista,
þy at han ængte vætta vistæ.
Han lop a mark ok villa heþ;
2190 hans lykka ær honum varþin vreþ;
vinir ok frænder honum sara kæra,
þe vita eigh hvart han ma komin væra.
Þe letaþe baþæ mer ok minnæ
ok matte honum hvarghen finnæ,
2195 þæt undraþe baþæ karl ok qvinnæ,
þe funno honum hvarten ute æller innæ.
Hans lætar hvar sum han kan bæzt,
han løper þo undan sum han ma mæst.
Þa han hafþe lupit ena langa stund
2200 þa fan han i en grønan lund
en sven þær hafþe bogha i hænde;
han eigh mykit til hans kænde
ok viste ængte mæþ honum tala;
han tok honum fra baþe bogha ok strala.
2205 Um iak þær mer af sighia skal,
han lop þær baþæ biærgh ok dal
ok skøt þær diur til sinna føþa
—han fik þem þo eigh utan møþo—
ok at þem ra ræt sum en høk—
2210 han hafþe hvarte yrter ælla løk.
Iak haver eigh annat sannare hørt,
hans ætan var fyr alt annorlunda giørt.
Han lifþe þær længe for utan brøþ
ok þolde þa baþe hunger ok nøþ.
2215 Et litit hus han um siþer fan;
þæt atte en ærmitæ, en armber man.
Þæn ærmite undraþe þær up a,
hvi han monde sva nakin ga;
han þænker mæþ sik þæt bæzta han kan:
2220 "Mik þykker þæt vare en galin man."
Hærra Ivan af honum ængte krafþe,
han angist þo for honum hafþe.
"Iak vil þik giærna for Guþs skuld giva
slikt iak haver siælver viþer liva,

Hærra Ivan

when they give such reward for service. 2180
Sir Ivan sprang up from the table;
he did not say one word to anybody
and ran so far away from them all
that no one could reach him.
Madness attacked his mind in such wise 2185
that he tore off all his clothes
and lashed himself with thorns and twigs,
because he was out of his mind.
He ran around in woods and desolate heaths.
His fortune has turned against him. 2190
Friends and kinsmen missed him sorely;
they do not know what has become of him.
They searched both high and low
but could not find him anywhere;
both men and women were astounded; 2195
they could not find him indoors or outdoors.
All look for him as best they can,
but he runs away for all he is worth.
After he had run for a long while,
he encountered in a green grove 2200
a squire with a bow in his hands.
He did not recognize him
and could not speak to him;
he took from him both bow and arrows.
I can tell more about it: 2205
he ran there both over hill and dale,
shooting animals for his food
—yet he did not get them without effort—
and ate them raw just like a hawk;
he had neither herbs nor onions. 2210
I have never heard anything more true;
in former days his food was prepared quite differently.
He lived there long without bread,
enduring both hunger and distress.
At last he found a little house; 2215
it was owned by a hermit, a poor man.
The hermit wondered
why he wandered about so naked;
he thinks to himself as best he can:
"I think he is a madman." 2220
Sir Ivan did not ask anything of him,
yet he was afraid of him.
"For God's sake I will gladly give you
what I myself have to live on,

2225 saþogt brøþ ok vatn, sva skal þu ganga,
þu ma hær ængte annat fanga."
Et litit vindøgha var a þæt hus;
hærra Ivan sattis gen þæt lius,
þæt saþogha brøþ han sva søtlika at
2230 sum þæt vare þæn bæzte mat,
þæt var þok beskt ok hart sum bark,
þær af varþ han litit stark.
Hærra Ivan at æ mæþan han matte
sva at ærmitin eigh mera brøþ atte.
2235 Man haver þæt stundom fyrra set,
hans ætande tiþ var bæter ret.
Nu þæt førstæ han mætter ær
han dvaldis ække længer þær,
han lop þæþan sum han var stark
2240 ok vedde diur a þe mark.
Þæt første ærmitin þætta se fik
at hærra Ivan þæþan gik,
han baþ til Guþ i himirik
af hiærta ok hugh sva innelik,
2245 han matte honum þe naþer te
at han skulde honum eigh optare se,
þy at han ængen skipilse af honum fan
utan han vare en galen man.
Þo at hærra Ivan viste eigh væl
2250 han giorþe þo eigh for utan skæl:
æ mæþan han i skoghin var
et diur han hvar dagh til ærmitan bar
—þæt giorþe han siþan ok ække fyr—
ok laghþe þæt for ærmitens dyr.
2255 Ærmitin tok þe diur til sin
ok køpte honum baþe brøþ ok vin;
þæt kiøt han baþe stekte ok søþ
ok honum genom þæt vindøghæ bøþ,
gaf honum þæt baþe het ok kalt,
2260 þok hafþe han hvarten pipar æller salt;
han þiænaþe honum til alla mata,
han þorþe han eigh in til sik lata.

Vilin I nu høra, iak sæghir i fra
huru hærra Ivan sovande la
2265 undir en lind hos væghin stær.
En frugha kom þa riþande þær,
mæþ hænne riþu iomfrughor þre,
þær man vilde vænasta se.

bread of bran and water; then you should leave.   2225
You cannot get anything else here."
There was a little window in the house;
Sir Ivan sat down in its light.
He ate the branbread with great delight,
as though it were the most delicious food,   2230
yet it was bitter and hard like bark.
He gained a little strength from it.
Sir Ivan ate as much as he could,
until the hermit had no bread left.
On occasion one formerly saw   2235
that his meals were better prepared.
As soon as he was full,
he did not remain there any longer;
he ran away, since he was fit again
and hunted animals in the area.   2240
As soon as the hermit saw
that Sir Ivan had left,
he prayed to God in Heaven
with all his heart and soul
that He might grant him the grace   2245
of not having to see him again,
since he gave every appearance
of being nothing but a madman.
Even if Sir Ivan did not have his wits,
he did not act without reason: 2250
while he was in the woods
he brought an animal every day to the hermit
—he did so afterwards, not before—
and laid it before the hermit's door.
The hermit took the animal in   2255
and brought him both bread and wine;
the meat he both roasted and boiled
and offered it to him through the window,
serving it to him both hot and cold,
but he had neither pepper nor salt.   2260
He served him in every way;
he did not dare let him inside.

If you will listen, I will tell
how Sir Ivan lay sleeping
under a linden tree by the roadside.   2265
A lady then came riding along
together with three maidens,
the most beautiful one ever saw.

        Þe ena af sin gangara stoþ
2270   ok vilde se þæn riddara goþ.
        Hon var af þæn fruor skaræ
        þær han fyr monde hærra ivir varæ.
        Hon skoþaþe a honum baþe hals ok ænne,
        hænne þotte sum hon skulde han kænna;
2275   hans huþ var svart, þæt sæghir iak þik,
        þy var han eigh kænnelik.
        Hafþe han haft þolik klæþe þæræ
        sum han var fyrre van at bære,
        þa hafþe hon honom fyrre kænt,
2280   nu var hans skipilse al um vænt.
        Þa han naken for hænne la
        þe iomfru gørlæ a han sa
        ok varþ þa var i þæn sama riþ
        et ar þæt han hafþe fangit i striþ
2285   ok kænde þaghar genast han
        at þæt monde vara hærra Ivan
        ok bar þær ængen iæf up a
        at þæt monde eigh væræ sva.
        Þæt þotte hænne under væra
2290   hvi han sva nakin ligger þære
        ok sighnar sik þær hon star
        at væruldin stundum sva underlika gar
        ok giorþe þok sum en vis qvinnæ:
        hon vækte eigh han at þæt sama sinnæ.
2295   Þe iomfrugha stegh siþan a sin hæst
        ok reþ þæþan sum hon ma mæst
        þit sum hon sina frugho fan
        ok saghþe hænne af þæn æþlæ man;
        mæþ gratande øghon ok ømkelik tala
2300   kærþe hon þæs riddare sorgh ok qvala:
        "Min kæra frugha, iak sæghir sva,
        han var en fromare æn andre tva;
        þæt magho fruor ok iomfruor kæra
        at han sva ømkelika ligger hæræ,
2305   þæn bæzta riddara man æn fan,
        konung Yrians son hærra Ivan.
        Iak kan mik eigh þær a forstanda
        hvat honum ær nu komit til handa,
        utan þæt se for stolta qvinna
2310   at han haver mist baþe vit ok sinne.
        Hærra Guþ i himirik
        gave at hans skipilse varo nu slik
        sum snimarsta tiþ iak han sa

One of them dismounted
and wanted to look at the fine knight. 2270
She belonged to the group of women
over whom he formerly was lord.
She studied his throat and face;
she thought she ought to recognize him.
His skin was dark, I tell you; 2275
hence he was not recognizable.
If he had worn such clothes there
as he fornerly was wont to wear,
then she would have recognize him sooner;
now his appearance was quite changed. 2280
As he lay naked before her,
the maiden looked at him closely
and discovered at that moment
a scar of a wound he had received in a battle
and realized at once 2285
that it had to be Sir Ivan,
and there was no doubt about it
that it could not be otherwise.
She thought it strange
that he was lying so naked there 2290
—and crosses herself as she stands there—
that the world sometimes is so strange;
yet she acted like a wise woman:
she did not wake him up at that moment.
The maiden mounted her horse 2295
and rode away as fast as she could
to where she found her lady
and told her about the noble man.
With tears in her eyes and in a pitying voice
she lamented the knight's sorrows and sufferings: 2300
"My dear lady, I can say
he was more capable than two together;
ladies and maidens must regret
that he is lying here so pitifully,
the best knight ever found, 2305
King Yrian's son, Sir Ivan.
I cannot understand
what has happened to him,
unless for the sake of a noble lady
he has lost both his senses and mind. 2310
God, the Lord in Heaven,
grant that his appearance were now
like the last time I saw him,

ok vilde siþan gøra sva
2315 ena stund nær Iþer at væra,
þa hæmpdis han skiut þænne kæra
þær Arlans iærl giorþe Iþer a mot,
sva at aldrigh han þæs finge bot.
Matte han hiælp ok helso fanga
2320 sva at han vare før riþæ ok ganga
ok dvaldis siþan mæþ Iþer en riþ,
þa løste han snart al Iþer qviþ."
Þe frugha svaraþe hænne þa:
"Havin þær ængin iæf up a,
2325 ma han hær sva længe biþa
mæþan vi maghom hem at riþa,
iak trøster mik mæþ fullan skæl
þæt iak ma honum hiælpa væl.
Mik komber nu væl i hugha,
2330 iak haver þe smyrilse þær honum ma dugha,
þær mik gaf Murina, þe visa qvinna,
mik hopar iak ma þem hema finna;
iak haver þæt mæþ sanno sport,
æ hva mæþ þem varþer smort,
2335 þe driva ovit af hans hiærna;
iak vil þem honum sænda giærna.
Nu skyndom os hem, min hiærtæ kære,
ok dvælioms ække længer hæræ!"
Þe fru riþer hem þæt mæsta hon ma,
2340 hærra Ivan þær æptir sovande la.
En buþk hon af sinne kisto tok
ok fik þe høvisko iomfru klok,
vare honæ þær siþan viþer:
"Þu skalt nu gøre sum iak þik biþer!
2345 Smyr honum baþe hovuþ ok har
ok før buþkin ater siþan til var;
smyr han eigh mer, lat mik þæt høra,
þæt iak haver sagt, þæt skal þu gøra,
þy at al þe gæld þær honum gar nær
2350 hon i hans hofþe mæst al stær."
Hon lot hænne rik klæþe fa
þær en riddara matte mæþ ærom i ga
ok þær til goþa gangara tva
þæn riddare ok hon skuldo riþa up a,
2355 hvat iak þær mere af sighiæ vil,
ok alt þæt enom riddare høre til.
Þe iomfru braþlika þæþan reþ
ok mykla glæþi i hiærtat beþ

and would that he then could
stay with you for some time; 2315
then he would swiftly avenge the affliction
that Count Alier has caused you,
so that he never will receive compensation.
Could he have help and health,
so that he could ride and walk 2320
and then stayed with you for some time,
he would quickly solve all your problems."
The lady then answered her:
"Do not doubt it,
if he remains here 2325
while we ride home,
I trust full well
that I will be able to help him.
Now I well remember
that I have ointments that may help him, 2330
which Morgan gave me, the wise woman;
I hope I can find them at home.
I have certainly heard
that whoever is anointed with them
will have insanity driven from his mind; 2335
I shall gladly send them to him.
Now let us hurry home, my dear,
and not linger here any longer!"
The lady rides home as fast as she can.
Sir Ivan remained behind, sleeping. 2340
She took a jar from her chest
and gave it to the courteous, wise maiden,
and then cautioned her about it:
"You must now do as I bid you!
Anoint both his head and hair 2345
and then bring the jar back to me;
anoint him no further. Let me hear
that what I have said will be done by you,
because the madness that torments him
exists mostly in his mind." 2350
She let her have costly clothes,
which a knight could wear with honor,
and furthermore two good horses,
which the knight and she would ride on
—this I want to tell you— 2355
and everything else belonging to a knight.
The maiden rode away speedily
and was happy in her heart,

            þæt hon þæn riddare for sik fan.
2360   "Iak vil þik hiælpa hvat iak kan!"
            Hon stegh af bak ok til hans gik
            ok giorþe þær i vaþelik,
            þæt hon þorþe ga til han
            þær hon viste vara en galin man.
2365   Hon smorþe a honum baþe hovuþ ok fot
            ok radde honum alt hans komber bot
            fra hans hovuþ ok til hans ilia;
            þæt giorþe hon for goþan vilia.
            Hon vilde honum giærna hiælpa af nøþ,
2370   þy glømde hon þæt hænna frugha bøþ;
            æn þo þe buþka hafþe varit ti<o>,
            hon hafþe þær ængte latit i.
            Þe iomfrugha tok þæn riddara en
            ok laghþe han þit sum solin sken;
2375   þa han værma af solinne fik
            al hans ørsl honum forgik.
            Hon laghþe hans klæþe niþer þær
            ok siþan bort i skoghin gær
            ok star þær nær ok ser þær til
2380   hvat naþer Guþ honum giva vil.
            Þa en litin stund forgik
            alt sit vit han ater fik.
            Han vaknar þa ok þænker a
            hvi han þær sva nakin la
2385   ok blyghþis miok þæn æþle man.
            "A hærra Guþ," þa mælte han,
            "hvat under mik til komit ær,
            hvi iak hær sva nakin stær."
            Han sa sik aldra væghna um kring
2390   ok þotte þæt vara en underlik þing
            at þe rikasta klæþe æ magho væra
            lagho þa nær honum þære.
            Han tok þe klæþe ok drogh up a
            ok sik aldra væghna um markina sa,
2395   um þær vare antiggia man ælla qvinna
            þær honum matte hiælpa at þæt sama sinne;
            hans sot hafþe giort honum sva mykin vanda
            at han var eigh før up at standæ.
            Þa þe iomfrugha þætta sa
2400   at han hafþe sin klæþe up a,
            hon vilde eigh længer løna sik;
            hon þaghar genast til hans gik
            ok lot sik þæt okunnogt væra

when she found the knight before her.
"I will help you as much as I can!" 2360
She dismounted and went to him,
behaving recklessly then,
when she dared to go to him
whom she knew to be a madman.
She anointed both his head and feet, 2365
giving remedy for all his troubles
from his head to the soles of his feet;
she did so out of good will.
She gladly wanted to relieve him from misery,
but she forgot what her mistress had commanded: 2370
even if there had been ten jars,
she would not have left anything in them.
The maiden moved the knight by herself
and placed him where the sun shone;
when he was warmed by the sun, 2375
all his madness disappeared.
She put down his clothes there
and then goes off into the woods
and stands there nearby, watching
what mercy God will grant him. 2380
When a little time had passed,
he got all his sanity back.
He wakes up and considers
why he is lying so naked there,
and the noble man was much ashamed. 2385
"Oh Lord, God," he said,
"what strange thing has happened to me
that I am so naked here."
He looked all around,
thinking it was a strange thing 2390
that the richest clothes you could imagine
were lying near him there.
He took the clothes and put them on
and looked around everywhere in the area,
if there were either man or woman 2395
who might help him at that moment;
his illness had put him in such straits
that he was not able to stand upright.
When the maiden saw
that he had his clothes on, 2400
she did not want to hide any longer;
she went to him at once,
but did not let on

at hon hafþe fyrra varit þera.
2405 Þa han hænne sa þa var han glaþ
ok beddis hiælp af hænne i staþ:
"Æþla iomfrugha, for Iþra æra
hiælpin mik mæþan I ærin hære,
min makt ær mik sva gangen fra
2410 þæt iak mik eigh siælver hiælpæ ma."
Þe iomfrugha mot honum þaghþe
ok lot sik eigh høra hvat han saghþe.
"Iomfrugha, iak beþis af Iþer æn,
I gørin þæt baþe for Guþ ok mæn,
2415 hiælpin mik mæþan iak þarf viþer,
þæt ær þe bøn iak Iþer biþer."
Hon hiolt tva gangara i sinne hænde
ok lot sum hon han eigh kænde;
hon talaþe til hans sva dyghþelik:
2420 "Hvat vilin I, kære hærra, mik?"
"Iak kan mik eigh for Iþer kæra,
huru ømkelika iak ligger hære.
Um I vilin sva ærlik gøræ,
þæn gangara þær I liþugh føra,
2425 vilin I mik han nu hær giva,
iak vil þæt forþiæna, um iak ma liva."
Dyghþelika monde þe iomfru svara:
"Iak vil viþer Iþer han eigh spara,
þæt skal æptir Iþan vilia vara,
2430 um I vilin hæþan mæþ mik fara."
"Nu biþer iak Iþer, iomfrugha kæra,
sighin mik hvart þæt skal væra?"
Þe iomfrugha svaraþe honum þa:
"Til en borgh hær skampt i fra,
2435 þit skulom vi riþæ ok ække ganga;
þær maghen I glæþi ok skæmptan fanga."
"Kæra iomfrugha, þa spyr iak þik,
þorvin I nokra þiænist af mik?"
Þe iomfrugha svaraþe honum: "Ia,
2440 sanlika, hærra, þæt ær alt sva.
Iak vet þæt mæþ rættan san
þæt I ærin þæn fræmste man;
i langa stund ma þæt eigh væra
at I varþin føre Iþer vapn at bæra.
2445 Nu stighom a bak, vi maghom eigh biþæ,
vi viliom genstæn til husit riþæ."
Þe riþo bort ok giorþo svo;
þa komo þe farande til en bro,

that she had been there earlier.
When he saw her, he was glad 2405
and immediately asked her for help:
"Noble maiden, for the sake of your honor
help me since you are here;
my strength has thus left me
that I cannot help myself." 2410
The maiden remained silent,
pretending not to hear what he said.
"Maiden, I beg you once again,
do so for the sake of God and men,
help me, since I need it; 2415
that is the request I make of you."
She led two horses by the hand
and pretended not to know him;
she spoke very courteously to him:
"What do you want from me, dear lord?" 2420
"I cannot complain enough to you
how wretchedly I lie here.
If you want to be so generous,
the spare mount you bring with you,
if you would give it to me, 2425
I shall reward it, if I live."
The maiden answered courteously:
"I shall not refuse you the horse;
it shall be as you wish,
if you want to go with me from here." 2430
"Now I ask you, dear maiden,
tell me where that might be?"
The maiden then answered him:
"To a castle, not far from here,
there we shall ride and not walk; 2435
there you will find joy and entertainment."
"Dear maiden, then I ask you,
do you need any assistance from me?"
The maiden answered him: "Yes,
in truth, M'lord, that is indeed so. 2440
I know for certain
that you are the most capable man;
it won't be a long time
before you will be able to bear arms again.
Let us now mount; we must not tarry; 2445
we shall ride to the castle at once."
They rode away and did so;
then they came to a bridge;

þær undir lop en digher a;
2450 þe iomfru tok þæn buþken þa
ok kastaþe i þæn starka strøm;
hærra Ivan gaf þæs ække gøm.
Hon vilde sina urskyld þær mæþ gøra,
æn frughan monde æptir buþken spøria.
2455 Þe riþu nu fast mæþ dagher var lius,
þe komo þa skiutelika til þæt hus.
Þe frugha siælf mot honum gik,
mæþ mykle æro hon han untfik.
Þe frugha til þe iomfrugha sa
2460 ok baþ hænne hemelika til sik ga:
"Sigh nu þæt, min kæra, mik,
hvar ær þæn buþker þær iak fik þik?"
"Min kæra fru, þæt skulin I tro,
min gangare styrte a enne bro,
2465 mik bars eigh bæter at æn sva,
þæn buþk untfiol mik i þæn a."
Þe frugha varþ vreþ a þæn qvinna:
"Iak vet þæt vi han aldrigh finna,
þu haver mik giort digher skaþa!"
2470 "Min fru, þæt star til Iþra naþe."
"Iak þænkte mik þæt til hiælpa væra
at þænne riddare ær komin hære,
iak fik þær mere skaþæ a mot,
iak vænter þæs aldrigh fanga bot.
2475 Nu latom þænna skaþan fara,
þæt skal þo þæt sama vara,
ok gak þik til hærra Ivan
ok þiæna honum þæt bæzta þu kan."
"Min fru, þæt skulin I se ok høra,
2480 iak vil Iþer vilia giærnæ gøra,
þær maghen I væl þænke a,
en litin skaþi ær bæter æn tva,
þæt ær vislik giort, later Iþer eigh langa
æptir þæt I maghen eigh ater fanga."

2485 Þæt ær nu eigh langt at sighia i fra;
iomfruan monde til hærra Ivans ga;
hon giorþe sum I maghin høra
hon lot honum lut ok karbaþ gøra
ok skipaþe honum ræt alla maka
2490 ok skar hans har ok lot han raka.
Þa han krafþe et ælla tu,
þa bøþ hon honum væl siæx ælla siu.

under it flowed a wide river.
The maiden then took the jar 2450
and threw it into the torrent.
Sir Ivan was not aware of that.
She wanted to find an excuse,
should the lady ask for the jar.
They rode fast while the day was light; 2455
then they arrived quickly at the castle.
The lady herself went to meet him
and received him with great honor.
The lady looked at the maiden
and asked her to come to her in secret: 2460
"Now tell me, my dear,
where is the jar I gave to you?"
"My dear lady, believe me,
my horse stumbled on a bridge;
as ill luck would have it, 2465
the jar fell from my hands into the river."
The lady was angry at the woman:
"I know we shall never find it;
you have caused me great harm!"
"My lady, it is up to you to forgive." 2470
"I thought it would be of help to me,
if this knight came here;
I got more damage in return
than I can hope to be compensated for.
Now let us forget this injury; 2475
what will be, will be,
and go to Sir Ivan
and serve him as best you can."
"My lady, you will both see and hear,
I will gladly do your will. 2480
You may well consider:
one small injury is better than two;
it is wisely done; do not long for
what you cannot get back."

It does not take long to recount. 2485
The maiden went to Sir Ivan;
she did as you will hear:
soap and a hot bath she prepared for him
and arranged all sorts of comfort for him
and cut his hair and had him shaved. 2490
When he asked for one or two things,
she offered him at least six or seven.

Nu var han þær sva langan tiþ
þæt han var ater før til striþ.
2495 En dagh fingo þe þe nymære
þæt Arlans iærl var komin þære
baþe mæþ sværþ ok sva mæþ brand
at hæria þæssa frugho land.
Han hafþe þem þæn lastin giort,
2500 han brænde husin for þera port.
Up a þæt hus baþe riddara ok svena
væpnto sik ok varo eigh sena,
þem þotte þæt vara en digher skam
hvilikin þær senast kome fram,
2505 sumi til ørs ok sumi til fot,
sva foro þe iærlsins hær i mot.
Iærlin vilde þa giærna striþa,
han þorþe væl a markinne biþa.
Hærra Ivan ær ater urþin stark,
2510 han rasklik rænner ut a þe mark,
þæn første riddara þær han møtte
han harþlika mæþ sinne glævio støtte
ok stak han niþer a þe iorþ
sva at han aldrigh talaþe orþ.
2515 Hærra Ivan genom þæn fylkning reþ,
ræt sum en leon þær varþer vreþ,
han fælde þær folk a baþa hænder
ok sparþe þær hvarte viner ælla frænder.
Þæt ma ængin livandis tro
2520 huru mykit folk han niþer slo;
hvat man sæghir af Roland,
han giorþe eigh mera mæþ sinne hand
a Runzefal þa han var þær
æn hærra Ivan giorþe hær.
2525 Þe riddara ok svena mæþ honum þær koma
þe dirvas alle af hans froma
ok kallar hvar a annan þa:
"Vi maghom diærflika fram at ga,
þe skulu hær antiggia døþe bliva
2530 ælla vi skulum þem af landit driva."
Hærra Ivan ok þæn þera baner førþe
þe tva sik omaklika rørþe
ok hioggo þem en vægh sva breþ
þæt hæren al glaþelik æptir reþ.
2535 Þe frugha ok þe høviska qvinna
gingo alla up a þæn tinna,
hvar nær hin annan stoþo

He was there for such a long time
that he was able to fight again.
One day they got the news 2495
that Count Alier had arrived
both with sword and fire
to ravage this lady's land.
He had caused them the outrage
of burning buildings outside their very gate. 2500
Both knights and squires at the castle
armed themselves and were not slow;
they thought it a great disgrace
for anyone to arrive last;
some on horseback, some on foot, 2505
thus they advanced against the count's army.
The count then wanted to fight;
he dared to hold out on the battlefield.
Sir Ivan has become strong again;
he quickly rides out to the battlefield. 2510
The first knight he met
he thrust at violently with his lance,
knocking him to the ground
so that he never said another word.
Sir Ivan rode through the host 2415
just like a lion turned angry;
he struck down people on right and left,
sparing neither friends nor kinsmen.
No living person will believe
how many people he struck down. 2520
Whatever is told about Roland,
he did no more with his hand
at Ronceval, when he was there,
than Sir Ivan did here.
The knights and squires who accompanied him 2525
all took courage from his bravery
and called to each other:
"We must advance bravely;
they should either be killed here
or we will drive them from the country." 2530
Sir Ivan and the one who bore their banner,
these two moved about very violently,
cutting themselves such a broad passage
along which the host gladly followed.
The lady and courtly women 2535
all went up to the battlements;
everyone stood close together

ok sagho up a þe riddare goþo.
Þe hærra Ivans hiælm gørla kænde
2540 hvar han sik a markinne vænde.
Þe frughur lova þæt alla
at þe sagho þær sina oviner falla;
þæt matte þo litin glæþi væra,
þe misto viner ok frænder þære.
2545 Hærra Ivan var en riddare þær
ræt sum en falke bland fughla ær,
sva angistlikæ han mæþ sværþit slo
sum en falk plæghar mæþ sinæ klo;
hvar sik vilde eigh giærnæ givæ
2550 han matte þær døþer for honum blivæ.
Þa mælto þe þær sagho pa:
"A ha, a ha!" ok saghþe sva:
"Hærra Guþ þa sighne þæn man
þær sit sværþ sva røræ kan!
2555 Þe frugha matte væl varæ bliþa,
en þolikin riddara lægger viþ sin siþa!"
þy at hvan þæn tima þe han se,
þa ma þera hiærta af glæþi le.
"I maghin se, baþe riddara ok svena,
2560 at þe dirvas allæ af honum ena.
Þy bør þæt hærra ok førstæ til,
hvar þæt rætlik prøvæ vil,
hvar þe finna en donde man
þær riddarskap ok æro kan,
2565 þe halde honom værþogh ok have han kæran,
þæs fanga þe baþæ pris ok æræ,
þy at optæ komber þæn tiþ
at man þarf baþæ riddare ok svena viþ;
þæt þykkes eigh ofmykit væræ
2570 hvat man þem haver giort til æræ."
Nu mælto þe a husit varo:
"Hva haver set en riddara sva fara?
Hvilikin man honum hugga vil,
han komber honum sva braþelik til
2575 ok kænner honum at sompna sva
þæt han aldrigh vakna ma."
En riddare kom þa farande þit
þær iærlen hafþe a mykit alit;
han var i sit hiærta fro;
2580 sva angistlikæ han hærra Ivan slo,
þæt hans skiold gik alder i stykke.
Hærra Ivan nøt þa goþa lykko

watching the outstanding knights.
They recognized well Sir Ivan's helmet,
as he moved around on the battlefield. 2540
All the ladies were full of praise,
because they saw their enemies falling;
still it was but small joy;
they lost friends and kinsmen there.
As a knight Sir Ivan was 2545
like a falcon among birds;
he struck with his sword as violently
as a falcon with its claws;
whoever did not willingly surrender
had to be killed by him. 2550
Those who were watching said:
"Oh, oh, oh!" and spoke thus:
"God the Lord bless the man
who can brandish his sword like that!
That lady would be happy 2555
who had such a knight at her side!"
For every time they see him,
their hearts must laugh with joy.
"You can see that both knights and squires
take courage from him alone. 2560
That is why it is right for lords and princes,
whenever they rightly consider it,
whenever they find an honest man
who masters chivalry and honor,
they should respect and cherish him. 2565
From that they will get praise and glory,
because the time will often come
when both knights and squires will be needed;
it does not seem to be too much,
what has been done to honor them." 2570
Those who were at the castle now said:
"Who has ever seen a knight acting like this?
Whoever wants to strike at him,
him he will quickly attack,
teaching him to fall asleep 2575
so that he will never wake up."
Then a knight appeared
in whom the count had great confidence;
he rejoiced in his heart;
he struck at Sir Ivan so violently 2580
that his shield broke in pieces.
Sir Ivan had the good luck

þæt han var hvarte lam ælla sar
ok skaþaþe han siælf ræt eigh et har.
2585 Hærra Ivan haver sin skiold nu mist,
nu taker han en annan list,
tok þa sina glævio i sina hand
ok stak þæn riddara af fræmæþe land
sva at ørs ok man styrte niþer;
2590 þær var eigh got at sitia viþer.
Hvat han haver hærra Ivan fyrra giørt,
þæt haver han honum nu sva hemført
ok væghit þæt mæþ þolik vagha
þæt han þæt angræ ræt allæ dagha.
2595 Vilin I tro iak sæghir Iþer meræ,
han brøt þa æn skaptin flere,
fyr æn þæn dagh at qvælde leþ
margh skapt han sunder reþ.
Þæn æþle riddare baþe stolz ok goþ
2600 han kunne eigh þær varþa moþ;
han tok þa til sit goþæ sværþ
þær opta bøtte for hans færþ,
hugger þa sum han var oþ
alt þæt niþer for honum stoþ.
2605 Hans vapn varo af bloþin røþ,
þy at margher man for honum blef døþ,
þær man ser þær i bloþe sima,
þær mist hafþe baþe lif ok limæ.
Um han hafþe haft andra tva þær
2610 þolika sum han siælver ær,
þa hafþe þæt varat en litin riþ
ok halve skæmbre standit þe striþ.
Striþin byrias nu af ny,
þe eigh æru døþe, þe varþa at fly,
2615 hvar sum mæst ma undan fara,
hærra Ivan fylgher æptir mæþ sin skara;
ængin þera ma livit halda
af þe han far, þæt magho þe gialda.
Hærra Ivan iærlsins vapn væl kænde
2620 hvar han undan honum rænde:
"Iak vil þik fylghia um iak ma,
þu skalt mik ække koma i fra,
þu varþer antiggia døþer bliva
æller þik fangin for mik giva."
2625 Iærlin hafþe fangit anger ok sorgh,
han vilde þa giærna til sin borgh;
en branter as var a hans leþ,

of being neither lamed nor wounded
nor hurt the slightest bit.
Sir Ivan has now lost his shield,   2585
but he finds another means:
he took his lance in his hand
and knocked down the foreign knight
so that charger and man were knocked to the ground;
it was not easy to stay in the saddle then.   2590
What he has earlier done against Sir Ivan,
he has now repaid him,
hammering it in by such means
that he will regret it forever.
If you believe it, I shall tell you more: 2595
he broke still more lances;
before that day grew into night
many a lance he destroyed.
The noble knight, both proud and good,
he could not be tired there;   2600
he used then his excellent sword,
which often was of help in his undertakings;
he struck, as though he were crazy,
everything down in his path.
His weapons were red with blood,   2605
because many a man was slain by him
whom one saw swimming in blood,
who had lost both life and limb.
If he had had two others there
such as he himself is,   2610
then it would have lasted only a short while
and the battle would have been fought in half that time.
The battle has now started anew;
those who are not dead have to flee.
All those who flee   2615
Sir Ivan pursues with his troop;
none of them may keep his life;
of those he reaches, they pay with their lives.
Sir Ivan easily recognized the count's coat of arms,
wherever he fled from him.   2620
"I shall follow you, if I can;
you shall not escape from me;
you will either die
or give yourself up as prisoner to me."
The count got trouble and sorrow;   2625
he would like to get back to his castle.
A steep ridge was in his way

þæn vægh han til husit reþ;
han var eigh længer før at riþa,
2630 þo han eigh vilde, han skulde þo biþa.
Ængin hans man var honum nær;
hærra Ivan kom þa rænnande þær
mæþ draghit sværþ ok vilde han sla.
"Kære hærra, I gørin eigh sva,
2635 ivir land ok hus þa maghin I valda,
for Guþ latin mik livit halda!"
"Um iak skal gøra viþ þik sva væl,
þa varþer þæt mæþ en forskiæl:
hvat iak ma þæt skal iak gøra,
2640 iak vil þik for mina frugho føra;
þæt star til hænna ok eigh til mik
hvat naþum hon vil giva þik."
"Þæt lovar iak Iþer a mina tro
þæt iak vil giærnæ gøre svo,
2645 bøtæ alt æptir hænne viliæ
sva at os skal ængte at skiliæ."
Hærra Ivan hans vapn af tok
—þæt giorþe han þy at han var klok—
ok førþæ han genast þæþan bort
2650 fangin for þæn frugha port.
Þæn frua reþ honum siælf i gen
mæþ fruor ok mør, riddare ok sven,
førþo han in mæþ mykin æræ
ok baþo han Guþi vælkomin væræ.
2655 Af þolik pris þa star hans lof
æ hvar hærra søkiæ hof.
Hærra Ivan til þe frugho gik
ok iærlin hænne i hænder fik.
"Ivir hans lif ok goþs þa maghin I raþa,
2660 han beþis þo giærna af Iþer naþe;
han kænnis han haver Iþer giort a mot,
þy biuþer han Iþer þolika bot,
pæninga ok goþs mæþan han ma læsta
ok varþa Iþar man, þæt ær þæt bæzta,
2665 ok vil Iþer alla visso fa
sum Iþer siælve nøgher a,
at han skal þætta aldrigh brytæ
um han ma Iþer naþer nytæ.
Vilin I þæt gøra for mina saka,
2670 þolika daghþingan af honum taka,
þæt ær þe bøn þær iak biþer
ok alle þæsse riddara Iþer."

on the path he took to the castle;
he was no longer able to ride;
even if he did not want to, he had to stop.　　　　　　2630
None of his men was near him;
then Sir Ivan came riding there
with drawn sword, wanting to slay him.
"Dear Sir, do not do so;
over lands and castles you may rule;　　　　　　　　　2635
for God's sake, spare my life!"
"If I should treat you so well,
it will be on one condition.
What I am obliged to do, I shall do:
I shall take you to my lady;　　　　　　　　　　　　2640
it depends on her and not on me,
what mercy she will grant you."
"I promise you on my honor
that I shall gladly do so,
compensate everything according to her will　　　　　2645
so that nothing will stand between us."
Sir Ivan took away his weapons
—he did so, since he was wise—
and brought him away at once
as a prisoner to the lady's gate.　　　　　　　　　　2650
The lady herself rode to meet him
with ladies and damsels, knights and squires,
and led him in with great honor
and bade him welcome before God.
His reputation stood so high　　　　　　　　　　　　2655
wherever knights gather at court.
Sir Ivan went to the lady
and delivered the count into her hands.
"Over his life and possessions you may rule,
but he asks you sincerely for mercy.　　　　　　　　2660
He admits having opposed you;
hence he offers you great compensation,
money and goods, since he can pay,
and, best of all, to become your servant
and give you every assurance,　　　　　　　　　　　2665
which will please you,
that he will never transgress again,
if he is granted your mercy.
If you do this for my sake,
receive such compensation from him;　　　　　　　　2670
this is the request I make of you
together with all these knights."

Þe frugha svaraþe sum I maghin høra:
"Hvat I mik raþin þæt vil iak gøra!"
2675 "Nu vil iak Iþart orlof hava,
Guþ þakke Iþer for Iþra gavo,
iak ma eigh længer dveliæs hær,
þy at langer vægh for mik stær."
Þe frugha kærir þæt sva sara
2680 þæt han vil sva braþlika þæþan fara,
ok talaþe hvar til annan þa:
"Avi, þæt han eigh væra ma
mæþ min frua hæræ,
þæt maghom vi saræ kæræ."

2685 Orlof tok han ok þæþan reþ
ok ater a þe sama leþ
þær han hafþe fyrra riþit þit;
a ængin man þa hafþe han lit,
þy at han reþ þæþan ena,
2690 sva at han hafþe ænga svena.
Þa han hafþe riþit ena litin stund
þa hørþe han i en grønan lund
mykit bang ok angistlik læte;
han viste eigh hvat þæt hafþe sætæ.
2695 Þær en orm ok et leon barþos baþa
ok vilde hvart þera annat skaþæ.
Han reþ þær nær ok sa þær a
huru ormin hiolt leonit þa
at þæt sik ække matte røra
2700 ok ængin skaþa matte gøra.
Han þænker þæt mæþ rætæ skil
hvilikin þera han hiælpa vil;
honum varþ þa til raþa sva,
þæn leon hiælpa hvat han ma;
2705 mæþ naturlik skæl ma man eigh lata
i allan staþ orm at hata.
Hærra Ivan stegh þa af sin hæst
ok bant han sum han kunne bæzt
fiærre þæn orm ok ække nær
2710 for þæt eter af honum gær.
Þær han stander i þæn skogh
manlik han sit sværþ utdrogh
ok rasklika træþer þæn ormin til;
mæþ sin skiold han sik væria vil
2715 for eter ok eld ok annor men
þær ormen skiuter honum i gen.

The lady answered as you may hear:
"What you advise me, I shall do."
"Now I want your permission to leave. 2675
God thank you for your gift;
I cannot remain here any longer,
because a long road awaits me."
The lady regretted very deeply
that he would leave so soon, 2680
and then they said to one other:
"Alas, that he cannot stay
here with M'lady,
we must regret deeply."

He took leave and rode away 2685
again on the same road
that he had ridden there.
He did not trust anyone
—that is why he rode away alone—
so that he had no squire. 2690
When he had ridden for a short while,
he heard in a green grove
much noise and a moaning sound;
he did not know what this meant.
A serpent and a lion were fighting there 2695
and each wanted to hurt the other.
He rode closer and watched
how the serpent gripped the lion
so that it could not move
and do any harm. 2700
He considers carefully,
which one he wants to help.
Then he decided
to help the lion as much as he could;
for natural reasons one cannot help 2705
but always hate serpents.
Sir Ivan dismounted
and tied up his horse as best he could,
far from the serpent and not nearby,
because of the venom coming from it. 2710
There he stands in the woods;
he valiantly drew his sword
and quickly steps toward the serpent.
With his shield he intends to defend himself
against venom and fire and other harm 2715
which the serpent shoots out at him.

Hærra Ivan hiog þæn ormin þa
at første hugge sunder i tva
ok siþan i stykke al sva sma
2720 at ængen lot hos annan la.
Vil leonit honum nokon skaþa gøra,
han vil sik væria, þæt skulin I høra.
Þæt første leonit þætta sa
at drakin døþ for hænne la,
2725 þa gik hon for hærra Ivan liggia
sum hon vilde naþer af honum þiggia
ok teknar honum þæt bæzta hon ma
ræt sum hon vilde sighia sva:
"Þæt later iak Iþer, min hærra, høra,
2730 hvat I mik biuþin þæt skal iak gøra."
Han drogh sit sværþ ut af sin sliþa
ok vilde þa eigh længer biþa;
þæt leon sin hala fram for han ratte,
han hiog þær af þæt minzta han matte,
2735 þær drakin hafþe haldit a;
han matte eigh annat æn gøra sva,
hafþe han eigh hænne skilt viþ þe nøþ,
þa vare leonit genast døþ.
Þæt leonit var af dyghþ sva goþ;
2740 þa hærra Ivan þæt forstoþ
at hon vilde honum þiana
for þe hiælp han giorþe viþ hana,
þa þotte honum þæt vara væl
at han slo þæn ormin i hæl.
2745 Han strøk sit sværþ ok stak þæt in
ok reþ sin vægh at þæt sama sin.
Hvar hærra Ivan for riþer
leonit honum fylgher, þæt sæghir iak Iþer,
ok vil sik aldrigh fra honum skilia
2750 i nøþ ælla i lust mæþ sinom vilia,
ok hon sva næla honum gik
til hon væþer af diurin fik.
Þa dref hænne þær hunger til
þæt hon af diurin hava vil
2755 ok springer honum rasklika i fra
—han undrar hvi hon giorþe sva—
ok hiolt siþan qvar ok bidde han
þær hon diurin for sik fan.
Um hærra Ivan vilde riþa
2760 þa vilde hon eigh længer biþa,

Sir Ivan then cuts the serpent
into two pieces with the first blow,
and then in pieces, all so tiny
that no part lay next to the other.   2720
If the lion wants to hurt him in any way,
he will defend himself, you should know.
As soon as the lion saw
that the dragon lay dead before it,
it went to lie down before Sir Ivan,   2725
as if it wanted to beg him for mercy,
and beckons to him as best it can,
just as if it wanted to say:
"I want to tell you, M'lord,
whatever you bid me, I shall do."   2730
He drew his sword from its scabbard
and did not want to delay any longer.
The lion stretched out its tail toward him;
he cut off the smallest possible piece
which the dragon had held onto;   2735
he could not do anything else.
Had he not rescued it from that danger,
the lion would have died at once.
The lion was so gentle in disposition.
When Sir Ivan understood   2740
that it wanted to serve him
because of the help he gave it,
he thought it was a good thing
that he had killed the serpent.
He wiped his sword and sheathed it   2745
and rode away at once.
Wherever Sir Ivan is riding,
the lion follows him, I tell you,
and will never part from him
for better or worse of its own will,   2750
and it walked very close to him
until it got a scent from animals.
Then hunger forced it
to want to get the animals,
and it runs quickly from him   2755
—he wonders why it did so—
and stopped then to wait for him,
where it had discovered the animals.
If Sir Ivan wanted to ride on,
it would not stop any longer;   2760

vil han ok nokor stund dvælias þær
yfrin diur hon honum fær.
Þa hærra Ivan diurin sa,
þa teknar han hænne fram at ga;
2765 hon gør alt þæt hænna hærra biþer,
braþlika løp hon i dalin niþer.
Þæn første hiort for hænne stoþ,
hon kastaþe han niþer ok søgh hans bloþ
ok vilde vara sin hærra tryg,
2770 kastaþe han genast a sin ryg
ok dvaldis ække længer þær
utan genast for sin hærra bær.
Þæt monde fast at qvælde liþa,
han viste eigh hvart han skulde riþa.
2775 "Vi varþom þe nat hær nu bliva
æ hvat naþer Guþ vil os giva."
Hærra Ivan monde hiortin fla
ok tok alt þæt i honum la,
liver ok lungo ok hiærtæ bloþ
2780 ok gaf þæt leon hos honum stoþ,
slar sik eld ok reþer sin mat
ok blef þær um þe sama nat.
En stor stek han af hiorten skær
ok siþan fram til elden bær;
2785 han ref þæt a en storan ten
ok stekte þær baþe kiøt ok ben.
Han hafþe þær eigh vin ælla brøþ,
han drak þær vatn, þæs giorþe honum nøþ.
Mæþan hærra Ivan sat viþer borþ
2790 for hans føter a þæn iorþ
þæt leon alt hos honum la
ok vilde ække þæþan ga.
Þa han hafþe ætit mæþan han vil,
þa tok han alt þæt þær var til,
2795 minna ok mera, hvat þær var,
alt saman for sit leon bar.
Han laghþis niþer a þæn mold
ok hvilte sik up a sin skiold
til þe nat forgangin ær.
2800 Leonit hafþe han sva kær
ok lot sik vara þær til ospara
þæn nat ivir honum at halda vara
ok gøma han mæþ sin froma
at ængen ma honum til skaþa koma.

but if he wants to stay for a while,
it will fetch him many animals.
When Sir Ivan saw the animals,
he beckons it to advance;
it does everything its master orders. 2765
It runs quickly down into the valley.
The first hart that stood before it,
it knocked down and sucked its blood
and, wanting to be faithful to its master,
tossed it at once across its back 2770
and did not linger there any longer,
but carries it immediately to its master.
The night was quickly drawing near;
he did not know where to ride.
"We must stay here this night 2775
for whatever rest God may grant us."
Sir Ivan flayed the deer
and took everything that was inside it,
liver and lungs and the life-blood,
and gave it to the lion at his side. 2780
He makes a fire and prepares his food
and remained there that night.
A big joint he cuts from the hart
and carries it to the fire;
he turned it on a big spit, 2785
roasting both meat and bones.
He had neither wine nor bread;
he drank water, which he was forced to do.
While Sir Ivan had his meal,
at his feet on the ground 2790
the lion lies by him,
not wanting to go away.
When he had eaten as much as he wanted,
he took everything there was left,
more or less whatever there was, 2795
and brought it all to his lion.
He lay down on the ground
and slept on his shield
until the night has passed.
The lion loved him very much 2800
and spared no pains
to watch over him that night,
protecting him with its strength,
so that no one could hurt him.

2805 Hvat ær þær mer at sighia i fra?
      Þæt første han daghin for sik sa
      þa reþ han þæþan sva snima
      ok lifþe i þæn sama tima
      viþer þe diur sum leonit fik
2810 til fiughurtan nætter þær forgik.
      Þæn fæmptanda dagh at qvælde
      kom han riþande til þe kældo
      þær I haven fyrre sagt af hørt
      hvat under viþ hænne haver varit giørt.
2815 Þa hærra Ivan kældona sa,
      þa mælte han ok saghþe sva:
      "Alla mina glæþi haver iak hær mist,
      hvat skal mik længer lifsins frist?
      Þæn æræ iak hær forþum fik,
2820 mæþ sorgh hon braþelik mik forgik."
      Af anger fik han sva mykin qvala,
      han fiol i ovit ok la i dvala;
      hans sværþ skøt sik af sliþone þa
      ok skar hans brynio sunder i tva,
2825 a hans hals fik han et sar
      ok i hans bryst et annat var.
      Þa leonit þætta sea fik
      at bloþit genom hans brynio gik,
      þa lot hon illa ok sara skalf,
2830 hon þænkte han vilde sik dræpa sialf;
      ængen man þæt sighiæ ma
      huru ømkelikæ hon lot þa;
      hon sa sin hærra bløþa,
      þa vilde hon hælder þola døþa.
2835 Hon maklika fram at iorþinne skreþ
      fyr æn hon matte þæt koma a leþ
      þæt hon tok sværþit mæþ sinne tan
      ok drogh þæt fra þæn æþla man
      ok laghþe þæt fiærran up a en sten
2840 at þæt skulde honum eigh gøra men
      ok lop ater ok fram þæræ,
      sum hon monde galin væræ,
      mæþ iæmerlik lat ok skriaþe sva
      at þæt var ømkæ at høræ pa;
2845 hon hafþe þa sva mykin vanda,
      hon matte hvarte liggia ælla standa.
      Þa han hafþe lighat ena stund i dvala,
      þa fikks han viþer ok matte tala;
      han laghþis viþer et biærghe liþ

What more is there to tell? 2805
As soon as he saw the day dawn,
he rode off very early
and lived on
the animals the lion hunted,
until a fortnight had passed. 2810
On the fifteenth day in the evening
he came riding to the spring
of which you have heard before,
what marvels had happened there.
When Sir Ivan saw the spring, 2815
he spoke and said:
"All my joy I have lost here;
what is the use of living on?
The honor I had in times past
has passed sadly and rapidly from me." 2820
He was so troubled by his misery
that he fainted and lay unconscious.
His sword then slipped from its scabbard
and cut his byrnie in two;
on his neck he got a wound 2825
and another one on his chest.
When the lion noticed
that the blood trickled out through his byrnie,
it roared loudly and trembled violently:
it thought that he wanted to kill himself. 2830
No one can tell
how pitifully it sounded then.
It saw its master bleeding;
it would rather suffer death.
It paced slowly on the ground, 2835
until it could succeed
in taking the sword between its teeth,
and it drew it away from the noble man
and laid it far away on a stone,
so that it could not harm him, 2840
and ran back and forth,
as if it were crazy,
with distressing cries and such howling
that it was sad to hear.
It suffered so much agony 2845
that it could neither lie nor stand.
When Ivan had lain unconscious for a while,
he revived and was able to speak;
he lay down on a hillside

2850 ok hvildis enæ stund þær viþ.
Þæt førsta leonit þæt sea fik
hon þaghar genast til honum gik,
ok for hans føter hon laghþis þa
ok gørla up a sin hærra sa.
2855 Þa han var hvil ok han up stoþ
hans hiærta var af anger moþ,
þa kom honum ater i hugha
han hafþe eigh haldit viþ sin frugha
þæt han hafþe hænne iæt
2860 ok hafþe þæt brutiþ ræt alt slæt.
Hans anger byrias nu af ny:
"Hvat dugher mik længer for døþin fly!
Iak vil mik dræpa ok gøra sva
mæþan ængin man hær ser up a,
2865 þy at al min glæþi ær nu ænd
ok sarlika mik til sorghina vænd,
æ siþan iak miste þæn høghelik æræ
þær iak hafþe mæþ min hiærtæ kære.
Hvem vil iak þær forgiva sak?
2870 Iak ulte mik siælver þætta omak,
af goþ æmpne for iak illæ,
þæt ulte mik min storæ osnillæ.
Þæt ær nu min mæsta kæra
þæn harm þær leonit for mik bæra,
2875 iak vilde hælder vara døþ
æn se a hænne þolika nøþ.
Opinbara iak þæt ter,
ok vil iak þær til sighia mer,
iak vilde mik siælver fordærvæ,
2880 skulde eigh diævulen siælinæ ærvæ."

En iomfru var þær skampt i fra,
hon sat þær nær ok lydde up a
i þæt kapella hos kældonæ stoþ.
Hon kallaþe a þæn riddara goþ
2885 ok baþ han for tokt til sik ga
þæt hon matte hans talan fa.
Æn þo hær Ivan var eigh glaþ
han gik til hænne þaghar i staþ.
Þe iomfru mælte viþer sik ena:
2890 "Hvem skal iak hær mæþer mena?
Hvat dughande man mon þænne være
þær iak hørir sik sva sara kæra?"
Hærra Ivan til þæn kapella gær:

and rested there for a while. 2850
As soon as the lion saw this,
it went immediately to him
and lay down at his feet
and looked at its master attentively.
When he had rested and stood up, 2855
his heart was distressed,
as he again remembered
that he had not kept
what he had promised to his wife,
but had broken it completely. 2860
His distress now began anew:
"What is the use of fleeing from death!
I want to kill myself and do it
while no one here is watching,
because all my joy has now ended 2865
and has sadly turned into sorrow,
since I have lost the great honor
I had with my heart's beloved.
Whom shall I blame for that?
I myself am the cause of this misery: 2870
I turned a good opportunity into evil;
my great folly brought that about.
My greatest concern is now
the sorrow the lion feels for me;
I would sooner be dead 2875
than see it suffer so.
I show it openly
and furthermore I want to say,
I would kill myself,
were not the Devil to inherit my soul." 2880

A maiden was quite nearby;
she sat nearby and listened
in the chapel that stood by the spring.
She called out to the noble knight
and asked him to come to her out of kindness 2885
so that she might speak to him.
Although Sir Ivan was sad,
he went immediately to her.
The maiden said to herself:
"I wonder who this man might be? 2890
What brave man might he be
whom I hear lamenting so bitterly?"
Sir Ivan goes to the chapel:

"Sigh hva þu æst hær inne ær!"
2895 "Iak vil Iþer þæt giærna sighia,
iak ma þær um eigh længer þighia,
iak ær þe uslasta qvinna en
for alla þe þær sol a sken."
"Þu ma væl þighia ok tala eigh sva,
2900 min harm ær mer æn þine tva."
"Donde man, I sighin eigh svo,
þæt ma ængin livande tro,
þy at I ærin liþughe bort at riþa
æn iak varþer fangin hær inne biþa,
2905 þy at eigh ær bæter vurþit mit mal,
þe vilia mik morghon brænna i bal."
"Ma iak Iþer þær spyria til,
um þu mik þæt sighia vil:
Hvat hava þe Iþer at kænna,
2910 hvi vilia þe Iþer brænna?"
"Sva skiuter iak til Guþ mit mal,
sva hiælpe han mik baþe til lif ok sial,
iak aldrigh skyldaþe til þæn sak
þær þe nu sighia a min bak.
2915 Þe sighia iak skulde mina fru forraþa,
drotsætin ok hans brøþer baþe.
Mit lif iak ække løsa ma
utan iak kan þæn riddara fa
þær þem þrim þor en bestanda
2920 ok løsa sva allan min vanda."
"Nu førsta iak mik þær a forstær
at min sorgh mere æn þin ær,
þy þu ma væl hiælper fanga
æn min sorgh mon mik sent forganga."
2925 "Iak vet þæn eigh i væruldinne til
þær mik hæþan frælsa vil,
þo hopar mik æn til riddara tva;
a hærra Guþ, matte iak þem na!"
"Kæra iomfru, latin mik þæt høra,
2930 hva þæt vilde for Iþer gøra,
þær sik slikt þorþe taka a hænder,
en bestanda þrim riddara sænder."
"Þæt sæghir iak Iþer sanlik
for utan fals ok utan svik,
2935 þæt ær min hærra riddare Gavian
ok konung Yrians son hærra Ivan.
Þæt haver iak for hærra Ivans saka,
iak skal min døþ morghon up taka."

"Tell me who you are in there!"
"I shall willingly tell you; 2895
I cannot be silent about it any longer:
I am the most wretched woman
among all upon whom the sun shines."
"You should be silent and not talk like that;
my sorrow is twice as great as yours." 2900
"Do not say that, you honorable man;
no living person can believe it,
because you are free to ride off,
but I must stay here a prisoner,
because my case has not turned out better: 2905
they will burn me at the stake tomorrow."
"May I ask you,
if you want to tell me:
with what are they charging you;
why do they want to burn you?" 2910
"I entrust my case to God;
may He help both my life and soul.
I was never guilty of the charge
they are now making behind my back.
They allege that I betrayed my lady, 2915
the steward and his two brothers.
I shall not be able to save my life,
if I cannot find a knight
who singly dares to stand up to these three
and thus free me from all my difficulties." 2920
"Only now I understand
that my grief is greater than yours,
since you are sure to get help,
but my grief will end but slowly."
"I do not know anyone on earth 2925
who will save me.
Still I set my hope on two knights;
O Lord God! if only I could reach them!"
"Dear maiden, let me hear,
who would do this for you; 2930
who would dare to be willing
to take on three knights at once?"
"I truly tell you
without falseness or deceit:
they are my lord Sir Gawain 2935
and King Yrian's son, Sir Ivan.
On account of Sir Ivan
I shall suffer death tomorrow."

"Hvat sæghir þu mik, hin salugha mø,
2940 þæt þu skal for hærra Ivan dø?"
"Ia mæn vet, þæt gar mik sva,
þær finder iak sanna røn up a."
"Nu hørir iak hvat I sighin hæra,
um Guþ vil þæt skal eigh væra,
2945 þy at iak ær þæn þær heter sva;
iak skal Iþer hiælpa hvat iak ma,
um I ærin þe mik halp þa,
þa iak mællom portana la
i Vadeins hus hins røþa
2950 þa iak slo han til døþa;
þa rønte iak þæt mæþ fulgoþ skæl,
I hulpin mik dyghþelik ok væl,
þy iak var þær sva komin þa
at iak hafþe ængen at litæ pa.
2955 Hvat I giorþin þa viþer mik,
þæt vil iak nu giærna løna þik.
Sighin mik, kæra, hvat Iþer ær skeþ
siþan iak fra Iþer reþ!"
"Iak vil þær giærna sighia i fra
2960 um Iþer lyster lyþa up a.
Iak kænnis þær viþer at iak halp Iþer
þa I mik þorftin aldra mæst viþer.
I urþin ok ivir eno baþe,
min fru ok I, mæþ mino raþe;
2965 þæt vet væl Guþ i himirik,
þæt fromaþe hænne mer æn mik.
Iak trøster mik æn at gøra sva,
um iak hæþan nokor lund koma ma,
I fan æn ater i skamman frist
2970 mina fru ok alt þæt I havin mist.
Þa þæt arit sva forgik
þæt hon eigh buþ af Iþer fik,
þa kænde þæt min frugha mik
þæt iak hænne raþit hafþe svik
2975 ok gaf mik siþan sva høghelike sak
at þæt ulte ængen utan iak.
Førsta iak þæn skaþa beþ
at min frugha varþ mik vreþ
ok drotsætin þe gørlæ forstoþ,
2980 han var mik ilder ok ække goþ,
þy at han þæt gørla fan
hon trøste til mik alt bæter æn til han.
Þa rønte iak þæt sanlik

"What are you saying, you poor maiden,
that you are to die on account of Sir Ivan?" 2940
"Yes, in truth, that will happen to me;
I know it for certain."
"Now I hear what you are saying;
God willing, it will not happen,
for I am the man by that name. 2945
I shall help you however I can,
if you are the one who helped me,
when I lay between the gates
of the castle belonging to Wadein the Red,
when I slew him. 2950
Then I learned with good reason
that you helped me kindly and well,
because I was then in a position
where there was no one I could trust.
For what you did for me then, 2955
I will gladly reward you.
Tell me, my dear, what has happened to you,
since I left you!"
"I shall gladly tell you,
if you want to listen. 2960
I admit that I helped you,
when you needed me most of all.
You two became reconciled,
my lady and you, with my assistance.
God in Heaven knows full well 2965
that it was more to her advantage than mine.
I believe myself capable of doing it again,
if I can get away from here somehow;
you would within a short time get back
my lady and everything you have lost. 2970
When that year passed
and she did not get a message from you,
my mistress let me know
that I had betrayed her
and then charged me with such a serious crime, 2975
claiming that no one but I was guilty.
Above all I suffered
because my lady was angry with me,
and the steward realized it fully;
he was malicious toward me, not kind, 2980
because he well understood
that she trusted me more than him.
Then I truly experienced

þe avund han hafþe fyr til mik.
2985 Han kærþe a mik sva opinbara
þæt ængin þorþe for mik svara,
han baþ mik þa þæn riddara fa
þær þem þrim brøþrom þorþis en besta,
innan fiughurtan natta fræst skulde iak þæn fanga
2990 ælla skulde þæt mik til døþæ ganga.
Siþan søkte iak mangt et hof,
um nokor vilde gøra for frughor lof,
mit ærande taka sik til handa
ok frælsa mik af þænna vanda.
2995 Iak var riþin til konung Artus
til Karidol up a hans hus,
iak spurþe þær æptir hærra Gavian
ok hvarghin Iþra iak þær fan.
Þa spurþe iak þær nymære
3000 at en riddare hafþe varit þære;
han var stolt ok i hiærtat bald,
han tok drotningena bort mæþ vald
ok skiutlik bort mæþ hænne rænde,
sva ængen man þæn riddare kænde.
3005 Konungen mælte þa til Kæyæ:
'Þæt vil iak Iþer baþa seghiæ,
hærra Gavian ok sva þu,
I skulin vara til reþo nu
ok sparin eigh Iþer ørs at rænna
3010 at I maghin ater fanga hænnæ.'
Mæþ þy þa reþ iak þæþan bort
at ængte hafþo þe til hænna sport.
Þær fan iak ængin þær þorþe til taka
at væria mit mal for þolika saka,
3015 ok ængin annan staþ matte iak finna,
þy ligger iak hær fangin innæ.
Nu haver iak sagt mit skriptamal,
for hvat iak morghon døia skal;
æn þo at I vilin mik hiælper te
3020 I maghin eigh bærias en viþer þre."
Þa svaraþe hænne hærra Ivan:
"Iak lover þik þæt a mina san
þæt iak skal morghon koma hær
fyr æn dombrin ivir Iþer gær
3025 ok antiggia døþer bliva skal
æller ok væria þætta mal;
æ huru þæt mik ganga ma
þu skal þær ængte sighia i fra,

the envy he formerly felt toward me.
He accused me so publicly 2985
that nobody dared to defend me.
Then he asked me to find a knight
who dared to fight against the three brothers;
within a fortnight I should get him
or it would be my death. 2990
Subsequently I visited many a court
to see whether anyone wanted to earn the praise of women,
to take on my case
and free me from this misery.
I had ridden to King Arthur, 2995
to Carduel, his castle,
where I asked for Sir Gawain,
but I found neither of you there.
Then I got the news
that a knight had been there; 3000
he was arrogant and bold.
He abducted the queen by force
and quickly rode away with her
so that nobody recognized that knight.
The king then told Kay: 3005
'I want to tell you both,
Sir Gawain and you,
you should get ready now
and do not spare your horses
so that you can get her back again.' 3010
At that I rode away,
since they had heard nothing of her.
There I found nobody who dared to undertake
to defend my case against such charges
and nowhere else could I find anyone; 3015
therefore I am imprisoned here.
Now I have confessed to you,
why I am to die tomorrow.
Even if you want to help me,
you cannot fight alone against three." 3020
Then Sir Ivan answered her:
"I promise you upon my honor
that I shall come here tomorrow,
before judgment is passed,
and I shall either be killed 3025
or else defend this case;
whatever may happen to me,
you shall not tell anybody about it,

um nokor vil þær æptir leta
3030 hvat mit nampn ær æller hvat iak mon heta."
Þa svaraþe honum þe høviska mø:
"Iak vil hælder fyrra dø
æn iak skulde nokot þæt sighia
þær I baþin mik ivir þighia.
3035 Æn þo at þe Iþer i hæl sla
iak komber þem þo eigh i fra,
þæt førstæ þe hava dræpit þik
þa gar þæt siþan ivir mik."
"Mik þykker þæt vara underlikt,
3040 min kæra, at I vilin tala slikt;
þo at þe varo tio sum þe æru þre
—þæt skulin I hær morghon se—
iak þor þem væl i tænder sla,
þæt gange siþan huru þæt ma.
3045 Iak finder at I þæs iævugha æræ
þæt iak komber ater hæræ:
þæt vil eigh Guþ i himirike
þæt iak skulde Iþer sva illa svika,
þy iak haver Iþer sva væl rønt,
3050 iak far þæt Iþer aldrigh lønt.
Iak vil nu hæþan riþa brat
—Guþ givi Iþer, iomfrugha, goþa nat—
i þænna mark for mik at leta
hvar iak minum hæste far at beta,
3055 þær varþer iak bliva til sol up gær
ok siþan ater koma hær."
"Guþ gøme Iþer, hærre, hvar I fara
baþe lønlik ok opinbare!"

Hærra Ivan þa genom skoghin reþ
3060 þrangan vægh ok myrka leþ,
hans leon alt mæþ honum gær
ok vil honum giærna vara nær.
Þa sa han i þe øþemark
en kastel þær var baþe høgh ok stark;
3065 þæn mur um þæn kastel stoþ
han var baþe høgh ok goþ.
Þæt land þær til husit la
þær var ængin byghþ up a,
þæt var þær sva sara øt
3070 at ængin gat sik þær føt.
Þa hærra Ivan þætta sa
han reþ þæn vægh til husit la.

if anyone tries to find out,
what my name is or what I am called." 3030
Then the courtly maiden answered him:
"I would rather die
than reveal anything
that you asked me to keep secret.
But even if they kill you, 3035
I shall not escape from them;
as soon as they have slain you,
it will happen to me too."
"I think it is strange,
my dear, that you should talk like that; 3040
even if there were ten rather than three
—you will see this here tomorrow—
I dare to knock their teeth out,
come what may.
I see that you doubt 3045
that I shall return:
God in Heaven would not want
me to betray you so badly,
because I have experienced such good from you
that I shall never be able to repay you. 3050
I shall now quickly ride away from here
—God grant you, my maiden, a good night—
in order to search in this area
for pasture for my horse;
there I shall remain until the sun rises 3055
and then return here."
"God preserve you, M'lord, in every danger
both hidden and visible."

Sir Ivan then rode through the forest
on a narrow path and a dark road; 3060
his lion still goes with him
and likes to be near him.
Then in the wilderness he observed
a fortress, which was both high and well fortified;
the wall encircling the stronghold 3065
was both high and strong.
In the area around the castle
there were no buildings;
it was so badly devastated
that no one could live there. 3070
When Sir Ivan saw this,
he rode in the direction of the castle.

Þe a husit varo mot honum gingo,
mæþ bliþom orþom þe han untfingo
3075 ok loto þa þæn vindebro niþer.
Hærra Ivan varþ þær glaþer viþer
ok vilde hælder hærbærghe þiggia
æn han vilde ute liggia.
Þæt førsta hærra Ivan gik mote þe bro,
3080 þa baþo þe han ok saghþo svo:
"I latin leonit binda hære
at þæt os eigh til skaþa være."
Hærra Ivan svaraþe þe borghara þa:
"Þæt ma ække vara sva,
3085 vi havum þæt hvar annan iat
at vi maghom eigh skilias at;
vi skulom antiggiæ baþæ in
ælla ok ut at þætta sin;
iak lovar þæt hær for os baþa,
3090 þæt leon varþer hær ængom til skaþa."
Þa svaraþo riddara ok svena baþæ:
"I mughin þær siælve ivir raþa."
Þa han kom fram i þæt hus
þær møtte honum fruor mæþ storæ lius,
3095 baþo svenæ taka hans hæst
ok gømæ sum þe kunno bæzt.
Þe fruor mondo hans vapn af taka
ok skipaþo honum ræt alla maka
ok mælte siþan til hans sva:
3100 "I skulin til min hærra ga.
Honum þykker þæt vara en glæþis stund
at I ærin kompne a hans fund."
Þe fruor ok iomfruor toko han þær
ok leddo han þit þera hærra ær.
3105 Husbondin þaghar mote honum gik
ok satte han niþer nær siælvan sik.
Al þe glæþi þær man haver hørt
þæt var þem þær til skæmptan giørt.
Þa þe sato alle kat,
3110 þa fingo þe sva underlik lat,
baþe karl ok sva qvinnæ
ok hvart þæt barn þær var inne,
ok græto sva iæmerlika þa
at þær var ømkæ at høra up a;
3115 en litin stund þe varæ kata,
en annan stund þe mondo grata.
Hærra Ivan spurþe husbondan at

Those who were in the castle went to meet him;
with kind words they received him
and let down the drawbridge. 3075
Sir Ivan was pleased at this
and preferred to ask for lodging
rather than sleep outdoors.
As soon as Sir Ivan went to the bridge,
they begged him, saying: 3080
"Have the lion tied up here,
so that it will not harm us."
Sir Ivan then answered the people of the castle:
"That cannot be;
we have promised each other 3085
that we shall never part;
either we shall both come in
or stay outside this time.
I promise for both of us
that the lion will do no harm to anybody." 3090
Then answered both knights and squires:
"You may decide yourself."
When he entered the castle,
he was met by ladies with big torches;
they asked the squires to take his horse 3095
and care for it as best they can.
The ladies removed his arms
and arranged every comfort for him
and talked to him thus:
"You should go to my lord. 3100
He thinks it is a blessed hour
that you have arrived here."
The ladies and maidens took him there
and led him to where their lord was.
The lord immediately went to meet him 3105
and showed him to a seat at his side.
All the merriment one heard
was done for their entertainment.
When they all sat there enjoying themselves,
they started behaving very strangely— 3110
both men and women
and everyone who was there—
and cried so bitterly then
that it was pitiful to hear.
For a little while they were merry, 3115
yet the next moment they began to cry.
Sir Ivan asked the lord,

þa þe sato ivir þera mat:
"Kære husbonde, sigh þæt mik,
3120 um iak ma þæt spøriæ þik,
hvi gratin I stundum alle saman
ok stundum havin I sva mykit gaman?"
"Iak saghþe Iþer þæt giærna hæræ,
um þæt matte Iþer til skæmptan væræ;
3125 førsta I þæt vita fa,
Iþer þykker þær þungt at þænkia up a,
þy vil iak hælder þær um þighiæ
æn Iþer mer þær af sighiæ."
"Sighin þæt mik mæþan vi hær sitia,
3130 iak vil þæt storlika giærna vita."
"Hvat haver iak nu annat til,
mæþan I þæt sva giærna vita vil!
En rise haver giort mik høghelik skaþa,
iak ma mit land for honum eigh raþa;
3135 han daghlika hær for husit ganger
ok gør mik baþe sorgh ok anger;
mit goþs haver han mik takit fra
ok beþis mina dotter ovan a.
Iak atte siæx syner rika ok kat,
3140 æ for mik ful væl mæþan at;
þe varo riddara rask ok klok,
til þænne rise þem af mik tok.
Fiælskarper þe han næmpna;
Guþ ma mik a honum hæmpna!
3145 Han haver mina syner dræpit tva,
sva at iak þær siælver sa up a;
han vil i morghon æn sva gøra,
þem æptir liva hit at føra
ok dræpa þem at vi þæt se;
3150 slikt gør mik i mit hiærte ve.
Um iak giver honum dotter min,
han vil eigh hana taka siælver til sin
utan giva hænne stekara svena,
þe fulasta ok þe orena
3155 þær han haver i sin garþ,
þem later han hænne vare osparþ,
þæt þe skulu hana skænda sva
at han hana forsmar siþan at fa.
Iak atte hus ok stora by,
3160 baþe gambla ok sva ny;
af þem haver iak nu ængte mer
æn þætta ena I hær ser.

Hærra Ivan

as they sat at their meal:
"My dear lord, tell me,
if I may ask, 3120
why do you all cry one moment
and the next are so merry?"
"I would like to tell you about it,
if it would please you,
but as soon as you learn about it, 3125
you will find it troublesome to think about;
hence I would sooner be silent
than to tell you more about it."
"Tell me, while we are sitting here;
I should very much like to know." 3130
"What else can I do,
since you are so eager to know!
A giant has done me very great damage;
I cannot rule my country because of him.
He walks every day before the castle 3135
and causes me both sorrow and distress;
he has taken my possessions from me
and in addition demands to have my daughter.
I had six sons, strong and merry;
everything went very well with me then. 3140
They were capable and clever knights
until this giant took them away from me.
He is called Harpin of the Mountain;
may God let me avenge myself on him!
He slew two of my sons 3145
while I had to look on;
tomorrow he will do so again,
bring those who have survived here
and slay them while we look on.
This grieves my heart. 3150
If I give him my daughter,
he will not have her himself
but give her to the kitchen servants,
the most indecent and dirty ones
he has at his house; 3155
he will generously give her to them,
so that they will violate her, so
that he can reject her afterwards.
I owned castles and big estates,
both old and new ones; 3160
of these I do not have more left
than the one you see here.

Han haver mik takit af hus ok land,
sumpt mæþ sværþ ok sumpt mæþ brand,
3165 þæn ille risi Fiælskarper,
han haver mik varit alt ofstarker.
Hærra Ivan svaraþe þæræ:
"Mik þykker þæt et under væræ,
hvi þu eigh sænde til konung Artus;
3170 þu finder þær manga up a þæt hus
þær honum giærna bestanda
ok frælsa Iþer af þænna vanda;
hvar þær letæ at þolik saka,
han finder þær væl sin maka;
3175 þo at þæn diævul starker ær,
han finder þo þæn þær honum bestær."
"Hvat skal iak mera þær um tala?
Lango varo løst al min qvala
um iak hafþe funnit hærra Gavian,
3180 þy at min kæra husfru ok han
æru baþin systkine tu,
þæt vil iak Iþer sighia nu.
Mykin skaþa iak þa beþ
þa han æptir drotninginne reþ,
3185 þy at han ær sva langt komin bort
at vi fam ængte til hans sport.
Viste han þe høghelika sorgh
sum vi havum daghlika a þæsse borgh
ok sinna systur sona nøþ
3190 þæt þe nu forsniman æru døþ,
þa skynde han sik braþlika hem
hit til var at hiælpa þem."
Þa hærra Ivan hørþe þe orþ
þær husbondin mælte viþer sit borþ,
3195 þa saghþe han ok sukkaþe sara:
"Sanlika, þæt skal eigh vara!
Um þæn risi komber hær
morghon fyr æn iak hæþan fær,
þa vil iak honum giærna besta,
3200 æ huru þæt mik ganga ma.
Þo skal iak arla morghon riþa,
iak ma eigh længe a daghin biþa,
þy at iak haver lovat a mina tro
þæt iak skal ændelika gøra svo,
3205 enom kæmpa bestanda for ena iomfru
þær fangin ligger a livit nu
ok for middaghs timæ þær at koma,

He has taken castles and land from me,
some by means of the sword, some through fire;
this evil Harpin of the Mountain   3165
has been too strong for me."
Sir Ivan answered then:
"I think it is strange
that you did not send to King Arthur.
You will find many in that castle   3170
who would like to fight against him
and free you from this difficult situation.
Whoever tries to cause such damage
will surely find his equal there;
even if this devil is strong,   3175
he will find somebody there to fight against him."
"Why should I say any more about this?
All my troubles would have been settled long ago,
if I had found Sir Gawain,
because my dear wife and he   3180
are sister and brother;
I want to tell you that.
I suffered great harm,
when he rode in search of the queen,
because he has gone so far away   3185
that we have heard nothing of him.
If he knew of the great sorrow
we experience at this castle every day
and of his nephews' distress,
that they have recently been killed,   3190
then he would hurry back
to us to help them."
When Sir Ivan heard the words
that the lord spoke at his table,
he said and sighed bitterly: 3195
"In truth, that will not be!
If the giant comes here
tomorrow before I leave,
then I shall gladly fight against him,
however it may turn out.   3200
Still I must ride away early in the morning;
I cannot wait long into the day,
because I have promised on my honor
that I shall without fail
fight against a warrior for a maiden's sake   3205
who is now imprisoned at the risk of her life,
and I have to arrive there before noon,

```
             hvat þæt varþer mik til skaþa æller froma."
             Husbondin svaraþe hærra Ivan þa:
3210         "Þæt løne Iþer Guþ þær alt forma!"
             ok hvart þæt barn sum þær var inne
             þakkaþe honum i þæt sama sinne.
             Siþan sa man in for þem ga
             þe vænasta iomfru man finna ma;
3215         hænna moþer gik mæþ hænne in,
             þe skyldo þera anlit mæþ þera skin.
             Þe frughor ok þera qvinna
             hava sorgh ok bleka kinna
             ok vildo þæt eigh opinbara te
3220         at man skulde þem gratande se.
             Þa husbondin var þæs varæ
             at þe frughur fældo tara,
             þa saghþe han: "I þorvin eigh grata
             ok eigh sva ømkelikæ lata,
3225         Guþ haver os sænt þæn æþla man
             þær Iþan anger væl løsa kan,
             han vil viþer risen striþæ
             ok løse sva al Iþer qviþe."
             Þe frughur glæddis alla þær viþer
3230         ok fiollo honum til fota niþer.
             Han baþ þem þaghar up standa allæ:
             "I skulen mik eigh til fota falla!"
             Þæn æþle riddare stolt ok goþ
             han þaghar up mot þe frughur stoþ:
3235         "Iak vil þæt ække hava af þik
             at I skulin fallæ a knæ for mik,
             eigh bør Iþer þæt viþ mik at gøra,
             iak vil þæt eigh se ælla høra.
             Iak vil þæt Iþer alla raþa,
3240         frughur ok sva iomfrughur baþe,
             I varin glaþa ok gørin sva,
             til morghon I þær se up a,
             um Guþ vil mik þæn lykko sændæ
             han blive døþer for mina hænde.
3245         Þæt skal þok morghon arlæ væræ,
             iak ma ække længer dveliæs hæræ,
             I skulin æn hær æptir spøriæ
             hvat iak haver morghon gøra.
             Iak kan eigh iætta mer æn sva,
3250         iak vil Iþer hiælpa hvat iak ma."
             Han gaf þem allom goþe trøst
             at þera anger varþe løst.
```

Hærra Ivan

whether it is to my shame or my credit."
The lord then answered Sir Ivan:
"May God the Almighty reward you!" 3210
And everyone who was there
thanked him at the same time.
Then one saw coming to them
the fairest maiden one could find.
Her mother accompanied her; 3215
they veiled their faces with their furs.
The ladies and their women-in-waiting
have sorrow and pale cheeks
and did not want to let it show
that they were weeping. 3220
When the lord noticed
that the ladies shed tears,
he said: "You need not weep
or behave so pitiably;
God has sent us this noble man 3225
who can put an end to all your troubles;
he is willing to fight against the giant
and put an end to all your sorrows."
The ladies were all pleased by that
and fell at his feet. 3230
Immediately he bid them stand up:
"You should not fall at my feet!"
The noble knight, honorable and courteous,
at once arose for the ladies:
"I will not accept this from you, 3235
that you should kneel down before me;
it is not fitting for you to do this for me;
I do not want to see or hear of it.
I want to counsel all of you,
both ladies and maidens, 3240
be happy and remain so
until the morning and see
whether God will grant me the good fortune
that he dies by my hand.
But this is to be early in the morning; 3245
I must not remain here longer;
you will learn afterwards,
what I am going to do tomorrow.
I cannot promise more than this;
I intend to help you however I can." 3250
He gave them such good comfort
that their worry was laid to rest.

Þe giorþe segh siþan glæþi ok gaman
þæt qveld þa þe sate saman.
3255 Þe trøsto a hærra Ivan þa
ok sva a þæt leon nær honum la,
þær sik rørþe eigh et har,
þæt la qvart ræt sum et far
til hærra Ivan þæþan gik;
3260 þa stoþ þæt up ok riste sik.
Þa hærra Ivan þætta sa
at time var at sova ga,
han stoþ up ok mælte brat:
"Guþ givi Iþer allom goþa nat!"
3265 Frughur ok iomfrughur mæþ honum ganga
ok bæra lius for honum til sianga.
Hærra Ivan ok hans leon baþæ
hvilæs nu ok hava naþæ.
Han la þe nat til dagher var lius;
3270 þa kom en præster for þæt hus
ok klappaþe a dyr mæþ finger sin,
baþ hærra Ivan lata sik in:
"Nu ær þær væl time til,
um I mæsso høra vil."
3275 Hærra Ivan þa præstin baþ
at han skulde sik klæþa þa i staþ.
Han hørþe mæsso af þæn hælgha anda
ok væpnaþe sik siþan til fot ok handa.
Han kallaþe husbondan þa til sin:
3280 "Þæt biþer iak Iþer, min kære vin,
at I vilin þæt mæþ mik umbæra,
iak ma eigh længer dvælias hæræ,
ok vet þæt Guþ i himirik
huru giærna iak vare hær nær þik,
3285 um þæt matte vara i þætta sinnæ.
Nu late Guþ mik Iþer hela finna!"
Han tok orlof ok vilde ga.
Þa iomfrughan hørþe han tala sva
af angist hænna hiærta skalf;
3290 hon gik sik for hærra Ivan sialf:
"Min faþer ok moþer baþe,
hærra, vi litum a Iþra naþe.
Þe hafþo honum giærnæ fallet til fot,
hafþe þæt honum eigh varit i mot.
3295 Þe buþu honum gul ok goþs þær til
at han nær þem dvælias vil.
"Guþ forbiuþe þæt i alla saka

Then they engaged in good cheer and pleasure
that evening, as they sat together.
They trusted in Sir Ivan 3255
and even in the lion lying near him.
It did not move in the least;
it lay quietly like a sheep
until Sir Ivan left;
then it rose up and shook itself. 3260
When Sir Ivan saw
that it was time to go to bed,
he stood up and said straight away:
"God grant you a good night!"
Ladies and maidens accompanied him, 3265
carrying candles before him to bed.
Both Sir Ivan and his lion
rest now and relax.
He remained in bed until dawn.
Then a priest arrived at the castle 3270
and tapped on the door with his finger
and asked Sir Ivan to let him in:
"Now it is high time,
if you want to attend Mass."
The priest bade Sir Ivan 3275
to get dressed at once.
He attended the Mass of the Holy Spirit
and then armed himself from head to toe.
He sent for the master of the castle:
"I ask this of you, my dear friend, 3280
give me leave;
I cannot remain here any longer,
and God in heaven knows
how much I would like to stay with you,
if it were possible at this time. 3285
May God let me find you safe and sound again!"
He took leave and wanted to go.
When the maiden heard him speak thus,
her heart trembled with fear.
She herself stepped before Sir Ivan: 3290
"Both my father and mother,
M'lord, we trust in your help."
They would gladly have fallen at his feet,
if it had not been against his will.
They offered him gold and wealth, 3295
if only he would stay with them.
"God forbid in any case

þæt iak skal goþs for æro taka,
lati þæt aldrigh hærra Gavian fræghna
3300 æller andra goþa þæghna,
þæt iak mik sva siælver forsma!
Ne, iak vil eigh gøra sva!"
Þe iomfrugha sukkaþe þa sva sara
ok baþ han þa mæþ gratande tara:
3305 "I gørin þæt for himirikis drotnings æra
en litin stund at dvælias hæræ,
for Iþan frænda hærra Gavian,
æþlæ riddaræ, I þænkin a han
ok latin mik þæt nyta, hærra fin,
3310 at han ær kære moþurbroþer min."
Hærra Ivan stoþ ok þænkte up a
ok kunne eigh til andsvar fa,
honum var þæn iomfruo skaþi leþ
ok sarlika i hans hiærta sveþ.
3315 "Iak toke þær eigh al væruldin til
þæt iak min orþ eigh halda vil,
hvat iak haver Luneta iat,
at þæt skulde eigh vara sat;
um iak hænne eigh livande finder,
3320 þæt ær þæn anger iak aldrigh forvinder.
Iak varþer mik Guþi i vald at giva,
ena litla stund hær qvar at bliva."
Þa þe iomfrua hafþe fangit svar,
þa urþo þe þæn risa var,
3325 han komber sva galin farande þær,
han vil alt dræpa þæt for honum ær,
þy at han var baþe digher ok lang.
Han bar a sinne axl ena stang;
hon var af stale, baþe stor ok stark;
3330 hvar han hana lægger a þe mark
ok vil hana nokor af honum stiæla,
hon ær ække goþ at fiæla;
þo at tio kompane komo þæræ,
þe matto hænne eigh af staþin bæra.
3335 Han haver þe riddara mæþ sik ført
þær I af fyrra havin hørt,
bundit þem baþe hænder ok føter,
þe vænto sik aldrigh at fanga bøter;
hvar þera a sin hæst mæþ starke rem
3340 sva harþlika hafþe han bundit þem
þvært um saþulin ok hovuþit niþer;
slikt ær onda manna siþer.

that I should prefer wealth to honor;
may Sir Gawain never hear of this
or other courteous knights, 3300
that I should disgrace myself in such a way!
No, I will not do such!"
The maiden then sighed very deeply
and, weeping tears, she begged him:
"For the glory of the Queen of Heaven, 3305
stay here for a short while;
of your kinsman, Sir Gawain,
noble knight, think of him
and let me benefit from the fact, good sir,
that he is my dear uncle." 3310
Sir Ivan stood and pondered,
but could not find an answer;
he was sorry for the maiden's distress
and his heart ached painfully.
"I would not for all the riches in the world 3315
go back on the promise
I have made to Luneta,
so that it was not sincerely meant;
if I do not find her alive,
it would be a sorrow I would never overcome. 3320
I must leave myself in God's keeping
and stay for at short time."
When the maiden had received this answer,
they saw the giant:
he comes rushing so furiously; 3325
he wants to kill everything in his way,
for he is both big and tall.
He carried a pole on his shoulder;
it was of steel, both big and strong.
Were he to put it on the ground 3330
and someone wanted to steal it from him,
it could not easily be concealed;
even if ten men came there,
they could not carry it away.
He has brought with him the knights 3335
you have heard of earlier,
and bound both their hands and feet
—they do not expect to get help—
each on his horse with strong straps;
he has tied them so tightly 3340
across the saddles, with their heads down;
such is the custom of evil men.

Ængin þera var sva rik
at hela skiurto hafþe a sik.
3345 Þæn risi hafþe i sinne hand
ena dighra gisl mæþ þry band,
store knuta varo þær a,
sva angistlika slo han þa
þe nakna riddara, þy at han var vreþ;
3350 man matte þæt høra sva langa leþ.
Þe hæsta þe riddara varo bundne up a
varo sva sultne þe matto eigh ga,
þe varo þrøtte ok sva moþe,
bak saræ ok illæ skoþe.
3355 En dværgh dref þe hæsta fram,
han var baþe halt ok lam,
ok slo þe riddara ivir hovuþ ok hals
—þæt røntis þem þæt var eigh fals—
æ þæt optasta þær han forma,
3360 sva at þæt var ømka at se þær a,
mæþ þe gisl han hafþe i hænde
sva at bloþit ran um þera lændæ.
Sorgh ok anger þær monde eigh skorta;
sva dref han fram for þera porta.
3365 Þæn risi taker þa høgt at kalla:
"Hær æru nu þine syner alle,
þu varþer þina dotter nu utgiva
ælla skulu þe eigh længer liva.
Æn þo þik þykker hana vara bald,
3370 hon skal þo i minna fanta vald,
iak læter mik þæt sara forsma
at iak vil hænne siælver fa;
hænna faþer skal þæt høra:
iak vil hænne almænnings kono gøra,
3375 stekara svena þe fulasta iak a
þe skulu alle hænne fa;
þo at hon haver sva stolta lata
þæt ær þo hænne væl til mata."
Husbondin kæri sina nøþ:
3380 "Guþ gave iak vare langa døþ,
þa matte mik þæn iæmber eigh ske
þær iak hvar dagh for mik se."
Hærra Ivan svaraþe þa þær til:
"Sanlika iak þæt sighia vil,
3385 iak hørþe aldrigh fyr þæn man
þær sva oføghelika tala kan!
Guþ late þæt aldrigh ganga sva

None of them was so well off
as to have an untorn shirt.
The giant had in his hand 3345
a large scourge with three tails;
big knots were on them.
So violently he then whipped
the naked knights, since he was furious,
that one could hear it far off. 3350
The horses on which the knights were bound
were so starved they could hardly walk.
They were tired and worn out,
their backs full of sores; they were shod poorly.
A dwarf drove the horses forward. 3355
He was both halt and lame;
he lashed at the knights' heads and necks
—they realized this was no game—
as often as he was able
—so that it was distressing to watch— 3360
with the scourge he had in his hand,
so that blood streamed down their sides.
Trouble and anguish were not lacking there;
thus he drove them along to the gate.
The giant begins to call loudly: 3365
"Here are all of your sons;
now you have to hand over your daughter
or they will not live any longer.
Although you think she is refined,
she will be handed over to my servants; 3370
I do not care much about
having her myself.
Her father is to hear this:
I intend to make her a whore;
the foulest kitchen knaves I have, 3375
they will all have her;
even though she puts on airs
it is nevertheless proper for her."
The lord of the castle lamented:
"Would God have granted that I died long ago, 3380
then this misery would not befall me
that I see before me daily."
Sir Ivan said in response:
"In truth I want to say
I have never before heard anybody 3385
able to speak so inappropriately!
May God never let it happen

þæt þu skal vald ivir hænne fa!"
Hærra Ivan sit ørs þa krafþe
3390 ok al sin tygh sum han þær hafþe:
"Nu latin niþer þe vindebro,
iak vil honum til a mina tro!
Um Guþ mik þe lykko an
þæt iak ivirkomber han,
3395 vil han Iþra syner ater fa
ok bøta siþan hvat han ma
ok sik i Iþart vald at giva,
þa skulin I, hærra, lata han liva.
Nu gøme Iþer Guþ, baþe karl ok qvinnæ,
3400 iak vil nu hæþan i þætta sinnæ."
Þa baþo þe alle þær sagho up a
þæt Guþ han matte gøra sva
for þera bøn mæþ sina naþæ
at frælsa hærra Ivan af þæn vaþa,
3405 at han matte þæn sigher fa
þæn dighra risa þær niþer sla.
Risin sa hærra Ivan riþa,
han øpte fast ok baþ han biþa:
"Sigh æn þu æst hær komin til
3410 at þu viþer mik striþa vil!
Iak sæghir þæt þik sanlik,
han ræþ þik baþe fals ok svik
ok var han eigh þin goþer vin
þær þik visaþe hit til min.
3415 Hvat þu haver honum giort i gen,
han skipaþe þæt sva þu giælder þæt en.
Þæt þu æst komin mik a mot,
þæt ær þæn skaþi þu far eigh bot."
Hærra Ivan svaraþe honum þa:
3420 "Donde man, hvi talar þu sva?
Iak vil eigh viþer þik at þrætta,
iak aktar þit þrugh ræt ængte vætta.
Gør mik hvat þik mon lika,
iak vil en fot eigh for þik vika!"
3425 Þæt førsta hærra Ivan hafþe talat svo
sit ørs mæþ sporom fast han hio
ok rænde at risan þæt sama sin
ok stak han a hans biørn skin
þær han for platæn hafþe up a,
3430 sva at bloþit monde þær genom ga
ok ran fra honum ræt sum en strøm.
Risin gaf þæs ække gøm,

Hærra Ivan

that you get her in your power!"
Sir Ivan then asked for his horse
and all the armor he had there. 3390
"Now let the drawbridge down;
I want at him, on my honor!
If God grants me the good fortune
that I defeat him,
he will give back your sons 3395
and compensate you in every way he can
and surrender to you;
then, my lord, you should let him live.
Now, God keep you, men and women alike;
I intend to leave at once." 3400
Then all who watched prayed
that God might grant,
through His mercy because of their prayers,
to preserve Sir Ivan from the peril,
and that he be victorious 3405
and overcome the stout giant.
The giant saw Sir Ivan riding;
he called out loudly and bade him wait:
"Tell me if you have come here
in order to fight against me! 3410
In truth I tell you,
someone counseled you both treacherously and deceitfully
and was not your true friend
when he sent you here to me.
Whatever you have done to him, 3415
he has arranged for you alone to pay for it.
That you have come to meet me
will be your loss and without recompense."
Then Sir Ivan answered him:
"My good man, why do you talk like this? 3420
I do not want to quarrel with you;
your threats do not bother me one whit.
Do to me whatever you like;
I shall not yield an inch to you!"
As soon as Sir Ivan had said this, 3425
he dug the spurs into his horse
and at once galloped toward the giant
and struck upon his bearskin,
which he wore instead of a breastplate,
so that blood came pouring through 3430
and ran down like a stream.
The giant did not heed this,

utan þæt førsta han laghit kænde
han grep þe stang han hafþe i hænde
3435 ok slo hærra Ivan þa sva fast
at skiolden al i stykke brast.
Hærra Ivan varþ viþ þætta vreþ,
han svor þæn risa en høghelikin eþ:
"Þu skal þætta sarlika gialda
3440 um iak ma mit lif behalda!"
Han rykte þa sit goþa sværþ,
þær opta bøttæ for hans færþ,
ok hiog honum i hans ænne þa,
þy han hafþe ængin hiælm up a,
3445 ok hiog þær af sva stora ena stek
—þæt gik Fiælskarpe þa af lek—
sva at tva vargha ælla fleræ
gato eigh ætit i et mal meræ.
Han trøste sik sva stark at væra
3450 at han forsmaþe vapn at bæra.
Þa Fiælskarper huggit fik,
þa øpte han sva ræþelik:
"Þætta skal iak sva giælda þik
at þik þarf aldrigh langa til mik,"
3455 ok slo han fastlika mæþ sinne stanga,
at han monde nær af saþulin ganga.
Þa halp Guþ hærra Ivan miok,
at þæt hug eigh raþelika tok;
þy at hafþe þæt skiællikæ takit han,
3460 þa vare døþ baþe ørs ok man.
Þæt førsta leon þætta sa,
at risin þorþe hænna hærra sla,
sva sarlika hænne i hiærtat sveþ
ok barþe sik siælf til hon varþ vreþ
3465 ok sprang þa sva rasklika fram
ok lot þæt se hon var eigh lam,
þæn risa monde hon baþe riva ok bita,
alt hans biørnskin af honum slita.
Hvat hon rakar mæþ sinne klo,
3470 þæt gik alt for, þæt maghin I tro;
sva angistlika hon han þa bet,
baþe sinur ok kiøt af honum slet
fran hans hals ok til hans lænda,
hon vilde eigh fyrra ater vænda;
3475 han far þæn lækiara eigh i ar
þær honum heler þæssin sar.
Mæþ þæn mæstæ nøþ man æ sa

but as soon as he felt the blow,
he gripped the pole he had in his hands
and hit Sir Ivan so violently 3435
that his shield burst into pieces.
Sir Ivan became angry at this
and swore a solemn oath before the giant:
"You will pay dearly for this,
if I stay alive." 3440
He brandished his excellent sword,
which often protected him,
and struck his forehead,
since he had no helmet on,
and cut off such a big chunk 3445
—Harpin of the Mountain lost his mirth—
that two or more wolves
could not have eaten more in one meal.
He had such trust in his strength
that he refused to wear armor. 3450
When Harpin of the Mountain received the stroke,
he called out quite terribly:
"I shall repay you for this
so that you'll never seek me again,"
and hit him hard with his pole, 3455
so that he nearly fell from the saddle.
Then God helped Sir Ivan much,
so that the blow did not strike so badly;
if it had struck him properly,
both man and horse would have been killed. 3460
As soon as the lion saw
that the giant dared attack its master,
its heart ached painfully
and it beat itself until it was angry
and quickly sprang forward 3465
and let it be seen that it was not lame.
It both clawed and bit the giant
and tore off all his bearskin.
Whatever it tears with its claws
is quite destroyed, believe me; 3470
then it bit him quite fiercely;
both sinews and flesh it tore from him,
from his neck and down his sides;
it did not want to stop sooner.
He won't get a doctor this year 3475
who will heal these wounds.
With the greatest difficulty ever seen

þa slet Fiælskarp sik leonit i fra
ok øpte þa mæþ harþa kæræ:
3480 "Avi þæt iak ær komin hæræ!"
Han løpte þa up sin iærn stang
—hon var baþe stor ok lang—
ok hughsaþe þaghar leonit sla.
Hon springer honum skiut i fra
3485 ok ræddis þa for sin siþæ;
hon þorþe eigh hugget biþæ.
Þæt hugget kom niþer mællom þem baþe,
ok kom þa hvarghom þem til skaþæ,
væl atta alne i iorþena niþer,
3490 sva hørþe iak sagt, sva sægher iak Iþer.
Þæt førstæ hærra Ivan þætta sa,
at stangen fast i iorþena la,
þa sprang han fram ok til hans hio;
sva angistlikæ han honum slo
3495 at arm ok axl af honum gik
af þæt hug þær han þa fik.
Et annat hug han honum gaf
—han ræddis þa ængte for hans staf—
genom hans hovuþ ok sva hans bryst
3500 —þæn rise fik þa illæ syst—
sva at þæt nam i hans hiærte staþ.
Þa varþ hærra Ivan i hiærtat glaþ
ok ræddis þa eigh mæþ allæ
þa han sa risen fallæ
3505 for sinne hand up a þe heþ;
man matte þæt høra langa leþ,
huru biærgh ok dala skulvo viþer
þa han fiol a iorþina niþer.
Þa risin var fallin ok sam i bloþe,
3510 þa lupu þe alle a husit stoþo,
baþe karl ok sva qvinna,
hvart þæt barn þær var inne,
allæ þit sum risen la;
þe þakkaþo hærra Ivan ok saghþo sva:
3515 "I havin os frælst af allæ nøþa,
Guþ þakke Iþer, hærra, for Iþræ møþæ!"
Husbonden ok fruen ære nu glaþe
at þe mughe nu vare mæþ naþe,
ok løst er nu þera sone qviþ
3520 sum þe have haft i lange riþ.
Þa mælte þæn hærra ok þe frugha:
"Vi biþiæ þæt giærnæ um þæt ma dugha,

Harpin of the Mountain tore himself away from the lion
and called out in a loud wail:
"Alas, that I have come here!" 3480
He then raised his iron pole
—it was both stout and long—
and meant to hit the lion.
It quickly jumps away from him
and fears for its flank; 3485
it did not dare await the blow.
The blow fell between the two
—and hurt neither of them—
fully eight ells into the ground;
as I have heard it tell, so I tell you. 3490
As soon as Sir Ivan saw
that the pole was stuck in the ground,
he rushed forward and struck at him;
so violently did he strike him
that his arm and his shoulder came off 3495
from the blow he got then.
Another blow he gave him
—he did not fear his club then—
through his head and also his chest
—the giant did not achieve much then— 3500
so that it landed in his heart.
Then Sir Ivan rejoiced in his heart
and like everyone else was not afraid
when he saw the giant fall
by his hand on the heath. 3505
One could hear from far off,
how mountains and valleys quaked,
when he fell to the ground.
When the giant had fallen and swam in his blood,
all who were in the castle rushed— 3510
both man and woman alike,
whoever was inside there—
forward to where the giant lay.
They thanked Sir Ivan, and spoke thus:
"You have saved us from all danger; 3515
God thank you, lord, for your labor!"
The lord of the castle and his wife are now happy
that they can now live in peace;
gone is their anguish over their sons
that they had felt for a long time. 3520
Then the lord and the lady said:
"We ask you, if it suits you,

mæþan I mughen eigh nu mæþ os in,
I komin hær ater et annat sin
3525 ok hvilen Iþer ok haven make,
I gøren þæt for vare sake,
þa I þæt ærande havin giørt
þær vi havum af Iþer hørt."
Hærra Ivan svaraþe husbondan þa:
3530 "For sannind iak þæt eigh iatta ma,
þy þæt alt a lykko star,
huru þæt mik i hænde gar."
Æn baþ hærra Ivan husbondan þa:
"I laten Iþræ synir øøræ sva,
3535 taka þænne dværgh ok bort han føræ
þit sum I hærra Gavian spøriæ
ok þorven þær um ængte tala
hvar þem haver løst af qvala."
Þe svaraþe þe vilde þæt giærnæ øøræ,
3540 þæt han biuþer fram at føræ.
Hans lof ær hær ok i alla staþa,
þy han løste þem af vaþa
ok sva fra þæn gryma døþ,
sum þem stoþ for, ok andre nøþ.
3545 Þa vi finnom hærra Gavian,
um han os at spøriæ kan,
hvat riddare þær I monu væræ,
hvat skulom vi þa honum svara?"
"I mughin þæt væl honum sighiæ
3550 ok þorven þær um ængte þighiæ,
at Leons riddare for hans saka
frælste Iþer af allan omaka
—þy at han kænner honom væl—
ok gørin honum siþan eigh mere skæl.
3555 Iak ræþis þæt mik til skaþæ gær
at iak sva længe haver varit hær."
Þe riddare mondo þa honum svara:
"Hærre, vi vile mæþ Iþer fara
ok væriæ Iþer æræ mæþ vi ma liva
3560 ælla ok døþe hos Iþer bliva."
Þa svaraþe þem hærra Ivan:
"Guþ þakke Iþer," saghþe han.
"Þok at I vilin mik sva høghelik æræ,
at þætta sin ma þæt eigh være.
3565 Guþ helse Iþer allæ saman æn,
fruor ok iomfruor ok høviske mæn."

since you cannot come in with us now,
that you come back another time
to rest up and be at leisure;   3525
do so for our sake,
when you have carried out the task
that we have heard about from you."
Sir Ivan then answered his host:
"I cannot truthfully promise you this,   3530
because everything depends on fate
how things will turn out for me."
But Sir Ivan then asked his host:
"Let your sons do this:
take this dwarf and let them take him away   3535
to where you hear of Sir Gawain;
and they should not reveal
who has rescued them from their distress."
They answered they would gladly do
whatever he asked of them.   3540
His praise is here and everywhere,
because he rescued them from danger
and also from the cruel death
that awaited them, and from other suffering.
"When we find Sir Gawain,   3545
if he should ask us,
what knight you might be,
how shall we answer him?"
"You may surely tell him,
and you not need be silent about it,   3550
that the Knight with the Lion for his sake
has rescued you from all danger
—because he knows him well—
and do not give him further information.
I am afraid it may cause me trouble   3555
that I have been here so long."
The knights then answered him:
"My lord, we want to go with you
and defend your honor as long as we live,
or else be killed together with you."   3560
Sir Ivan then answered them:
"God thank you," he said.
"Even if you want to honor me thus,
at this time it cannot be.
God preserve you, one and all,   3565
ladies and maidens and courteous men."

          Han riþer nu þæþan þæt mæstæ han ma
          þæn genæstæ vægh til kapellen la.
          Þæt var middagh æller mere
3570   fyr han kom farande fram til þera.
          Þa hafþo þe takit þæn saloghæ qvinnæ
          þær la fangen i kapellen innæ,
          bundit hænne mæþ starka band
          baþæ um fot ok sva um hand
3575   sva skæmmelik up a en flaka;
          þæt giorþo þe hænne for utan saka.
          Þæt bal var ok til reþo þa,
          þe vildo hænne brænnæ pa.
          Þa þe hænne til elden bæræ,
3580   þa kom hærra Ivan rænnande þæræ.
          Han øpte fast ok baþ þem hætte:
          "Hvat gøre I nu, I onde vætte?
          Þæt vet Guþ i himirik,
          eigh skal hon dø for Iþart svik,
3585   I haven hænne ængen sak at kænne,
          for Iþer lyghn skal hon eigh brænne."
          Hans hiærtæ haver til Guþ en trøst
          at hænne anger varþer æn løst
          ok Guþ vil hænne eigh fordærva hæræ,
3590   for þy han vet hænne ursaka væræ.
          Han hugger sit ørs a baþæ siþæ
          ok vilde þa eigh længer biþæ,
          han rasklik fram til elden rænne<r>,
          han vilde eigh lata at hiælpa hænne.
3595   Þæt førstæ folkit þætta sa,
          þæt rympde alt honum i fra
          ok giorþo honum sva væghen breþ;
          þe sagho allæ at han var vreþ.
          Þa øpte hærra Ivan ok mælte sva:
3600   "Hvar ær þæn nu hænne taler up a?
          Iak vil hana væria um iak ma,
          latin þem fram mik vilia besta!"
          Han sik alla væghna um sa,
          han varþ þa var hvar hon la
3605   a knæ ok giorþe sin skriptamal
          ok gaf Guþi i vald baþe lif ok sial.
          Hon hafþe þær eigh flere klæþe til
          —sanlika iak þæt sighia vil—
          æn en rivin særk up a sit lif;
3610   sva stoþ hon þær, þæt salugha vif.
          Þe arma qvinnor þær kompna vara,

He now rides off as fast as he can
on the most direct way to the chapel.
It was noon or later
before he came riding there. 3570
They had taken the wretched woman
who lay imprisoned in the chapel,
tied her with strong fetters,
both hand and foot,
so shamefully onto a litter; 3575
they did this to her without cause.
The pyre was ready then
on which they wanted to burn her.
As they carry her to the fire,
Sir Ivan came galloping up. 3580
He called out loudly and ordered them to stop:
"What are you doing, you evil creatures?
God in heaven knows,
she shall not die by your treachery;
you have no charges to bring against her; 3585
she shall not be burned because of your lies."
His heart trusts in God
that her misery will yet be ended
and that God will not destroy her here,
since He knows she is innocent. 3590
He digs his spurs into both sides of his horse
and did not want to wait any longer;
he gallops quickly to the fire;
he does not want to fail her.
As soon as the people saw this, 3595
they made room for him
and thus made a broad path;
all saw that he was angry.
Then Sir Ivan called out and spoke thus:
"Where is he who accuses her? 3600
I intend to defend her if I can;
let those come forward who want to face me!"
He looked all around;
he noticed then where she was
on her knees, making her confession 3605
and commending both body and soul to God.
She wore no other clothes
—in truth I want to say so—
than a torn shift on her body;
thus she stood there, the poor woman. 3610
The wretched women who were present

　　　　þe fældo for hænnæ manga tara.
　　　　"Hva skal os nu hiælpa ok dugha,
　　　　røkta vart ærande til minna frugha?
3615　Þæt magho vi alla sarlika kæra,
　　　　at hon ær lughin af sinne æra."
　　　　Hærra Ivan fram til hænna gik,
　　　　mæþ bliþum orþum hænne untfik:
　　　　"Min hiærta kæra, nu sigh þæt mik,
3620　hvar æru nu þe þær liughe a þik?
　　　　Iak vil hær væria þina saka,
　　　　þe skulu þera orþ hær ater taka
　　　　æller ok døþe hær at bliva,
　　　　sva framt ok iak ma liva."
3625　Þa Luneta hærra Ivan sa,
　　　　þa mælte hon ok saghþe sva:
　　　　"Var Guþi vælkomin i himirik,
　　　　væl ær mik þæt iak ser þik!
　　　　Hafþe þu senare komit hære,
3530　þa monde mit lif nu ænt væra.
　　　　Nu hopar mik a Iþra trøst
　　　　at alder min anger varþer løst.
　　　　Þe þre æru nu hær til reþo,
　　　　þær mik valda þænna vreþe.
3635　Guþ styrke Iþer i dagh sva hære,
　　　　sum iak vet mik sakløsa væra!"
　　　　Hærra drotsætin ok hans brøþer tva
　　　　hørþe hænne tala sva;
　　　　han øpte høgt ok baþ hænne þighia:
3640　"Þu þarf eigh tro hvat hon vil sighia!
　　　　Mik þykker þik vara en galin man
　　　　um þu vil dø for hænna osan,
　　　　þik ær bæter bort at riþa
　　　　æn for hænna sak mot þrim at striþa."
3645　Hærra Ivan svaraþe þær a mot:
　　　　"Iak vil eigh fly for Iþart hot;
　　　　þa at iak haver eigh hær viner ælla frænder,
　　　　iak trøster a Guþ ok a mina hænder.
　　　　Iak vil Iþer diærflika ga i gen,
3650　þo at I ærin þre ok iak ær en;
　　　　þær skal Iþer fyrra ga til leþa
　　　　æn iak vil fly af þænne heþæ;
　　　　mæþan iak ær hel ok ække sar
　　　　iak aktar Iþer þre ræt eigh et har.
3655　Iak sæghir Iþer þæt mæþ rættæ skæl,
　　　　sva framt I vilin fara væl,

shed many tears for her.
"Who will now help us and support us,
intercede for us with our lady?
We must all complain bitterly 3615
that her honor has been besmirched."
Sir Ivan went up to her,
greeted her with kind words:
"My dear, now tell me
where are they who lie about you? 3620
I intend to defend your case here—
they should retract their words now
or else be killed here—
as long as I am alive."
When Luneta saw Sir Ivan, 3625
she spoke and said this:
"May God welcome you in heaven;
all is well now that I see you!
Had you arrived later,
my life would now have been ended. 3630
Now I hope for your help
so that all my misery will be over.
Those three are now ready here
who cause me this distress.
God grant you great strength today, 3635
since I know I am innocent!"
The lord steward and his two brothers
heard her saying this;
he called loudly and ordered her to be silent:
"You need not believe what she says! 3640
I think you would be a crazy man,
if you wanted to die because of her lies;
you had better ride away
than fight singly for her against three."
Sir Ivan replied: 3645
"I do not intend to flee for all your threats;
even though I have neither friends nor kinsmen here,
I trust in God and in my hands.
I shall daringly meet you,
even though you are three and I am alone; 3650
you shall sooner be hurt
than I would flee from this heath;
since I am unhurt and not wounded,
I do not care a whit about you three.
I tell you clearly: 3655
if you want to be safe and sound,

I skulin þe orþ hær ater taka
þe I havin hænne givit til saka,
for þy iak vet þæt sanlik,
3660 hon ræþ sinne fru æn aldrigh svik.
Þy vil iak væria hænna mal;
iak vet at Guþ mik hiælpa skal,
þær alder rætvisa ok sannind ær,
mæþan iak for sannind striþer hær."
3665 Af hoghmoþ mykit þe svaraþæ þa
ok baþo hans leon fran sik sla:
"Mæþan þu vil eigh hæþan fara
vi skulum eigh døþin viþ þik spara."
Hærra Ivan svarar þær han stær:
3670 "Iak ær þær til komin hær,
iak vil Iþer en bestanda,
ok kan þæt æn sva koma til handa
at leonit vil Iþer skaþa,
I værin Iþer væl, þæt vil iak raþa;
3675 for hænna værk vil iak eigh svara,
þæt sæghir iak Iþer ræt opinbara."
"Lat þit leon bundit væra,
um þik lyster striþa hæræ,
æller mat þu væl hæþan riþa;
3680 vi vilium eigh viþer Iþer baþa striþa."
Þa svaraþe þem hærra Ivan:
"A hærra Guþ," þa saghþe han,
"iak skal hær frælsa þænna mø,
æller vil iak þær um dø."
3685 Hærra Ivan til sit leon þa sa
ok baþ hænne genast þæþan ga:
"Þu skal nu gøra þæt iak þik biþer:
gak þik bort ok læg þik niþer!"
Leonit gik þa bort i staþ
3690 ok giorþe sum hærra Ivan baþ.

Þa þe hafþo talat sva
hærra Ivan rænde þem i fra
ok rasklika han sin hiælm up bant
ok vilde sighia þem alt sant.
3695 Han hafþe ena glævio i sinne hænde
ok rasklika mot þe riddara rænde.
Drotsætin ok hans brøþer baþe
fara nu hær ok vilia honum skaþa,
sva omaklika þe hærra Ivan rørþo
3700 mæþ þe starka skapt þe førþo,

you should take back the words
with which you have accused her,
because I certainly know
that she never betrayed her lady. 3660
Therefore I want to defend her cause.
I know that God will help me
Who is absolute justice and truth,
since I shall fight for the truth here."
With great arrogance they answered 3665
and ordered him to drive his lion away:
"Since you will not go away,
we will not spare you from death."
Sir Ivan answers upon the spot:
"I have come here for this 3670
that I want to fight against you singly,
but should it happen
that the lion wants to hurt you,
defend yourselves well, I advise you;
I do not want to be responsible for its actions; 3675
I tell you this quite clearly."
"Have your lion tied up,
if you want to fight here
or else you must ride away;
we will not fight against the two of you." 3680
Then Sir Ivan answered them:
"Oh Lord God," he said,
"I intend to save this maiden
or else die."
Sir Ivan then looked at his lion 3685
and ordered it to leave at once:
"You must now do as I order:
go away and lie down!"
The lion immediately went away
and did as Sir Ivan bade. 3690

When they had talked like that,
Sir Ivan galloped away from them
and fastened his helmet swiftly
and wanted to tell them a few truths.
He had a lance in his hands 3695
and galloped quickly at the knights.
The steward and his two brothers
now come forward and want to hurt him;
they thrust at Sir Ivan viciously
with the strong lances they bore; 3700

sva harþlika stungo þe a hans skiold,
han gik i stykke a þæn mold.
Hærra Ivan giorþe sum I maghin høra,
han vilde sina glævia eigh brat forgøra
3705 ok umdrogh þem a þæn sama riþ,
han vænte sik æn harþare striþ.
Han rænde a þæn annan ænda
ok rasklik han sit ørs um vændæ.
Han tok drotsætins gørla vara
3710 hvar han for i þera skara
ok rænnir honum sva rasklika a,
þæt han kan eigh til værio fa,
ok stak han sva, þæt sæghir iak Iþer,
þæt han fiol þaghar a iorþena niþer
3715 ok længe þær i svima la,
sva at han hvarte hørþe ælla sa.
Þa hans brøþer mondo þætta se,
þæt giorþe þem i hiærtat ve.
Þe rykte þera sværþ alle saman,
3720 þæt gik þem allom þa af gaman,
ok slogho hærra Ivan sva angistlik;
han vilde þo giærna væria sik;
þo at þe varo tve ok han var en,
han var þo rasker ok ække sen;
3725 þo at þera hug varo mang ok sma,
hans et var større æn þera tva:
han varþe sik sva at þæt sama sinne,
at þe matto af honum ræt ængte vinna.
Þa drotsætin hafþe forsinnat sik,
3730 þa sprang han up sva rasklik,
han bant sin hiælm ok trædde honum til:
"Nu skal þu se, hvat iak þik vil,
læggia nu þik hær sva nær
at þu aldrigh bøter fær;
3735 hvat þu haver, kompan, borghat mik,
þæt varþer iak nu at giælda þik!"
Nu ær hærra Ivan stadder i vanda,
þæsse þre læggia honum til handa
ok gøra honum sva mykla nøþ
3740 þæt han hafþe angist for sin døþ.
Þæt førsta leon þætta sa,
hon sprang afstaþ ok eigh længer la,
þæt han þorfte hænna hiælper viþer,
ok rykte genast drotsætin niþer,
3745 þær han var stadder til fot;

they struck so heavily at his shield
that it fell in pieces to the ground.
Sir Ivan behaved as you shall hear:
he did not want to ruin his lance quickly
and avoided them at that time; 3705
he expected a rougher battle.
He galloped to the other side
and swiftly turned his horse.
He observed the steward closely,
where he was in their group, 3710
and gallops so quickly towards him
that he cannot put up any defense,
and hit him so, believe me,
that he fell to the ground at once
and lay long in a swoon 3715
so that he neither heard nor saw.
When his brothers saw this,
their hearts ached.
They all drew their swords
and lost their good humor 3720
and attacked Sir Ivan violently;
but he intended to defend himself.
Though they were two and he was one,
he was quick and not slow;
though their blows were many yet slight, 3725
one blow of his was heavier than two of theirs;
he defended himself at the same time, so
that they could gain ground against him.
When the steward had recovered his senses,
he jumped up quickly; 3730
he fastened his helmet and went against him:
"Now you will see what I want to do to you,
attack you so violently
that nothing can ever help you;
what you have paid me, my friend, 3735
I shall now repay you!"
Now Sir Ivan is in trouble;
there three attack him
and put him in such great danger
that he feared for his life. 3740
As soon as the lion saw this,
it jumped up and rested no longer,
since he needed its assistance,
and it pulled the steward down
so that he was then on foot; 3745

for hans vreþe hon þæt eigh lot.
Hon river sva sma hans brynio ringa,
þæt hvar þera mon fra annan springa.
Skal iak þær af sighia mer?
3750 Hvat þæt var plata æller spaldenær,
þæt hon rakaþe mæþ sinne tan,
þæt ref hon af þæn salugha man,
baþe kiøt ok sinur af hans siþæ;
han var eigh mera før at striþa.
3755 Þæt matte þe se ræt opinbar,
huru han innan skapaþer var,
hans liver ok lungur ok hiærta rot
drogh leonit ut alt mæþ sin fot;
han fiol þa niþer up a þe iorþ
3760 ok talaþe aldrigh siþan orþ.
Alle þe þær sagho up a
lovaþo Guþ ok saghþo sva:
"Guþ mæþ sina naþæ
frælse þæn riddare af vaþæ
3765 ok late han eigh hære dø,
mæþan han vil frælsa þæssa mø!"
Þe baþe for honom sum I mughen høre,
þe matte honom eigh annen hiælp gøre.
Drotsætin ligger ok ær nu døþ,
3770 hærra Ivan ær þo eigh utan nøþ;
hans brøþer þær æptir honum liva,
sva stor slagh þe honum giva.
Hvat han hafþe fyrra fangit i striþ,
þæt aktaþe han i þæn sama tiþ
3775 eigh alt saman viþer et har
for þe slagh sum han þær far.
Þa hans leon þætta sa,
at þe honum sva næla ga,
hon vilde þa eigh længer biþa
3780 utan løper þa fram i þæn sama tiþa,
griper þe riddara baþa tva
ok kastar hvar hin annan fra.
Þa fik þæt leon i þe sama stund
ena sva iæmerlika und,
3785 þæt nær hænne til døþin gik
af þæt slagh þær hon þa fik.
Þæt første hærra Ivan varþ þæs var
þæt hans leon ær urþin sar,
þa varþ han sva iæmerlika vreþ
3790 ok harþlika mot þe riddara reþ,

his wrath did not stop it.
It claws at the small chain-links of his mail
so that they come loose.
Should I tell you more?
Be it the breastplate or shoulder harness 3750
that it tore with its teeth,
it tore from the wretched man
both flesh and sinews from his sides;
he was no longer able to fight.
One could see quite clearly 3755
what his innards looked like;
his liver and lungs and his very heart
the lion ripped out with its paw;
he then fell onto the ground
and never spoke another word. 3760
All who were watching
praised God, and spoke thus:
"Our gracious God
preserve the knight from danger
and let him not die here, 3765
since he will rescue this maiden!"
They prayed for him, as you can hear;
they could not give him any other help.
The steward now lies there and is dead,
yet Sir Ivan is not out of danger; 3770
his brothers, who are still alive,
strike him with mighty blows.
Whatever blows he received in earlier combat
he now did not care about,
not a whit, 3775
compared to the blows he gets there.
When his lion saw this,
that they are attacking him thus,
it did not want to wait any longer,
but it lunges forward at that moment, 3780
seizes both the knights
and throws each in opposite directions.
At that moment the lion got
a very nasty wound,
which nearly caused its death, 3785
by the blow it got there.
As soon as Sir Ivan noticed
that his lion was wounded,
he got so terribly angry
that he galloped headlong against the knights; 3790

han þvingar þem um þe vilia liva
þe skulu sik þær baþe giva;
æn þo hans leon ær urþin sar,
hon hiælper þo honum æ hvar hon far.
3795 Hvat þe Lunete hafþo talat til
—sanlika iak þæt sighia vil—
þe toko sin orþ þa ater þære
—þæt matte þa eigh annat væra—
ok fingo siþan þæn sama ræt
3800 sum þe hafþo fyr Lunete iæt,
þæt þe urþo brænde up a et bal.
Sva hæmpner Guþ lyghna mal.

Nu ær hærra Ivan glaþ ok bliþ
þæt han haver løst Lunete qviþ
3805 ok syrgher sara hvar han far
for þe sar hans leon bar.
Þa han sva hænne sva næla ga
þæt hon ær næplika før at sta,
sin eghin sar han ække kænnæ
3810 for þe sorgh han bær for hænnæ;
þe varo þo mang, baþe stor ok sma,
þo han aktaþe þem litit þa.
Fræls ær urþin Luneta nu
ok vinskap fangit af sinne fru.
3815 Hon lot sum hon hærra Ivan eigh kænnæ
ok þakkar þo honum at han halp hænnæ.
Ængin kænde hærra Ivan þær
ok eigh hans eghin hiærta kær.
Hon bøþ þo honum in mæþ sik fara
3820 ok sva hans leon mæþan þe æro sara:
"Hvilin Iþer ok havin naþe
til þæs I ærin til rækæ baþe!"
"Guþ þakke Iþer for Iþra æra,
at þætta sin ma þæt eigh væra,
3825 þy at iak kan eigh varþa glaþ
eigh hær ok eigh i annan staþ,
fyr æn iak far vinskap af minne frugha
þe iak haver daghlika i hugha."
"Þæt þykker mik vara illa giort,
3830 þæt I vilin sva braþlika fara bort.
Þe frugha þænker eigh ræt up a
þær þolikin riddara vil forsma,
hvat han hafþe hænne giort a mot
þær matte han væl raþa a bot,

Hærra Ivan

then he forces them, if they want to live,
to surrender there;
though his lion is wounded,
it nonetheless helps him wherever it is.
Whatever they had charged Luneta with 3795
—in truth I want to say—
they took their words back now
—it could not have turned out otherwise—
and later got the same punishment
that they had promised Luneta, 3800
for they were burned at the stake.
Thus God avenges false accusations.

Now Sir Ivan is happy and merry,
since he has put an end to Luneta's sorrows,
but grieves greatly, wherever he goes, 3805
because of the wounds his lion suffers.
When he saw it so affected
that it could hardly stand up,
he scarcely notices his own wounds,
because of the sorrow he feels for it; 3810
yet they were many, both great and small—
still he cared little about them then.
Now Luneta has been freed
and become reconciled with her lady again.
She pretended not to know Sir Ivan, 3815
yet thanks him that he helped her.
No one there recognized Sir Ivan,
not even his heart's beloved.
Still she invited him to go with her,
and his lion as well, since they are wounded: 3820
"Rest up and relax
until you both have recovered!"
"God reward you for your kindness,
but this time it cannot be,
because I cannot be happy, 3825
neither here nor anywhere else,
until I am reconciled with my lady
whom I always carry in my heart."
"I think it is a poor idea
that you want to leave so soon. 3830
Your lady does not realize
—who is willing to scorn such a knight—
that what he has done to her,
he could make up for;

3835 þæt kunne eigh væl sva mykit væra
þæt hon þær æptir skulde kæra."
"Min frugha, mik þykker þæt vara væl,
hvat I talin mæþ rættan skæl,
þy ma iak Iþer eigh væl sighia
3840 hvat iak haver brutit, þy ma iak þighia."
Þe frugha mælte sva innelik:
"Stolte riddare, sighin þæt mik,
vita þæt eigh flera æn I þu
hvat I havin brutit viþ þe fru?"
3845 "Ia, min fru, þær kænnis iak viþer,
I ærin þe þriþia, þæt sæghir iak Iþer."
"Latin mik, hærra, þæt forsta,
huru þæt matte vara sva,
Iþart nampn ok hvat I heta;
3850 þæt ær þe bøn iak æptir leta."
"Iak vil þæt gøra for Iþra bøna,
mit nampn for Iþer eigh længer løna;
þæt vil iak, frua, sighiæ þik,
Leons riddara man kallar mik.
3855 Sanlika iak þæt sighia vil,
þæn ær eigh i væruldine til,
hvarten riddaræ æller ok sven,
þær sva heter utan iak en."
"Iak vil Iþer spyria um iak ma,
3860 hvi lyster Iþer at heta sva?
Os þykker vara underlikt,
hvi Iþart nampn mon vara slikt,
þy at vi aldrigh saghat hørþe
af Leons riddara hvat han giørþe."
3865 "Þæt maghin I, frugha, forstanda hær,
at iak ække frægher ær,
þy at hafþe iak giort i nokor riþ
i torney, i diost æller ok i striþ
riddaraskap mæþ mina hænder,
3870 þa vare iak, frugha, bæter kænder."
"Æn vil iak, hærra, biþia þik,
I dvælins hær i nat mæþ mik!"
"Ne, frugha, þæt ma eigh dugha,
fyr iak ær satter viþer min frugha
3875 ok haver þær visso a til reþo
þæt hon forlater mik sina vreþe."
"Guþ late Iþer, hærra, fara væl!
Nu livin baþe hel ok sæl!
Guþ late Iþer þe æro fa

this could not be so bad 3835
that she would continue to be offended."
"M'lady, I think that is right,
what you are saying with good reason,
but I cannot tell you
how I have offended; I must remain silent." 3840
The lady answered very sincerely:
"Noble knight, tell me,
do others than you two not know
how you have offended your lady?"
"Yes, M'lady, I must admit: 3845
you are the third, I tell you."
"My lord, let me know
how this could be,
and your name, and what you are called;
these are the things I want to know." 3850
"I want to do as you ask
and no longer conceal my name;
I want to tell you, M'lady,
they call me the Knight with the Lion.
In truth I want to tell you, 3855
there is no one in the world,
neither knight nor squire,
who has this name, except I."
"I want to ask you, if I may,
why do you want to be called thus? 3860
We think it strange
that you have such a name,
because we have never heard
about the Knight with the Lion and his deeds."
"You can be sure, M'lady, 3865
that I am not renowned.
Had I ever achieved
in tourney, in joust, or in battle
any chivalry by my deeds,
then I would, M'lady, be better known. 3870
"But still, my lord, I want to ask you
to remain with me tonight!"
"No, M'lady, this will not do,
before I am reconciled with my lady
and know with certainty 3875
that she leaves off her wrath against me."
"May God keep you safe!
May both of you live safe and sound!
God grant you the favor

3880 þær I sva mykit æptir þra!"
"Guþ høre, frugha, Iþra bøn
ok late mik þær fanga a røn!"
Han lønlika mælte viþer sik ena:
"Nu vest þu, Guþ, væl hvat iak mena,
3885 at þe frugha hær æptir ær
hon nykil til mit hiærta bær
ok mik haver sva saræ spænt,
mik ræþis þæt varþer eigh braþlik ænt."

Þa han hafþe talat þæssa leþ
3890 han þaghar genast þæþan reþ.
Luneta mæþ honum a væghin riþer
ok þakkar honum, þæt sæghir iak Iþer.
Han biþer hænne hvat han ma
þæt hon skal þær eigh sighia i fra,
3895 hvat riddara han monde væra
þær hana monde frælsa þæræ.
"Min hærra, þæt vil iak lova þik,
þæt skal ængin spyria af mik."
"Nu iak Iþer æn biþia vil;
3900 þa I sen þær tima til
I␣glømin þæt eigh ok havin i hugha
at sætia mik viþer mina frugha."
"Iak vil þæt storlika giærna gøra,
þæt skulin I baþe spyria ok høra,"
3905 svaraþe honum þe iomfru klok
ok orlof siþan af honum tok.
Nu ær hær at sighia i fra,
hans leon ær eigh ført at sta
ok giter eigh mæþ honum gangit
3910 for þe sar hon haver fangit.
Hvat skal han til raþa taka
þæt hænne matte koma til maka?
Han gik i skoghin þær han fan,
blaþ ok mosa þa hæmte han,
3915 en litil sæng han þær af giørþe,
a sin skiold hana mæþ sik førþe.
Han gik þit hans leon la
ok laghþe hænne a skioldin þa
ok lypte hænne siþan a sin hæst
3920 ok førþe hana sum han kunne bæzt.
Stundum han hana siælver bar,
þær til um siþer han varþ var
en muraþ garþ for honum stoþ;

that you long for so sincerely!" 3880
"May God hear your prayer, M'lady,
and give me proof of that!"
He said to himself under his breath:
"Now, God, you know well what I mean,
that this lady here is the only one 3885
who has the key to my heart
and has captured me so firmly,
I fear it will not end soon."

After he had said these words,
he rode away at once. 3890
Luneta rides along with him
and thanks him, I tell you.
He begs her repeatedly
not to tell anybody
which knight it must be 3895
who freed her there.
"M'lord, I promise you
that nobody will learn it from me."
"Now I want to ask you once more,
when you have the opportunity, 3900
do not forget to have in mind
to reconcile me with my lady."
"I would very much like to do so;
you will both learn and hear about it,"
the wise maiden answered him 3905
and then took leave from him.
Now it is time to say
that his lion is not able to stand up
and not able to walk with him
because of the wounds it had received. 3910
What should he now do
to make it more comfortable?
He went into the woods, where he found
leaves and moss, which he gathered;
he made a little bed of these 3915
and placed it on his shield.
He went to where the lion lay
and placed it on his shield
and lifted it up on his horse
and carried it as best he could. 3920
Sometimes he carried it himself,
until he at last noticed
a stone building in front of him;

han var þa baþe þrøt ok moþ.
3925 Han slar up a þæn starka port,
han vilde nøþugher riþa bort,
þy at þæt var langt a nattene þa;
hans ørs var þrøt ok matte eigh ga.
Þæn portanær kom gangande þær,
3930 spyr: "Hva æst þu þær ute ær?"
"Latin mik in, þæt biþer iak Iþer,
iak þorf i nat væl hærbærghe viþer."
Þa svaraþe honum þæn æþla man:
"I ærin vælkompne," saghþe han.
3935 Han løpir fram sum han var skiot
ok portin up mot honum lot.
Riddara ok svena mot honum gingo,
storlika væl þe han untfingo,
sumæ toko hans ørs i tømæ
3940 ok sumæ toko hans vapn at gømæ.
Þa kom husbondin sum garþin atte
ok faghnaþe honum sum bæzt han matte,
hans synir ok hans døtter tva,
hans kæra husfru hon giorþe ok sva
3945 ok toko han um þæt sama sin
ok leddo han i hærbærghit in.
Hans leon þe honum æptir bæra,
sarlik hænne skaþæ þe kæræ;
þæt gør þem allom saman ve,
3950 þæn iæmber þe a hænne se.
Husbondin mælte til hærra Ivan,
þy at han var en donde man:
"I skulin, hærra, dvælias hæræ
þær til I væl til ræka æræ,
3955 Iþart leon ok I baþe;
man skal Iþer skipa alla naþe."
Husbondans døtter mæþ Guþs naþe
þe bæzta lækiara varo baþe
þær man viste i þæt land;
3960 þe bundo þera sar mæþ hvitæ hand
ok gavo þem drikka sva manga lund
at þe urþo hel i skamme stund.

Þæn sama tima han la þære
þa fingo þe spyria þe nymære
3965 at en riddare skampt i fra
siuker i en kastælla la.
Han var en mykin, fromber man;

by that time he was both tired and exhausted.
He knocks on the strong gate; 3925
he did not want to ride further,
for the night was far advanced;
his horse was tired and could not walk.
The gate keeper appeared,
and asks: "Who are you out there?" 3930
"I beg you to let me in,
for I need lodging badly tonight."
Then the noble man answered him:
"You are welcome," he said.
He rushes forward like a shot 3935
and opened the gate for him.
Knights and squires went to meet him;
they received him very well;
some took his horse's reins
and some took care of his armor. 3940
Then the master of the house came
and welcomed him as best he could;
his sons and his two daughters,
his dear wife, she did so too;
they received him at once 3945
and brought him into the residence.
They carry his lion after him
and fretted much about its injuries;
they are all upset
to see its pain. 3950
The master said to Sir Ivan,
for he was a good man:
"My lord, you should stay here
until you have recovered,
both you and your lion; 3955
you will be shown every hospitality."
The master's daughters, with the help of God,
were both the best doctors
known in that country;
they bandaged their wounds with white hands 3960
and gave them so many different potions
that they recovered in a short time.

At the same time he lay there
they learned the news
that a knight close by 3965
lay ill in bed in a castle.
He was a good and noble man;

af Svartæklungra, sva het han.
Af þe sot þa blef han døþ;
3970 þæt þotte hans viner vara nøþ.
Æptir han lifþe hans døtter tva,
þe vænasta man mæþ øghon sa.
Þa toko þe þrætta um fæþærne þera,
baþe um minna ok sva um mera.
3975 Þe ældre syster mælte sva,
þæt þe yngre skulde eigh fa
af þera goþs ræt eigh et har;
fyr vil hon til hova far
at fanga sik þær en þæn man,
3980 þær þæt for hænne væria kan.
Þa þe yngre þæt forstoþ
at hænna syster var sva hoghmoþ,
hon þænkte mæþ sik at þæt sinne
at hon skulde fyr konung Artus finnæ
3985 ok sik for honum at kæra
fyr æn hænne syster kome þæræ.
Hon stegh a sin hæst ok þæþan reþ
til Karidols hus þe genasta leþ
at kæra þær alla sina nøþæ.
3990 Hon tapar þo nu sina møþo,
þy at fyrra æn hon kom þær
hænna syster þær for hænne ær
ok haver sit mal til hova ført,
sva at riddara ok svena hava þæt hørt;
3995 hærra Gavian haver hænne þæt iat
han vil hænne væria um hon haver sat
ok biuþer hænne þo þæt at þighia
ok ængom manne þær af sighia—
"Um iak skal for þik striþa
4000 ok løsa alla þina qviþa."
Hon svaraþe honum: "Þæt vil iak gøra,
af mik skal þæt ræt ængin høræ
ok iak þæt ængom sighiæ vil
fyr æn Iþer vili ær þær til."

4005 Æptir þæt kom farande þæræ
þe yngre syster ok vilde sik kæra;
hon hafþe en stuntan mantol up a
af brunt skarlakan, iak sæghir sva,
foþrat væl mæþ hvita skin;
4010 sva gik hon for konungin in.
Þæn þriþia dagh þær for hen

the lord of Blackthorn he was called.
He died of his disease;
his friends thought it very sad. 3970
His survivors were two daughters,
the fairest maidens ever seen.
They began to quarrel about their inheritance,
both about small and great matters.
The older sister said 3975
that the younger sister should not get
any of their property;
sooner she would go to the court
to find there a man
who could fight on her behalf. 3980
When the younger sister understood
that her sister was so presumptuous,
she thought to herself
that she should visit King Arthur first
and bring her case to him, 3985
before her sister could arrive there.
She mounted her horse and set out
on the fastest way to the castle at Carduel
to complain of her distress.
Her efforts though came to naught: 3990
before she even gets there,
her sister has already arrived
and submitted her case to the court,
so that the knights and squires have heard it.
Sir Gawain has promised her 3995
that he will defend her, if she is in the right,
though he asks her to keep silent,
and not tell anyone about it,
"if I am to fight for you
and settle all your troubles." 4000
She answered him: "I shall do so;
no one will hear this from me
and I shall not tell anyone
before you want me to."

Then there came riding 4005
the younger sister; she wants to make her plea.
She wore a short cloak
of shiny scarlet, I tell you,
lined with ermine;
thus she went before the king. 4010
Three days before this

þa kom drotningin ater i gen
ok þe mæþ hænne vara takne bort
riþande for Karidols port
4015 ok var þa liþugh ok ater fri
af þe fængilse hon var i,
þær Malegrevans hafþe hænne giørt
sum I en del havin fyrra hørt.
Alle þe fanga þær varo mæþ þem
4020 æru nu alle kompne hem,
baþe riddara, sva ok svena,
utan Lanzeler al ena;
þæt kom þo til af fals ok svik
at han blef ater, þæt sæghir iak þik.
4025 Þæn sama dagh man þæt forstær
þe yngre iomfru var komin þær
ok Fiælskarper var slaghin i hæl,
þæt þotte þem allom vara væl.
Hærra Gavians systur syner tva,
4030 af þem man þæsse tiþandæ fra;
þe helsa hærra Gavian ok andra þæghna
af Leons riddara væghna
ok saghþe þær i þæn sama riþ
huru han løste alla þera qviþ.
4035 Þe iomfru þera syster var
hon helsar hærra Gavian opinbar:
"Min moþurbroþer, þæt sæghir iak þik,
at Leons riddare frælste mik;
þæt giorþe han for Iþra saka,
4040 han frælste os af al omaka
ok Iþer manga helso sænde;
han saghþe at I han gørla kænde."
Hærra Gavian svaraþe þe iomfru þa:
"Leons riddara iak aldrigh sa
4045 ok aldrigh haver iak af honum hørt
fyr æn nu, hvat han haver giørt."

Þe iomfru iak fyr saghþe i fra
hon stoþ þær nær ok lydde up a
ok kærir sik sara, hin salugha qvinna,
4050 þæt hon matte ængin þæn riddara finna
for hænna skuld vilde gøra sva,
þænna kamp sik taka up a.
Hon baþ hærra Gavian mæþ gratande tara:
"Min kære hærra, um þæt ma vara,
4055 I gørin þæt for frughor æra,

the queen had come back,
and those who had been abducted along with her,
riding to the gates of Carduel;
she was released and free again 4015
from the prison she was in.
There Maleagant had kept her,
which some of you have heard before.
All the captives who were with them
have now all come home, 4020
both knights and squires,
except Lancelot alone
—this happened through lies and treachery—
he remained behind, believe you me.
On the very day this becomes known 4025
the younger sister had arrived
and Harpin of the Mountain had been slain;
all thought it was a good thing.
Sir Gawain's two nephews
were the ones from whom they got the news; 4030
they bring greeting to Sir Gawain and other thanes
from the Knight with the Lion,
and told them at the same time
how he had resolved all their difficulties.
The maiden who was their sister 4035
tells Sir Gawain openly:
"My uncle, I tell you
that the Knight with the Lion rescued me;
he did so for your sake;
he rescued us from all misery 4040
and sends you his best regards;
he said that you know him well."
Sir Gawain then answered the maiden:
"I never saw the Knight with the Lion
and I have never heard of him— 4045
until now—and what he has done."

The maiden I told you about earlier,
she stood nearby and listened
and complained bitterly, poor woman,
that she could not find a knight 4050
who was willing for her sake
to undertake single combat.
She begged Sir Gawain with streaming tears:
"My dear lord, if it is possible,
do it for the honor of ladies; 4055

I værin mit mal mæþan iak ær hæræ!"
Þa svaraþe hænne hærra Gavian:
"Iak giorþe þæt giærna," saghþe han,
"hafþe iak en kamp eigh takit til handa,
4060　þæn iak skal ændelika bestanda;
　　　þy varþin I þær at at lita,
　　　þæt sæghir iak Iþer, þæt skulin I vita."
　　　Þa þe iomfru þæt forstoþ,
　　　hon matte eigh fa þæn riddara goþ,
4065　þa gik hon for konung Artus at standa
　　　ok kærþe af ny þær sin vanda:
　　　"Mik þykker þæt vara underlikt
　　　—iak hørþe aldrigh fyrra slikt—
　　　þæt man skal eigh hær finna
4070　þæn sik þor þe undirvinna
　　　væria mit mal, mæþan iak haver ræt
　　　ok vi gitom eigh os siælva sæt.
　　　Iak vilde giærna minne syster raþa,
　　　hon lote mik æn vara mæþ naþa
4075　ok lote mik hava þæt mik bær til
　　　æptir min faþer mæþ rættan skil,
　　　þæt ær þe bøn þær iak Iþer biþer
　　　ok mina syster hær mæþ Iþer.
　　　Vilde hon, þo at hon ær bald,
4080　eigh gøra mik þolikt ivirvald,
　　　hvat hon vilde hava af þæt iak a,
　　　hon matte þæt alt bæter fa
　　　for utan allæ þrættæ,
　　　ok vilde hon livæ mæþ rættæ.
4085　Æn þo at iak eigh hiælper hær fær,
　　　mæþan iak ær nu komin hær,
　　　I skulin þæt fræghna um iak ma liva,
　　　iak vil min ræt eigh þok up giva."
　　　Konung Artus svaraþe þe iomfru:
4090　"Sum en vis qvinna þa talin I nu."
　　　Han lot hænna syster for sik kalla:
　　　"Iak vil høra Iþer skipilse alla
　　　ok latin þæt høra riddara ok svena,
　　　iak vil Iþer giærna gøra ivir ena;
4095　iak biþer ok biuþer hvat iak ma,
　　　I latin hænne hava æ hvat hon a."
　　　Þe ældre iomfru svaraþe þa:
　　　"Þæt vet væl Guþ iak gør eigh sva,
　　　eigh for þrugh ok eigh for bøn;
4100　þær skal hon fanga a sannan røn.

defend my case, while I am here!"
Sir Gawain answered her:
"I would gladly have done so," he said,
"if I had not undertaken a single combat,
which I must unconditionally carry out;   4060
you will have to be content with this,
I tell you this, you must know this."
When the maiden understood
that she could not engage the excellent knight,
she went and stood before King Arthur   4065
and expressed her distress anew:
"I think it strange
—I never before heard the like—
that one cannot find
anyone who dares to undertake   4070
to defend my case, since I am in the right,
and we cannot be reconciled all by ourselves.
I would like to advise my sister
that she let me live in peace
and let me have my inheritance   4075
from my father, as is just;
that is the request I make of you
and of my sister at the same time.
Should she want, though she is bold,
not to wrong me so,   4080
whatever she wanted of what I own,
she would get it more easily
without any quarrel
and if she lived righteously.
Though I do not get help here,   4085
now that I have come here,
you will learn, if I am spared,
I shall not renounce though my rights."
King Arthur answered the maiden:
"You are talking like a wise woman."   4090
He had her sister sent for:
"I want to hear about all your circumstances
and let knights and squires hear
that I would like to reconcile you;
I bid you and I order, inasmuch as I can,   4095
allow her to have what she owns."
The older maiden then answered:
"As God is my witness, I shall not do so,
not for threats and not for entreaties;
she will learn this for sure.   4100

>   Þo hon skulde þusand vinter liva
>   iak vil hænne eigh en pæning giva,
>   utan hon kan þæn riddara fa
>   þær minom riddara þor besta."
> 4105   Konung Artus svaraþe þa:
>   "Iomfru, I þænkin eigh ræt up a,
>   þo at Iþar tunga faller slæt,
>   I biuþin Iþre syster ække ræt.
>   Hon haver æn 40 dagha þær til
> 4110   at leta æptir þæn hænne hiælpa vil,
>   þæn dom maghin I eigh bryta,
>   um iak skal rættin nokra lund nyta."
>   Þe iomfru var þa brat til svara:
>   "Skal þæt æ þæt sama vara,
> 4115   iak ma Iþer ække mæla a mot,
>   þo at iak þæs aldrigh fanger bot;
>   I havin ivir lagh ok land at raþa,
>   þæt star nu, hærra, til Iþra naþa:
>   vil hon mik biþia at I þæt høra,
> 4120   for Iþra skuld vil iak þæt gøra,
>   en dagh af mik untfa,
>   ok latin siþan vara sva."
>   Þe iomfru sina syster baþ
>   ok for sik þæþan ræt i staþ.
> 4125   Hon þænkte þa mæþ al sinnæ
>   hvar hon matte Leons riddara finna;
>   til hans var hænna mæste alit,
>   þæt Guþ matte hænne visa þit.
>
>   Hon reþ ivir manga hærra rikæ
> 4130   ok vilde mæþ ænge mot æptir vikæ,
>   ivir biærgh ok ivir dalæ,
>   hon kom þær ivir mæþ mykin qvala,
>   ok spurþe hvan þæn man hon fan,
>   um "hær ær nokor mik visa kan
> 4135   þæn iak far at æptir leta;
>   Leons riddare mon han heta."
>   Þe svaraþo hænne ok saghþo: "Ne,
>   iomfru, þæn riddara kænno vi eigh
>   ok havum aldrigh hørt sagt i fra
> 4140   at nokor riddare skulde heta sva."
>   Hon fik þær af sva mykla qviþæ
>   þæt hon var næplika før at riþa;
>   hon varþ þo þær af halla bliþ
>   þæt hon var komin i þæn sama riþ

Though she were to live a thousand years,
I do not want to give her a single penny,
unless she can get a knight
who dares to fight against my knight."
King Arthur answered: 4105
"My maiden, you do not realize,
though you have a nimble tongue,
that you are not being just to your sister.
She still has forty days left
to search for someone willing to help her; 4110
these conditions you may not violate,
if I am to exercise justice at all."
The maiden was quick to answer:
"So be it,
I cannot gainsay you, 4115
though I shall never be recompensed;
you rule over land and law;
the case, lord, rests in your hands.
Should she ask me in your presence,
I shall do so for your sake; 4120
give her a deadline
and let it be so."
The maiden asked her sister for this
and then immediately took off.
With all her mind she considered 4125
where she might find the Knight with the Lion;
she trusted fully
that God would guide her there.

She rode through many a lord's realm,
not held back by any obstacle, 4130
over mountains and through valleys;
she did so with great difficulty
and asked everyone she met,
"is there anyone who can direct me
to the one I am looking for; 4135
he is called the Knight with the Lion."
They answered her and said: "No,
maiden, we do not know that knight
and have never heard
that any knight has that name." 4140
She suffered such pains from this
that she could hardly ride;
though she became very happy
when she arrived at this time

4145 þit hænna frænder for æræ
ok hænna viner þe hana hava kæræ.
Þæt matte man væl a hænne se
þæt hænne var i hiærtæt ve,
hon laghþis þa niþer a sota siang;
4150 hænna pina var baþæ þung ok lang.
Ena mø læt hon sik kalla þa,
þe hon troþe væl up a:
"Min kæra leka, iak þik biþer,
um þu vil þær nu taka viþer,
4155 fara hæþan at þætta sinnæ
þit þu ma Leons riddara finna
ok læta mit ærande eigh forga,
mæþan iak siælf eigh fara ma."
Þe iomfru reþer sik þaghar til
4160 ok sæghir hon giærna þæt gøra vil:
"Iak skal ater eigh koma hær
fyr æn iak þæn riddara funnit fær."
Hon tok orlof ok bort hon reþ;
hænne var eigh kunnogh þæn leþ.
4165 Þe iomfru reþ sva vaþelik
—hon hafþe ængin sven mæþ sik—
þæt mæsta hæstin fara ma
þær til daghin monde forga
ok nattin troþ hænne til;
4170 hon vet eigh gørla hvat hon vil.
Hon ær nu stad i diupan dal,
væghin ær þranger, hon riþa skal,
ræghn ok haghl gør hænne ve,
þæt var sva myrkt hon matte eigh se
4175 þæt var mykit ømkelik,
þe nat var hænne pinelik,
sara syrgher þe iomfrugha,
þy at hon var stad i sorghsins lugha;
hon vet sik ængte til raþa
4180 utan biþer Guþ sik naþæ
at han vilde þæt skipa sva,
hon matte þe nat got hærbærghe fa,
ok skilia hænne viþer vargha sang,
hon þær hørþe, ok þera bang.
4185 Æptir þæt en litin riþ
løstis en del af hænna qviþ.
En borgh la þær þa skampt i fra,
þæn væktare blæser þær up a;
hvat han qvaþ ok <hvat> han giørþe,

at the home of her kinsmen 4145
and also the friends she loves.
One could easily tell by her appearance
that she was sick at heart,
and she was put to bed;
her suffering was both great and long. 4150
She sent for a maiden
whom she trusted well:
"My dear friend, I beg you,
if you would be willing
to set out at once 4155
to find the Knight with the Lion;
and do not let this mission fail,
since I myself cannot go."
The maiden got ready at once
and says she will gladly do so: 4160
"I shall not return
until I have found that knight."
She took leave and off she rode;
she did not know the way.
The maiden risked danger as she rode 4165
—she had brought no squire along—
as fast as the horse could run,
until the day passed
and night was drawing near;
she does not know where to go. 4170
She is now in a deep valley.
The road she has to take is narrow;
rain and hail torment her;
it was so dark she could not see.
Things were quite miserable; 4175
the night was troublesome for her.
The maiden is very distressed,
because flames of sorrow engulf her;
she does not know what to do
and implores God to have mercy 4180
and see to it
that she got good lodging that night
and to relieve her from the howl of wolves
that she heard there, and their din.
After a little while 4185
some of her dread eased.
A castle lay nearby;
its watchman blew his horn on high.
Whatever he said and whatever he did

4190 þe iomfrua þæt sva gørla hørþe
ok þaghar æptir hornit reþ
þit hon þæt hørþe, þe genasta leþ.
Hon fan et kors up a en bro,
þa mælte hon ok saghþe svo:
4195 "Mik hopar til Guþ þær alt forma,
vi skulum i nat got hærbærghe fa,
ok kænnis iak þær viþ sanlik
at þænne vægher leþer mik
þit iak þæn væktara hørþe qvæþæ
4200 mæþ søte røst ok mykin glæþæ.
Þæn vægh var þa baþe goþ ok slæt,
hon kænnis viþer hon hafþe þa ræt
ok reþ þæn vægh for hænne la
til þæt hus hon for sik sa.
4205 Um þæt hus gingo gropir þre,
þe vænasta man vilde mæþ øghon se;
þær ivir gingo lønlika spanga,
þe varo baþe mio ok langa.
Þe iomfru gik þa þæþan bort
4210 ivir þe gropa ok til þæn port;
þæt giorþe hon mæþ føgha listæ;
hon kom þær ivir þæt ængin þæt vistæ
ok monde brat þe væktara kallæ:
"Hvat vakin I æller sovin I allæ?"
4215 Þa mælte en man a værninne stoþ:
"I ærin vælkomin, iomfrugha goþ!
Mæþan I komin ivir þe spanga
I skulin hær got hærbærghe fanga."
Þe iomfru svarar: "Guþ þakke Iþer,
4220 iak þarf þæs nu ful væl viþer."
Han portin up mot hænne lot
ok gik siþan hænne bliþer i mot:
"I skulin nu, iomfrugha, mæþ mik ganga,
iak skal Iþer alla reþo fanga."
4225 Han ledde hana i enæ varma stova:
"Hær skulen I, iomfru, inne sova."
Han skipaþe hænne ræt alla naþe
til dryk ok ætan baþe
ok bøþ hænne siþan goþa nat:
4230 "Ær Iþer hær, iomfru, nokot fat
—þæt ær þe bøn iak biþiæ vil—
I latin mik þær um sighia til."
Arla um morghonin dagher var lius
þe iomfru var til hæsten fus,

the maiden heard clearly 4190
and at once rode towards the horn,
to where she heard it, the shortest way.
She came upon a cross on a bridge;
then she spoke and said:
"I trust in Almighty God 4195
we are to have good lodging tonight
and I know for sure
that this road will take me
to where I heard the watchman call out
in a pleasant voice and with much joy." 4200
The road was both good and smooth;
she sees that she was right
and rode on the road ahead of her
to the castle she saw before her.
Around the castle were three moats, 4205
the handsomest one ever saw;
over them were secret footbridges;
they were both narrow and long.
The maiden then crossed
the moats to the gate; 4210
she did so with great cunning:
she crossed them without anyone knowing it
and called to the watchmen:
"Are you awake or are you all asleep?"
A man standing on the rampart said: 4215
"You are welcome, fair maiden!
Since you have crossed the footbridges,
you will have good lodging here."
The maiden answers: "God reward you;
I truly need it." 4220
He opened the gate for her
and went towards her kindly:
"My maiden, you should now come with me;
I want to give you every assistance."
He brought her into a warm room: 4225
"Here, my maiden, you are to sleep."
He showed her every hospitality,
providing both drink and food,
and then bade her a good night:
"If you lack anything, my maiden 4230
—this I ask of you—
let me take care of it for you."
Early in the morning at dawn
the maiden was eager to mount;

4235 hon helsar þem alla i þæn sama tiþa
ok sæghir þæt hon vil genast riþa.
Husbondin svarar hænne þa:
"Iak spyr Iþer giærna um iak ma,
sighin mik um þæt ma vara,
4240 hvi vilin I sva braþlika fara?"
"Iak vil þæt storlika giærna gøra,
um Iþer lyster þær a at høra.
Þæn riddare iak far æptir leta,
'Leons riddare' mon han heta;
4245 iak haver sva mykit af honum hørt,
hvat riddarskap han haver giørt.
Mik hopar til Guþ, um iak ma han finna
iak skal mina nøþ æn forvinna;
þæt vet væl Guþ ok goþe mæn,
4250 iak sa han aldrigh mæþ øghon æn."
Husbondin svarar hænne þa:
"Þæt vet væl Guþ at þæt ær sva;
vitin þæt, min hiærta kæræ,
þæt var eigh langæ at han var hæræ;
4255 iak han mæþ min øghon sa,
han monde Fiælskarp til døþa sla
ok frælste mik af mykle nøþ;
þæt løne honum Guþ al værulden bøþ.
Þa I riþin nu hæþan bort,
4260 þa maghin I se hær for van port
hvar han ligger, iak sæghir i fra;
en mere fiænd iak aldrigh sa."
"Æþle riddare, a Iþra tro,
for Iþra dyghþ I gørin svo
4265 ok for alla frughor æra,
I sighin mik hvar han mon væra!"
"Þæt vet væl Guþ iak þæt eigh vete;
þo vilin I fara hans at leta,
iak visar Iþer giærna a þæn leþ
4270 þær þæn riddare hæþan reþ."
Han fylghþe hænne ivir þe vindebro:
"I skulin nu riþa a þænna mo,
þæn vægh a Iþra høghro hand,
han leþer Iþer til fræmaþa land."

4275 Hon tok orlof þaghar i staþ
ok giorþe sum þæn riddare baþ.
Hon riþer nu þæt mæsta hon ma
til hon þe kældo for sik sa;

she then greets them all 4235
and says she wants to ride off at once.
The lord of the castle responds:
"If I may, I would like to ask:
tell me, if you can,
why do you want to leave so soon?" 4240
"I will gladly do so,
if you wish to hear me.
The knight I am looking for
is called the Knight with the Lion;
I have heard much about him, 4245
what chivalric deeds he has done.
I trust in God, if I find him,
I shall yet overcome my difficulties.
God and all honest men know
I have never laid eyes on him." 4250
The lord then answers her:
"God knows well that this is true;
you should know, my dear,
he was here not long ago.
With my own eyes I saw 4255
how he slew Harpin of the Mountain
and rescued me from great misery.
May God Almighty reward him.
Now when you ride off
you can see him outside our gate, 4260
where he lies, I assure you;
a greater devil I never saw."
"Noble knight, in truth,
in your goodness please
and for the honor of all ladies, 4265
tell me where he might be!"
"God knows, this I do not know;
though should you go in search of him,
I will gladly show you the road
on which this knight rode away." 4270
He accompanied her over the drawbridge.
"Now you should ride across this heath
on the road to the right;
it will guide you to foreign lands."

She took leave at once 4275
and did as the knight told her.
She rides now as quickly as she can
until she saw the spring ahead.

þa baþ hon Guþ af hiærtæ ok sinnæ
4280 at hon skulde Leons riddara finna.
Hon riþer æn fram um ena stund
genom en litin grønan lund;
et æþla hus hon for sik fan;
þa spurþe hon at hvan þæn man
4285 þær hænne møtte ok hon sa,
um nokor þera kænna ma
þæn hon at letar ok haver kær
ok Leons riddare næmpder ær.
Þe svaraþo hænne i sama riþ:
4290 "Vi saghom han i skamma tiþ;
han en bestoþ hær riddare þre
ok giorþe þem allom saman ve."
"Iak biþer Iþer þæt for frughor æra,
I sighin mik hvar han mon væra!"
4295 Þe svaraþo alle ok saghþo: "Ne,
hvar han nu ær, þæt vitom vi eigh;
um Iþer lyster ok vilin I han finna,
þa viliom vi Iþer visa þe sama qvinna
þær snimst af os þæn riddara sa
4300 þær I sva mykit æptir þra."

Þa þe sva hafþo talats viþer,
Luneta kom þa gangande niþer
af þe kapælla þær næla stoþ
ok helsaþe þa þe iomfru goþ.
4305 Þe iomfru baþ Lunetam þa:
"For Iþra høvisko I gørin sva,
vitin I hvar Leons riddare ær,
I visin mik han mæþan iak ær hær!"
Luneta svaraþe þe þær til
4310 at hon þæt giærna gøra vil:
"Iak vil Iþer fylghia a mina san
þit iak snimarst skildis viþ han."
Þe iomfrughor riþa nu baþa saman,
þe kalzaþo mangt ok giorþo þem gaman.
4315 Luneta saghþe þe iomfru þa,
huru Leons riddare halp hænne fra
hon skulde brænna up a et bal,
hafþe han eigh vart þa hænna mal.
Þa þe hafþo længe talats viþer,
4320 Luneta þa þe iomfrugho biþer:
"Þænna vægh þa skulin I fara
ok takin hans fulgørla vara,

Then she asked God with her whole heart
to let her find the Knight with the Lion. 4280
She rides on for a while
through a verdant little grove;
a stately castle she saw ahead.
She asked everyone
she met and saw, 4285
if anybody knew
the man she is seeking earnestly
who is called the Knight with the Lion.
They all answered at once:
"We saw him not long ago; 4290
singly he overcame three knights
and brought them all woe."
"I beg you for the honor of ladies,
tell me where he might be!"
They all answered and said: "No, 4295
where he is now, we do not know;
if you desire to find him,
we shall point out the woman
who last of all saw the knight
whom you are seeking." 4300

When they had talked,
Luneta came walking down
from the chapel that was nearby
and greeted the noble maiden.
The maiden asked Luneta: 4305
"I appeal to your kindness,
do you know where the Knight with the Lion is?
Direct me to him, since I am here!"
Luneta responded
that she would gladly do so: 4310
"I will certainly accompany you
to where I last parted from him."
Now the two maidens ride together;
they enjoyed and amused themselves.
Luneta told the maiden 4315
how the Knight with the Lion saved her;
she would have been burned at the stake,
had he not defended her.
After they had long conversed,
Luneta tells the maiden: 4320
"You should take this path
and watch carefully,

þær til I finnen nokon þæn man
þær Iþer af honum sighia kan.
4325 Þæn snimpsta tima iak han fan
þa skildis iak hær viþer han
ok siþan iak eigh þæn riddara sa;
iak kan þær eigh mer Iþer sighia fra;
hvat han haver siþan giort,
4330 þær haver iak ække af sport.
Mæþan I havin ræt at dela,
Guþ late Iþer han þa finna hela
ok nu braþlika at þætta sinne;
þa varþer Iþer anger minne.
4335 Nu farin Iþer væl, min hiærta kæræ,
iak ma eigh længer dvælias hæræ,
ok latin mik þæt, iomfru, fræghna,
I helsin han a mina væghna."
Luneta for sik ater i gen;
4340 þe iomfru riþer þæþan en
þæn sama vægh hon hænne baþ.
Han ledde hana i þæn sama staþ
þær Ivan ok hans leon baþæ
hviltes um nat ok hafþe naþæ
4345 ok urþo hel af þera sara,
fyr æn þe mondo þæþan fara.
Husbondin gik hænne siælf i gen,
han kallaþe rasklika a sin sven
ok baþ han taka hænna hæst
4350 ok gøma han sum han ma bæzt.
Han baþ þe iomfru stigha af bak:
man skal Iþer hær skipa alla mak,
um I vilin i nat hær biþa,
æller sighin mik hvart I vilin riþa."
4355 Þæn iomfru svaraþe honum þær til:
"Mit ærande iak Iþer sighiæ vil:
iak far þæn hærra nu at leta,
Leons riddare mon han heta,
ok biþer iak Iþer for Iþra æra,
4360 I sighin mik hvar han mon væra."
"Þæt vet mæn," þa saghþe han,
"iak vil Iþer visa þæn æþla man;
vilin I eigh dvælias at þætta sinnæ,
þa maghin I han i qvæld at finnæ,
4365 þy at han reþ hæþan nu i staþ.
Þa varþ þe iomfru i hiærtat glaþ
ok þakkaþe honum for sinne gava:

until you find someone
who can tell you about him.
The last time I saw him, 4325
I parted from him here
and I have not seen him since.
I cannot tell you any more;
what he has done since then,
I have not heard. 4330
Since you have a just cause,
may God let you find him hale
and in short order;
then your distress will diminish.
Now farewell, my dear, 4335
I cannot stay here any longer;
and let me ask you, maiden,
to greet him from me."
Luneta turned back;
the maiden rides on alone 4340
by the road she showed her.
It brought her to the very place
where Ivan and his lion
had lodged for the night and relaxed
and recovered from their wounds, 4345
before they were able to leave.
The lord himself went to meet her;
he sent quickly for his squire
and bade him take her horse
and care for it as best he can. 4350
He asked the maiden to dismount:
"You will enjoy every comfort,
if you will stay here tonight;
else tell me where you want to ride."
The maiden answered him: 4355
"I will tell you my errand:
I am searching for a certain lord;
he is called the Knight with the Lion,
and I beg you in your kindness
to tell me where he might be." 4360
"In truth," he said,
"I will tell you about the noble man.
If you do not want to remain here for now,
then you can find him tonight,
since he left not long ago." 4365
Then the maiden rejoiced
and thanked him for his kindness:

"Nu vil iak Iþert orlof hava
ok riþæ æptir honum hvat iak forma."
4370 "Þæt raþer iak þik at þu gør sva."
Hon stigher þa þær a sin hæst
ok riþer þæþan sum hon ma mæst
a þæn vægh þe visto hænne a
ok lot eigh af fyr hon han sa.
4375 Þæn sama tima hon han se fik,
þa mælte hon viþer siælva sik:
"Hærra Guþ mæþ sina naþæ
givi þæn riddara þæt til raþa
þæt han vili nu fylghia mik;
4380 þa ær iak hulpin sanlik;
hælder tapar iak mina stunde
ok mina møþo sva manga lunda
um han mik sva sara forsmar
. . . .
4385 Hon riþer skiutelika fram til han
ok helsar han þæt bæzta hon kan:
"Væl ær mik at iak haver Iþer set
þær iak haver sva længe æptir let."
Þæn riddare til þe iomfru sa
4390 ok svaraþe hænne ok mælte sva:
"Guþ helse Iþer nu ok allan tiþa
ok løse Iþar anger ok Iþra qviþæ!"
"Guþ høre, hærra, Iþra bøn
ok late mik þær a fanga røn;
4395 mæþ honum maghin I mæst at valda
um iak skal mina æro behalda."
Þa þe riþu saman tu,
þa saghþe til hans þe iomfru:
"Vilin I mik høra ok ma þæt væra,
4400 iak haver et mal for Iþer at kæra.
Dagh ok nat þa haver iak rænt
siþan iak var æptir Iþer sænt;
sighnaþ varþe þe søta stund
þær mik ledde a Iþra fund!
4405 En iomfru baþe høvisk ok rik
haver mik nu hær sænt til þik.
Æþle hærra, þænkin Iþer
ok gørin þæt min iomfru biþer,
þær marghin dagh æptir Iþer reþ
4410 ivir biærgh ok dal sva langa leþ,
þær til hon laghþis a sota sianga
ok var eigh før at riþa æller ganga.

Hærra Ivan

"Now I want your leave
to ride after him as fast as I can."
"I advise you to do so." 4370
Then she mounts her horse
and rides away as fast as she can
on the road they showed her
and did not stop until she saw him.
As soon as she saw him, 4375
she said to herself:
"Lord God, in your mercy
inspire that knight
so that he is willing to accompany me.
Then I shall certainly be helped; 4380
else I shall have wasted my time
and my energy in many ways,
if he should scorn me.
. . . .
She quickly rides up to him 4385
and greets him as best she can:
"Thank heavens that I have found you
whom I have sought so long."
The knight looked at the maiden
and answered, saying: 4390
"God keep you now and forever
and free you from distress and sorrow!"
"May God hear your prayer, my lord,
and give me proof of it;
you and He will be the chief judges, 4395
whether I retain my honor."
As the two rode together,
the maiden said to him:
"Will you hear me, please,
I have a case to plead before you. 4400
Day and night I have ridden,
since I was sent after you.
Blessed be the sweet hour
in which I found you!
A maiden, both courtly and noble, 4405
has sent me to you.
Noble lord, consider
and do as my maiden asks,
who rode many a day in search of you,
so long over mountains and through valleys 4410
until she became sick
and could not ride any longer.

Þo vilde hon Iþer þiæna giærna;
þy visaþe hon mik ut, sina eghna þærna,
4415 hit skiutelika a Iþra naþæ,
þy at hon haver fangit storan skaþa.
Hænna goþs ær hænne takit fra,
þæt hon for Guþ ok væruldine a;
þæt haver hænna syster giørt,
4420 iak vænter, I havin þæt eigh fyrra hørt.
Vilin I þæt gøra for hænna bøn
ok taka af Guþi ok af hænne løn,
væria hænna mal mæþan hon haver ræt
for þem þæt vrangt haver af hænne þræt?
4425 Nu latin, hærra, mik þæt høra,
þæt I vilin sva væl gæra!
Lyster ok Iþer hælder hava mak
æn væria minna iomfru sak,
þa ær hon svikin af þæn sama akt
4430 þær hon fyr hørþe af Iþer sagt."
Hærra Ivan monde þær til svara:
"Mik dugher eigh mæþ mak at fara;
þarf hon mina þiænist viþer,
þa vil iak giærna fylghia Iþer,
4435 þy at han far siældan lof til hova
þær iþelika vil hema sova.
Iak vil hænne hiælpa hvat iak ma
for hvar þæn man þær talar a,
um Guþ giver mik þær lykko til;
4440 þæt sæghir iak Iþer mæþ rættan skil."
Þe iomfru varþ þa glaþ ok fro
at hon hørþe þæn riddara tala svo
ok mælte til han bliþelik þa:
"Þæt løne Iþer Guþ þær alt forma!"

4445 Þa þe hafþo længe talats viþer
þa komo þe þær fram um siþer
þær han et rikt hus for sik sa,
Pinande borgh, þæt kallat var sva.
Þæt liþer nu fast at daghsins tiþa,
4450 þe varo eigh længer før at riþa.
Þa mælte þe a husit æru:
"Illa varþer þu komin hære;
han saghþe þik ena kranka alit
þær þik til hærbærghe visaþe hit;
4455 mæþan þu æst komin hit til var,
sorgh ok anger þu hær far,

Still she was eager for your help;
that is why she sent me, her handmaiden,
directly to appeal to you, 4415
since she has suffered great disgrace.
Her property has been taken away from her,
which she owns before God and the world;
her sister has done this.
I suppose you have not yet heard about it. 4420
If you will grant her request
and receive God's reward and hers,
then defend her case—since she is in the right—
against those who unjustly have dispossessed her.
Now, my lord, let me hear 4425
that you will agree to this!
If you would rather choose ease
than defend my maiden's cause,
then she is betrayed in believing
what she has heard about you." 4430
Sir Ivan then had to answer:
"It is not for me to choose ease;
should she need my services,
I will gladly accompany you,
since one seldom receives praise at court 4435
for wanting only to sleep at home.
I shall help her as best I can
against anyone who brings an action,
provided God grant me good fortune;
this I tell you for certain." 4440
The maiden became glad and cheerful
at hearing the knight speak thus
and said kindly to him:
"May Almighty God reward you for this!"

When they had talked together for a long time, 4445
they arrived at last
where he saw a stately castle ahead;
the Wretched Castle the place was called.
Day was drawing to a close;
they could no longer ride. 4450
Those who were at the castle said:
"Woe to you for coming here;
he gave you poor advice
who directed you here for lodging.
Since you have come to us, 4455
you will experience distress and anguish,

um þu haver þik eigh rasklika bort
hæþan fra var aþalport."
Hærra Ivan svarar for utan gaman:
4460 "Nu varþe Iþer ve ræt allom saman,
man ma þæt væl a Iþer finna
I ærin alle ovise hær inne.
Nær brøt iak þæt viþ nokor Iþær
þæt þu sva illa for mik biþer?"
4465 "Riþer þu þik eigh hæþan brat,
þu finder þæt for annar nat,
ok komber þu a husit fram,
þæt skal þu røna, þu far þær skam."
Hærra Ivan vilde eigh riþa bort;
4470 han rænde þa for þera port
ok øpte fast at þæt sama sin,
baþ sik genast lata in:
"Hvat þæt mik varþer til skaþa ælla froma,
iak vil hær in, um iak ma koma."
4475 Þæn kure øpte a sin tinnæ:
"Donde man, hvat vilt þu hær innæ?
Þolikt ær mykin iæmbirs nøþ,
þæt þu vil skynda til þin døþ;
þu far hær last ok ængin æra,
4480 þy matte þu hælder for utan væra."
Hærra Ivan talaþe til þera æn:
"Hvi latin I sva, hine salughe mæn?
Hvat have I mik til saka givæ?
Hvi vilin I mik til laster divæ?
4485 Sva manga land sum iak haver let,
sva oføgho folk haver iak eigh set
sum mik þykker nu vara hæræ;
þæt þor iak um Guþ væl sværia."
Þa hærra Ivan hafþe talat sva
4490 en fru monde mot honum ga;
hon var en gamul høvisk qvinnæ;
hon helsaþe han mæþ vit ok sinnæ:
"I þorvin eigh, hærra, varþa vreþ
ælla møþa Iþer nokra leþ;
4495 sanlika iak þæt sighia vil,
hvat þe hava Iþer hær talat til,
þæt ær eigh for utan skæl;
þe unna Iþer alle saman væl
ok varaþo Iþer viþ i þætta sin,
4500 at I skuldin eigh i husit in,
þy at gørin I þæt, iak sæghir svo,

if you do not get away quickly
from our main gate."
Sir Ivan answered without mirth:
"Now woe will befall all of you; 4460
one can clearly see by your demeanor
that all of you are wicked here.
When have I offended you,
since you receive me so badly?"
"If you do not not ride off rapidly, 4465
you will find out before tomorrow;
and if you come up to the castle—
you will find out—you will have trouble there."
Sir Ivan did not want to ride away;
he rushed up to their gate 4470
and called out at the same time
asking to be let in:
"Be it to my honor or disgrace,
I want to enter, if I may."
The watchman called from his battlement: 4475
"Honest man, what do you want inside?
It is a wretched misery
that you want to hurry to your death;
here you will get disgrace and not honor;
therefore you had better stay outside." 4480
Sir Ivan spoke to them again:
"Why do you say this, wretched man?
What do you accuse me of?
Why do you want to offend me?
As many countries as I have visited, 4485
I have never seen such ill-mannered people
as I believe are now here;
I dare swear to this by God."
When Sir Ivan had spoken thus,
a woman approached him; 4490
she was a courteous old woman;
she greeted him with wisdom and sense:
"My lord, you need not get angry
or be annoyed in any way;
I want to tell you in truth, 4495
what they have said to you here,
it is not without reason;
they all wish you well
and warned you now
against entering the castle, 4500
for if you do so, I tell you,

þæt angrar Iþer a mina tro.
Þe þorþo eigh annar lund vara Iþer viþer
æn mæþ ondum orþum untfanga Iþer;
4505 þæt ær þera siþ at gøra sva,
mæþ ondum orþum mæn untfa,
þy at þe vildo þæt nøþughe se
þæt nokor skulde hær fanga ve.
Æn vi hær utan for bo,
4510 os ær viþ livit forbuþit svo,
at aldrigh ær þæt sva donde man
þæt vi þorum hærbærgha han,
utan vi vitom hvaþan han æræ;
ne sanlika, þæt ma eigh væræ.
4515 Nu haver iak sagt siþvænio var
ok huru hær a husit star.
Iak vil Iþer eigh mena in at riþa,
þo raþer iak Iþer hælder ute biþæ."
Hærra Ivan svaraþe hænne þa:
4520 "Þæt ær nu natta time up a;
um at iak riþer hæþen brat,
hvar skulde iak þa liggiæ i nat?"
Þe frugha svaraþe honum þær til:
"Gør nu sum þu siælver vil!
4525 Komber þu hæþan for utan skaþæ,
þu þakka þæs Guþi ok hans sighnaþa naþæ!
Guþ læti mik æn þe glæþi ske,
iak matte Iþer æn livandis se!"
"Guþ løne Iþer goþvilin, fru,
4530 i allan tima ok sva nu!
Þo sæghir mik min hugher sva,
at iak þæt ække lata ma,
iak skal hær nu ændelika in
ok vagha mit lif at þætta sin."
4535 "Guþ late Iþer, hærra, fara væ!"
Han svaraþe hænne: "Lif hel ok sæl!"
Han riþer þaghar genast bort
fram for þera aþalport,
hans leon alt mæþ honum gik
4540 ok sva þe iomfru, þæt sæghir iak þik.
Han kallaþe a þæn portanæræ
ok sva a hans kompana fleræ:
"Læt up portin skiut for mik
iak vil hær in ræt ændelik!"
4545 Þa svaraþe honum þæn portanære:
"Hvat skal iak Iþer sighiæ mere!

you will certainly regret it.
They dared not warn you in any other way
than to receive you with hostile words;
it is their custom to do so, 4505
to receive men with hostile words,
since they do not want to see
anybody meet up with woe here.
And we who live outside here
are forbidden on our lives 4510
never, no matter how honest the man,
to dare give him lodging,
unless we know whence he comes.
No, in truth, that may not be.
Now I have told you our custom 4515
and how things are at the castle.
I do not want to keep you from entering;
still I advise you sooner to stay outside."
Sir Ivan then answered her:
"Night has now fallen; 4520
if I ride from here at once,
where should I sleep tonight?"
The woman answered him:
"Do as you please!
If you leave here without injury, 4525
thank God and His blessed mercy!
God grant me the happiness
to see you alive once more!"
"God reward your good will, M'lady,
forever and also now! 4530
Still my heart tells me
that I must not refrain from it;
I have to enter
and risk my life at this time."
"My lord, may God let you fare well!" 4535
He answered her: "Live long and prosper!"
He rides away at once,
straight up to their main gate;
his lion goes along with him
and so does the maiden, I tell you. 4540
He called out to the gatekeeper
and also to his many companions:
"Open the gate quickly to me;
I definitely want to enter!"
The gatekeeper answered him: 4545
"What more can I tell you?

Skynt þik hæþen um þu vilt!
Þu far hær ængte utan ilt."
Hærra Ivan svaraþe honum þær til:
4550 "Mit lif iak hære vagha vil."

Þe loto niþer þe vindebro:
"Riþ nu in um þu vil svo,
mæþan þu sva mykit þær æptir stær,
ok akta þæt siælver siþan huru þæt gær!"
4555 Han reþ genast in um þem alla
ok aktar eigh hvat þe han kalla.
Et mykit hus varþ han þa var
mit i husit hvar þæt star;
þær utanfor var en dighert slæta
4560 —han viste eigh hvat slikt hafþe sæta—
þær um þa gik et hakulværk,
baþe høgt, dighert ok stark.
Þær var i þæn garþin inne
þry hundraþa mør ok stolta qvinnæ;
4565 þe spunno gul ok vavo laþ;
ængin þera var þo glaþ,
þe mondo alla syrghiande væra
af þæn harm þe hafþo at bæra.
Baþe pæl ok baldakinna,
4570 þe rikasta þær man ma finna,
aldra handa dyre þing
la þær alla væghna um kring,
þær ma af gul ok silke gøra;
þæt maghin I hær i bokinne høra.
4575 Þe arma frughur þær sata,
sva ømkelika varo þera lata,
ængin þera var sva rik,
þær helan kiortil hafþe a sik,
kinder svanga ok halsa mio,
4580 manga sa man ganga svo;
þera færgha var baþe gul ok blek,
þæt var af hunger ok eigh af lek;
a þera klæþe var mang en bot,
fra þera hals ok til þera fot
4585 æ hvar annar klut nær annan sat.
Hærra Ivan gats þær illa at:
"Slikt ær sorgh ok digher oæra,
þæssa frughur skulu sva þvingaþa væra."
Þær næst toko þe alla at grata
4590 ok sva ømkelika at lata;

Hurry off as fast as you can!
You will get nothing but ill here."
Sir Ivan answered him:
"I shall risk my life here." 4550

They let down the drawbridge:
"Now enter, if you want to,
since you desire this so much,
and heed how it will turn out!"
He rode at once past all of them 4555
and pays no attention to what they call out.
A big building he then discovered;
in the middle of the fortress it stood.
Outside it there was a vast plain
—he did not know what that might mean— 4560
around it was a stockade,
both high, stout, and strong.
Within the enclosure there were
three hundred maidens and noble ladies;
they were spinning gold and weaving ribbons; 4565
yet not one of them was happy;
they were all distressed
by the misery they had to suffer.
Both precious fabrics and gold brocade,
the most expensive one could find, 4570
all sorts of choice things
lay all around there,
which can be made of gold and silk;
you can hear of that in the book.
The wretched ladies sitting there, 4575
their lamenting was grievous;
none of them was so wealthy
that she wore an untorn dress.
Their cheeks were hollow and necks thin
—one saw many like this— 4580
their complexions were sallow and pale,
owing to hunger and not joy.
On their clothes was many a patch;
from their necks to their feet
each patch was close to the next. 4585
Sir Ivan found no pleasure in this:
"It is troubling and a great disgrace
that these ladies are so oppressed."
Then they all began to weep
and to complain grievously; 4590

þe slogho þera hovuþ alla niþer
ok gavos alla þær illa viþer,
þæt var sorgh at se þær a,
a þæn iæmber þe hafþo þa.
4595 Þa han hafþe længe hørt a þera grat
ok þera sva ømkelika lat,
han vænde sik a en annan leþ
ok genast ater til portin reþ.
Þæn portanære mot honum gik,
4600 sva underlika han til orþa fik:
"Þik dugher eigh nu bort at fara,
þu skal, kompan, hær inne vara.
Þæt vet iak a mina san,
þu giørþe sum en hemsker man,
4605 at þu lot þik þær at langa
þær þu kunne ænga æro af fanga
utan skam ok skaþa baþe;
þu vilde þa eigh lyþa raþe,
þa iak baþ þik hæþan riþa,
4610 nu skalt þu hær inne biþa."
"Min kære vin, hvi talar þu slikt?
Mik þykker þæt vara ængo likt.
Iak þænkte þær æn aldrigh a
at iak skulde hæþan fara sva.
4615 Iak spyr þik andra handa saka,
þe mit hiærta monu gøra omaka:
hvaþan æru þæssa qvinna,
þe hær þætta gullit spinna
ok af hunger æru pinaþa sva
4620 at þe æru næplika føra at ga?"
"Þæt vet væl Guþ, þæt svær iak þik,
þu far þæt aldrigh vita af mik,
ok leta þik en annan man
þær þik þæt ævintyr sighia kan."
4625 "Mik þykker, iak haver eigh annat til,
sva frampt um iak þæt vitæ vil."
Han reþ til garþin nu sum fyr
ok varþ þa var en litin dør;
han stegh af bak ok bant sin hæst
4630 viþer garþin sum han kunne bæzt,
ok siþan in for þe frughor gik;
mæþ bliþom orþum han þem untfik:
"Guþ helse Iþer baþe gambla ok unga,
løse Iþan anger ok sva Iþer þunga,
4635 vænde Iþer sorgh af þænna vaþæ

they all bowed their heads,
moaning bitterly at the same time.
It was sad to watch this,
the affliction they suffered.
When he had listened to their weeping for a long time   4595
and their grievous complaints,
he turned in another direction
and rode at once to the gate.
The gate-keeper went to meet him
and began to speak so strangely: 4600
"It's no use leaving now;
you must, my friend, stay inside.
I certainly know
that you behaved like a foolish man,
when you let yourself yearn for something   4605
from which you derive no honor
but rather disgrace and injury;
you did not want to follow my advice,
when I asked you to ride away;
now you have to stay inside."   4610
"My dear friend, why do you speak like that?
I do not think it is fair.
I never intended
to leave here like that.
I want to ask you about other things   4615
that trouble my mind:
From where do these women come
who are spinning this gold here
and are so tormented by hunger
that they can hardly walk?"   4620
"As God is my witness, I swear to you,
you will never learn this from me;
find yourself another man
who can tell you this strange story."
"I think I have no other choice,   4625
if I want to learn about it."
He rode to the enclosure as before
and discovered then a little door;
he dismounted and tied up his horse
to the fence as best he could,   4630
and then went inside to the ladies;
he greeted them with kind words:
"God keep you, both old and young ladies,
and put an end to your misery and your labor
and change your grief over this misfortune   4635

Iþer til glæþi mæþ sina naþe!"
Þa svaraþe honum en gamul frugha:
"Guþ høre Iþra bøn ok late hana dugha!
Mik þykker I ærin sva kompne hæræ
4640 þæt I vilin vita hva vi æræ;
þæt skulum vi eigh løna for þik,
mæþan þu os helsar sva innelik."
"Þæt vilde iak storlika giærna forstanda,
huru Iþer kom þæsse nøþ til handa."
4645 "Þæt var en konung baþe rik ok kat
—ena stund for honum ful væl at—
ivir þæt land þær vi af æra.
Han vilde siældan hema væra,
til torney ok diost var han en man,
4650 mang land þa søkte han
ævintyr at finnæ.
Þa kom han ena sinnæ
i þænna kastella farande hæræ—
þæt maghom vi alla sara kæra;
4655 for hans hemsko ok hægoma saka
þolom vi hær pino ok digher omaka.
Mik ræþis þæt, hærra, þæt mon sva ga,
þu mon þin del ok hær af fa
ok varþer þu hans hemsko nu at gialda,
4660 þo at þu matte þær i ængte valda,
utan Guþ mæþ sina naþæ
frælse Iþer af sorgh ok vaþa.
Þæt var þo sum iak saghþe Iþer,
han kom um siþer þo hær niþer.
4665 Þe ivir þætta hus hava at raþa
æru tve diævulssyner baþæ.
Hva ma slikt ominne mona:
þæn annar var fødder af en kona
æn annar þera af et far,
4670 þæt sæghir iak Iþer ræt opinbar.
Þa han hafþe lighat hær ena nat
þa kom han eigh andra lund þær at
æn striþa en a mote þem baþæ
hælder giva sik fangin til þera naþe.
4675 Þæn unge konung ok hærra var
han var eigh fulla tiughu ar,
han var eigh før at mote þem striþa,
han matte sik giva i þæn sama riþa
ok i þera minne at bliva,
4680 sva framt um han vilde liva.

into happiness by His mercy!"
Then an old woman answered him:
"God hear your prayer and answer it!
I think you have come here
because you want to know who we are; 4640
we shall not hide it from you,
since you greet us so sincerely."
"I should very much like to know
how these difficulties came about."
"There was a king, both powerful and merry 4645
—for some time he got on very well—
in the land from which we come.
He seldom wanted to stay at home;
he was one for tournaments and jousts;
many countries he visited 4650
to find adventure.
Then one time he came
riding to this castle—
which all of us must sorely regret;
on account of his folly and foolishness 4655
we endure pain and great distress.
I fear, my lord, it will happen
that you too will have your part of it
and will have to suffer for his folly
—even though you have nothing to do with it— 4660
unless the gracious God
saves you from suffering and trouble.
It happened though, as I told you,
that he came here at last.
Those who rule over this castle 4665
are two sons of the devil.
Who can remember such a strange case?
One was born of a woman,
the other of a sheep;
I tell you this quite openly. 4670
When he had slept here for one night,
he could not leave
without first fighting alone against both of them
or else surrendering into their hands.
The young king and our ruler 4675
was not yet twenty years old;
he was not able to fight against them;
he had to yield to them at once
and give himself up to them,
if he wanted to stay alive. 4680

```
           Han þingaþe hær for livit sva,
           þæt han skulde hvariom þera fa
           halft annat hundraþa mør;
           þaghar nokor þera dør,
4685       sva manga skal han sænda hæræ,
           at þe skulu ække færre væra.
           Æ mæþan þæsse diæfla liva
           þa skal han þænna skat utgiva,
           þær til Guþ vil gøra sva væl
4690       þæt nokor slar þem baþa i hæl;
           þa vare vi frælsaþ af þænna vaþa
           ok mattæ siþan liva mæþ naþa.
           Vi vitom þæt þo mæþ rættan skil
           at þæn man hittis ække til
4695       þær þem ma en bestanda;
           þy naþe os Guþ for storan vanda.
           Hvar þænkiom vi salugha qvinnor up a!
           Iak vet þæt aldrigh vara ma,
           þæt var sorgh far en ænda
4700       fyr os komber døþen at hændæ
           hælder varþom vi hær þola nøþ
           af hunger ok þørst viþer vatn ok brøþ
           ok þær til ok sva nakna at ga
           at þær ær skam at se up a.
4705       Aldrigh gitum vi sva mykit þiænt
           at þæt varþer eigh af os rænt;
           hvat vi aflom mere æller minnæ,
           þæt niutom vi eigh, hinæ salogho qvinnæ,
           ok ær þy hælder aldrigh en
4710       þær til sinna gærning ær sva sen,
           at hon gør um siu dagha minna æn sva
           þæt tiughu skillinga giælda ma;
           þær af fa vi ække mer
           æn fyra pæninga giorþa af er,
4715       þær at skulum vi nu lita
           baþe til føþo ok sva at slita.
           En riddare matte þær rik af væra,
           skulde han þolik skat up bæra
           sum þæsse diæfla af os fa,
4720       þær os sva ømkelik forsma.
           Þe þvinga os ok sara þrugha
           mera at gøra æn vi mugha.
           Um þæt kan nokor tiþ varþa svo
           þæt vi arma qvinnæ hava ro,
4725       þa høtæ þe os baþæ stekæ ok siuþa
```

He negotiated for his life thus:
that he would give each of them
one hundred fifty maidens;
when one of them dies,
he has to send as many here, 4685
so that they would not be fewer.
As long as these devils live
he has to pay this tribute,
until God will see to it
that someone kills them both; 4690
then we shall be freed from this distress
and can then live in peace.
We know well though
that there is no man
who can singly overcome them; 4695
God keep us from great misery.
What don't we poor women dream up!
I know it can never be
that our distress will find an end;
we shall sooner meet with death, 4700
or else we shall have to suffer
hunger and thirst on water and bread
and then too be so naked
that it is a shame to see.
No matter how much we earn, 4705
we can't keep them from robbing us of it;
whether we produce more or less,
it is of no use to us wretched women.
Yet there is never anyone
who is so slow at her work 4710
as to produce less in seven days
than to be worth twenty shillings;
from that we do not get more
than four copper pennies;
on these we must depend 4715
for both food and clothing.
A knight would become rich
if he collected as heavy a tax
as these devils get from us
who despise us so greatly. 4720
They torment us and force us
to produce more than we can.
If it should happen
that we wretched women rest,
they threaten to roast and boil us, 4725

um vi eigh øræ hvat þe biuþa,
þy kunnom vi aldrigh hava naþa
mæþan þæsse diæfla <monu> ivir os raþa.
Hvat hiælper mik þær sighia i fra,
4730 mæþan þæt skal þo vara sva!
Þæt vet væl Guþ alle væruldine bøþ,
iak kan eigh sighia af alle þe nøþ
þær þe os gøra margha lunde
ok vi hær þola alla stunde.
4735 Þæt gar os þo æn mer til mena:
vi se hær daghlika riddara ok svena,
þe hit a ævintyr koma,
þe mista lif ok þera froma
for þæssa diæfla synir tva,
4740 sva at vi þær daghlika se up a.
Iak ræþis, þæt ganger ok ivir þik,
þæt vet væl Guþ þæt angrar mik,
at þu skalt a mot þem striþa,
fyr æn þu mat hæþan riþa."
4745 Þa svaraþe þe fru hærra Ivan:
"Guþ frælse Iþer alla," saghþe han,
"ok givi mik þær til sina naþe
at iak matte þem dræpa baþæ;
til honum ær min høghste alit.
4750 Iak varþer nu hæþen ganga ok þit
i þæt myklæ hus hær stander næræ.
Guþ gøme Iþer, fruor, æ hvar I æræ!"

Han reþ nu þæþan ok giorþe sva
i þæt mykla hus iak saghþe i fra
4755 ok fan þær ængin innæ,
hvarte man æller qvinnæ,
þær honum haver nokra høvisko giort;
þy reþ han genast þæþan bort
i þæn garþ þær næla la;
4760 hans leon ok iomfruan giorþo ok sva.
Hær koma honum nu gangande i gen
høviske mæn, baþe riddare ok sven;
þe toko hans ørs i tøma
ok loto þæt ful væl gøma,
4765 ok sva þæn gangara iomfruan a reþ
giorþo þe viþer ok samu leþ,
ok mælte hvar viþ sin kompan þa:
"Þe skulu þem aldrigh ater fa."
Þa hærra Ivan a garþin gik

if we do not do as they order;
hence we will never have peace,
while these devils are in charge.
What does it help to tell you about this,
since things will continue as they are! 4730
God the creator be my witness,
I cannot tell about all the suffering
they cause us in many ways
and which we endure the whole time.
What grieves us more though 4735
is daily to watch knights and squires
come in search of adventure
and lose their lives and happiness,
because of these two devil's sons,
which we watch daily. 4740
I fear it will happen to you too.
God knows, it grieves me
that you must fight against them,
before you may leave here."
Sir Ivan then answered the lady: 4745
"God deliver all of you," he said,
"and also give me His help
that I can slay them both;
my greatest trust is in Him.
I must now go from here 4750
to the big castle close by.
God keep you, my ladies, wherever you are!"

He now rode off and
to the big castle I told you about
and found no one there, 4755
neither man nor woman
who showed him any courtesy.
Hence he rode away
to the adjacent garden;
his lion and the maiden did the same. 4760
Here there came toward him
courteous men, both knights and squires.
They took his horse by the reins
and took good care of it,
and the palfrey the maiden rode 4765
they took care of in the same way,
and each said to his companion:
"They will never get them back."
When Sir Ivan walked into the garden,

4770 en gamal riddara han se fik
hvar han sat ok vilde a lyþa
hvat en iomfrua las til þyþa.
Undir honum var bret baldakinna
þe rikasta þær man matte finna.
4775 Þe iomfru las þær romanz,
ena bok man kallar sva a franz.
En frua þær man vænasta sa
sat ok þær ok lydde up a,
þe iomfru moþer þær las þe bok;
4780 hon var baþe høvisk ok klok.
Hvat man sæghir af Genovere
æller af andra frughur flere,
æn þo at þe varo rika,
þe matto þo eigh vara hænna lika;
4785 til tokt ok høviskæ sinnæ
var hon en for andra qvinnæ;
sum sol var hon ivir andra stiærna,
þy þiænte man hænne omata giærna.
Þæn tima hon eigh ældre var,
4790 sum man sæghir, æn fæmptan ar.
Æn þo at hvare Cupido
var þa til ok giorþe svo
—þæn man kallar ælskogha Guþ—
han vilde þæt skipa mæþ sit buþ
4795 for allum mannum mena
for utan sik siælvan ena,
at ængin skulde hana fa—
sanlika han giorþe ok sva
ok sin guddom forlata
4800 ok þiæna hænne til alla mata.
Þæn gamble riddare iak saghþe fra
sva optelika til hænna sa;
honum þotte glæþi at hænne væræ,
þy at han hafþe hænne kæræ,
4805 han atte barn i væruldine eigh flere,
þy var hans skæmptan at hænne mere,
ok han sva opta af hænne hørþe
hvat mæstarskap hon þær giørþe.
Nu skulin I høra ok hær forstanda,
4810 hvat þe toko þær til handa,
þe þær varo for honum innæ:
þe sprungo up alla at þæt sama sinnæ,
baþo honum Guþi vælkomin væræ
ok allum þem þær for æra.

he saw an old knight 4770
who sat there and listened to
a maiden who read aloud.
Underneath him a gold brocade was spread,
the most splendid fabric one could find.
The maiden was reading a romance, 4775
a type of book so called in French.
A lady, the fairest one could see,
also sat there and listened,
the mother of the maiden reading the book;
she was both courteous and wise. 4780
Whatever is told of Guinevere
or of many other ladies,
though they be outstanding,
they could not be her equal;
in courtesy and good breeding 4785
she stood alone among women
like the sun which surpasses the stars;
hence they served her most gladly.
At this time she was not older,
it is said, than fifteen years. 4790
Even if someone like Cupid
were there and behaved like him
—who is called the god of love—
he would have decreed
that no man 4795
but he himself alone
should have her;
in truth he would also
abandon his divinity
and serve her in every way. 4800
The old knight I told you about
looked often at her;
his happiness was in her being,
for he loved her dearly;
he had no other children on earth, 4805
hence his pleasure in her was greater
and he listened often to her,
to the skill she showed there.
Now you will hear and learn
what they did there, 4810
those who were inside with him:
they all jumped to their feet at once
and bade him welcome in God's name,
as did the others who were there.

4815 Iak kan þæt eigh sighia for san,
af hvat hiærta þe helsaþo han,
hvat þæt ær honum giort til spot
æller þe vilia honum got.
Han varþ sva væl untfangin þær:
4820 þe stolta iomfru til hans gær
ok þiænar honum til alla føghæ,
sva at siælvom honum væl ma at nøghiæ;
hon untvæpner siælf þæn riddara goþ
ok minnelik for honum stoþ
4825 ok giorþe honum æn mer til æræ:
hon þva hans hovuþ mæþ han var þæræ
mæþ hvitæ hænder ok finger sma;
þe stolta iomfru giorþe sva.
Siþan lot hon honum klæþer fa,
4830 þe rikasta man mæþ øghum sa,
mæþ hvit skin ok skarlakan røþ;
þe giorþo alt hvat þæn iomfru bøþ.
Þe iomfru baþe høvisk ok bald,
hænna dyghþ var sva marghin fald,
4835 þæt þotte hænne oflitit væræ
þæt hon matte honum gøræ til æræ.
Skal iak þær mer sighia i fra?
Þe mø ok frugha baþa tva
vilde eigh fra honum ganga
4840 fyr þe fylghþo honum til sianga
ok buþo honum þær goþa nat.
Hærra Ivan somnar siþan brat;
hans leon viþ hans føter la,
þy at hon var van at gøra sva.
4845 Þæt førsta daghin væxte lius
hærra Ivan klæþis i þæt hus;
þa kom þær ater þe iomfru
ok leþer hærra Ivan þæþan nu
i et litit kapella þær var nær
4850 ok præstin þær til reþo stær;
han saghþe honum þa mæsso i staþ
af þem hælgha anda, sum iomfruan baþ.

Þa ute var mæssa ok alla tiþæ
han tok orlof ok vilde riþæ.
4855 Husbondin var þa siælver til svara
ok saghþe, han matte eigh þæþan fara:
"Min kære vin, hær ær en siþ
ok haver hær varit sva langa riþ,

| cannot in truth tell you   4815
in what spirit they received him,
whether it was to mock him
or to wish him well.
He was thus well received there:
the fair maiden goes toward him   4820
and serves him in every way,
so that he had to be pleased;
she herself disarms the noble knight
and stood lovingly before him
and showed him even greater honor: 4825
she washed his hair, while he was there,
with her white hands and dainty fingers;
this is what the fair maiden did.
Then she had clothes brought for him,
the richest ever seen,   4830
of ermine and red scarlet;
they did everything the maiden commanded.
The maiden, both courteous and radiant,
her virtues were so manifold;
she thought it too slight   4835
what she could do to honor him.
Shall I tell more about it?
Both the maiden and the lady
did not want to leave him
until they had accompanied him to his bed   4840
and there bade him good night.
Sir Ivan quickly falls asleep;
his lion lies at his feet,
since it was used to doing this.
As soon as the day grew light,   4845
Sir Ivan got dressed in the castle.
Then the maiden returned
and now led Sir Ivan
to a little chapel nearby,
where the priest is ready;   4850
he immediately said the Mass
of the Holy Spirit for him, as the maiden bade him.

When Mass and the divine hours were over,
he took leave and wanted to ride off.
The host himself raised an objection   4855
and said that he must not leave:
"My dear friend, there is a custom,
which has existed here for a long time,

```
           —ække ma iak þær um valda,
4860   iak varþer han nøþugher uppe halda—
       at hvilikin man hær gæsta fa,
       han varþer hær striþa viþer diæfla tva.
       Iak varþer þe diæfla læta hær in;
       þu skal þik væria at þætta sin,
4865   hvat hælder þe giva þik rætta sak
       ælla sla þik a þin bak,
       sva framt sum þu vil liva,
       ælla skal þu þik fangin giva."
       Þo hærra Ivan var eigh glaþ,
4870   han væpnaþis þaghar þo i staþ.
       Þa mælte um þæn gamble man:
       "Sanlika," þa saghþe han,
       "um Guþ vil gøra mæþ þik sva væl
       at þu þem baþa slar i hæl,
4875   þa skal þu hær en hærra væra
       ivir alla þe frughur þe hær æra;
       ivir land ok borgh þa skal þu raþa
       ok star siþan alt til þinna naþa;
       þe aldra vænasta dotter min
4880   hon skal þa vara kærasta þin."
       Hærra Ivan svaraþe honum þa til:
       "Sanlika iak þæt sighia vil,
       Guþ givi mik kono æ hvar han ma,
       iak vil hana ække køpa sva.
4885   Þæt vet iak þo sanlik:
       þo at kesarin af Rom ær yfrit rik
       ok krono skal þær bæra,
       han matte hana fa mæþ æra."
       Husbondin mælte til hærra Ivan:
4890   "Um Guþ þik þe æro an,
       at þu ma þem ivirkoma
       mæþ þin krapt ok þinom froma,
       þu skal mina dotter ændelik fa.
       Guþ late mik þæt se ganga sva!
4895   Nu skipa þik, hærra, væl til væriæ!
       Þe koma nu braþlika farande hæræ.
       Þu skalt þem ændelik bestanda
       æ huru þæt ganger þik til handa.
       Mik þykker þu haver en angist bæra,
4900   þæt ma min dotter sara kæra.
       Þu þænker þæn kamp þær mæþ forganga
       þæt þu skal eigh mina dotter fanga.
       Ne mæn vet, þæt gar eigh sva,
```

Hærra Ivan

—I am not responsible for it;
I am forced to uphold it— 4860
that whoever receives hospitality here,
must fight against two devils.
I have to let the devils in;
now you will have to defend yourself,
whether their cause is right or not 4865
or they strike you on the back,
if you want to live,
or else you must give yourself up."
Though Sir Ivan was not pleased,
he armed himself at once. 4870
The old man said further:
"In truth," he said,
"if God will do so well by you
that you slay both of them,
you will be the sole ruler here 4875
over all the women who are here;
over lands and castles you will rule
and all will be at your disposal.
My most fair daughter,
she will be your beloved." 4880
Sir Ivan answered him:
"I certainly want to declare,
may God give me a wife as he will,
but I do not want to acquire her like this.
I know though in truth: 4885
even the emperor of Rome, powerful as he is
and wearing his crown,
could marry her with honor."
The host said to Sir Ivan:
"If God grants you the glory 4890
of being able to overcome them
with your strength and your courage,
you will yet get my daughter.
May God let me see it happen!
Now, my lord, prepare to defend yourself! 4895
They will be arriving shortly.
You must definitely overcome them,
no matter what happens to you.
I think that you are afraid,
which will grieve my daughter terribly. 4900
You think the battle can be avoided
if you do not get my daughter.
No, in truth, that does not work:

þu skal þem ændelika baþom besta,
4905 þy at þæn sid ær ofgamal hær,
þæt hviliken man hær komen ær,
vi sem han antiggiæ blivæ døþ
æller ok givæ sik mæþ myken nøþ."
Hærra Ivan svaraþe honum þær til:
4910 "Iak þem giærna bestanda vil;
þo at iak vilde hær sighia ne,
mik þykker þæt ma dugha eigh.
Mæþan þæt skal æ þæt sama væra,
þa lætin þe diæfla koma hæræ!"
4915 Tva diæfla synir þa komo þær fram—
Guþ givi þem baþe last ok skam!
Þe varo baþe illæ ok leþ.
Þæn fara son han var sva vreþ.
Hvar þera hafþe ena stang
4920 af apaldtræ, baþe digher ok lang;
en kylva sat þær ovan a,
sva hvasse pigga af hænne ga,
af stal giorþ æptir þera siþ;
þær matte ængte standa viþ;
4925 hvat han mæþ þe kylvo slær
þæt gar alt for sum ængte ær.
Þæsse diæfla synir tva
hafþo stora panzare up a,
siþa mit a þera ben;
4930 til at striþa varo þe eigh sen;
bart var þera hovuþ ok fot,
þa þe træddo hærra Ivan i mot;
en skiold a arme hafþe hvar þera
ok siþan aldrigh vapn mera
4935 —þe varo starke mæþ ilzko ful—
kringlotter næþan sum et hiul.
Þa hans leon varþ var þær viþer,
þa græniaþe þæt ok laghþis niþer
ok þrykte sik saman i en bal
4940 þær þæt la þa up a þæn val,
sum ighulbyrst han plæghar at gøra
þa han þæt ser han vil eigh høra,
ok skalf þa sum et æspæ blaþ
þy at hon var vreþ ok ække glaþ;
4945 hon barþe iorþena mæþ sin hala;
hon ræddis for sins hærra qvala
ok sa þæt væl at þe baþe
vildo hærra Ivan skaþa.

Hærra Ivan

you will definitely have to fight both of them,
for the custom is too ancient here,   4905
that whoever comes here,
we watch him either be killed
or else surrender with much suffering."
Sir Ivan answered him:
"I will gladly fight against them here;   4910
though I would like to refuse,
I would not think it proper.
Since it will have to happen all the same,
then let the devils come here!"
Two sons of the devil then came forward   4915
—God grant them both misery and shame!—
They were both evil and ugly.
The son of a sheep, he was quite angry.
Each of them had a pole
of apple wood, both stout and long.   4920
A club was fixed to its top;
very sharp spikes stuck out,
made of steel according to their custom.
Nobody could stand up to it;
whatever he strikes with the club   4925
is destroyed, as if it did not exist.
These two sons of the devil
wore huge coats of mail
down to their mid-legs;
they were not slow to fight;   4930
their heads and legs were bare
as they stepped toward Sir Ivan.
Each had a shield on his arm,
but no other weapons.
They were strong and foully cruel,   4935
bowlegged like a wheel down below.
When his lion saw them,
it roared and lay down,
curling itself up like a ball
there on the battleground,   4940
as the hedgehog usually does,
when it sees what it does not want to hear,
and it trembled like an aspen leaf,
for it was angry and not pleased.
It beat the ground with its tail;   4945
it feared for its master's pain
and saw quite well that the two
wanted to hurt Sir Ivan.

Þa mælto um þe diæfla tva:
4950 "Þu skal þit leon fra os sla
—vi viliom þæt eigh hava hær—
ælla sigh nu þæt þu fangin ær;
þæt skal þik ække dugha
at þit leon skal os þrugha.
4955 Lat hana bindæ sva fastlik
at hon ma os eigh gøra svik
ok eigh til hiælpa koma þik.
Lyster þik siþan hit til mik,
þa kom þik skiut a þænna val,
4960 iak skal þik giva et þæt fal
at þu aldrigh þæs bøter fær
mæþan þu i værulldine ær."
Þa svaraþe honum hærra Ivan:
"Þu þrughar mik fastlika, kompan!
4965 Mik þykker i Iþrom orþom sva,
I ræþins leonit baþe tva;
vil þæt Iþer nokra þiænista te,
mik lyster þær fulvæl a se."
Þæn diævul þær fødder var af et far,
4970 han varþ sva braþer til andsvar:
"Nu læt þit leon genast bort
—þu skulde þæt lango hava giort—
þy hon ma ække vara nær
a þæsse mark, mæþ vi striþom hær,
4975 þy at matte þu hiælp af hænne fa
—huru þit mal kunne siþan ga—
þa vare I tu a mot os tva,
ok þæt ma ække vara sva;
þu skalt ena striþa i mot os baþa
4980 ælla giva þik fangin a vara naþa."
"Hvart skal iak nu hana lata
sva at þæt vare Iþer til mata?"
Þe visto honum en litin kova:
"Læt hana hær in at liggia ok sova,
4985 læs siþan dyren ater i gen,
sva at hon os ække ma gøra men!"
"Þæt skal iak gøræ a mina tro,
Guþ ma mik æn hiælpæ þo!"
Han tok sit leon at þæt sama sin
4990 ok lot þæt sva i kovan in
ok læsir siþan þæt bæzta han kan,
tok sva nykilin ok kastaþe han
i anlitit a þem andra fiænda:

Then the two devils said:
"Drive away your lion from us; 4950
we do not want to have it here;
else declare yourself now a captive;
it shall not be of use to you
for your lion to threaten us.
Have it tied up so firmly 4955
that it cannot betray us
nor come to your assistance.
If you then want to approach me,
come quickly onto the plain;
I shall give you such a blow 4960
that you will never recover
as long as you live."
Sir Ivan answered him:
"You threaten me greatly, mate!
I understand your words thus, 4965
that you two fear the lion;
if it can serve you in any way,
I would really be interested in seeing it!"
The devil born of a sheep
was quick to answer: 4970
"Have your lion removed at once.
You should have done so long ago,
for it may not be present
on this spot, while we fight here,
for if you got help from it 4975
—however your case might turn out—
you would be two against us two,
and that may not be;
you must fight alone against the two of us
or surrender yourself, trusting to our mercy." 4980
"Where shall I leave it
so that it would suit you?"
They showed him a little room:
"Let it lie here and sleep;
then lock the door again 4985
so that it cannot harm us!"
"Certainly I shall do so;
May God nonetheless help me!"
He took his lion at once
and let it into the room 4990
and then locked it as best he could;
then took the key and threw it
into the face of one of the devils:

"Nu gøm han siælver, þin onde skænde!"
4995 Man lot hans ørs þa til hans leþa,
saþlat var þæt ok alt til reþæ;
han sprang a bak, þy at han var vreþ,
ok þaghar mote þem diæflom reþ.
Han stak þæn annan þaghar niþer,
5000 sva at han la ok stunde viþer.
Han sprang up ok riste sik:
"Hvat þu haver, kompan, borghat mik,
þæt varþer þu hær sara gialda,
um iak ma livit halda."
5005 Þe slogho hærra Ivan baþe i sæn,
þe ondo diæfla ok ække mæn,
sva at han nær a iorþina gik
af þe slagh þær han þær fik.
Hærra Ivan fik þa en harþan lek
5010 sum man plæghar at væria stek,
annar til ok annar fra
sva angistlika þe han sla,
at hiælmin bughnar sum et læþer,
skioldin sprang up i þæt væþer
5015 þe storo stykke af honum springa;
eigh dughþe þa for livit þinga.
Hærra Ivan var nu stadder i vanda;
hvat honum var fyrra komit til handa
af barþagha ok striþlike nøþ
5020 at han sva opta sa sin døþ,
þæt þotte honum þa ængte væra
for þe slagh sum han far þæræ.
Hærra Ivan vær sik hvat han ma
for þe diæflasynir tva
5025 ok huggir fast a baþa hænder.
Þæn fara son for honum stænder,
hærra Ivan galt honum ater þæn omaka
þær han þolde for þera saka
mæþ hug baþe þung ok stark,
5030 at han fælde up a þe mark
þe stora kylvo han hafþe i hænde
ok ængte vætta til armin kænde.
Matte hans leon honum hiælper gøra?
Þæt læter bokin Iþer hær høra.
5035 Iak sæghir þæt sanlik Iþer,
þæt þorfte hærra Ivan nu væl viþer.
Vilin I høra, iak sæghir i fra
hvat leonit giorþe þær þæt la.

"Now keep it yourself, you evil scoundrel!"
They had his horse brought to him; 4995
it was saddled and quite ready.
He mounted, for he was angry,
and rode at once towards the devils.
He immediately struck down one of them
so that he lay there groaning. 5000
He jumped up and shook himself:
"What you have paid me, mate,
you will get back in kind,
if I stay alive."
Both struck Sir Ivan at the same time, 5005
those evil devils but not men,
so that he nearly fell down
from the blows he got there.
Then Sir Ivan had a rough game,
as though playing "defend your turf": 5010
one in front and one in back,
they struck at him with might and main,
so that his helmet buckles like leather;
his shield shattered in mid-air
with big pieces coming loose; 5015
it was a matter of life and death.
Sir Ivan was now in danger.
What he had once encountered
in battles and combat at arms,
when he had often feared for his life, 5020
he deemed to be nothing now,
compared to the blows he got there.
Sir Ivan defends himself as best he can
against the two sons of the devil
and struck hard on right and left. 5025
The son of a sheep standing before him,
Sir Ivan repaid him the discomfort
he suffered at their hands
with blows, both heavy and strong,
so that he dropped to the ground 5030
the big club he had in his hands
and lost the feeling in his arm.
Could his lion grant him aid?
The book will let you hear this now.
I tell you, upon my word, 5035
Sir Ivan needed it badly now.
If you want to hear, I shall tell you
what the lion was doing where it lay.

Þæt þænker a sva margha lundæ,
5040 huru hærra Ivan halp þy i þe stundæ
þa ormin vilde dræpa hana
ok letar siþan alla vana,
um þær vare nokor smugha up a,
þær hon matte genom ga.
5045 Hon hørþe hærra Ivan stor slagh þær fanga
af þe diæfla mot honum ganga
ok þænker þæt i þæn sama riþ
þæt han þorf hænna hiælper viþ;
hon vilde honum giærnæ ater gialda,
5050 um hon matte þær i valda,
þæt han hafþe hænne hulpet væl
þa ormen vilde hænne sla i hæl.
Nu þa leonit þætta fan,
þæt matte eigh koma ut til han,
5055 sva mykin harm hon þær af fik
at hon nær af vitit gik.
Þæt falder niþer for þæn dora;
þa varþ þæt var en litin bora
undir syllit þær þæt la
5060 ok græver siþan hvat þæt ma,
þær til gravin var sva stor
at þæt genom þær ut for.
Hærra Ivan varþ nu moþer um siþer
af þe starka diæfla han barþis viþer;
5065 han skirmer væl a baþæ hænder;
hvars þera skiolder var fulvæl kænder,
þy at han var starker sum nokot stal;
þæt var et mykit underlikt mal,
þe stora hug hærra Ivan slar
5070 þæt bet a þem ræt eigh et har.
For þolik ivirvættis nøþ
hærra Ivan ræddis for sin døþ,
þy at hvarghen þera hafþe fangit sar,
utan annars þera arm han lamber var.
5075 Hærra Ivan hafþe manga unda
ok blødde fast i allæ stundæ;
þæt stoþ honum sva nøþelik,
han hafþe næstan givit sik.
Þa kom hans leon i þæn sama riþ
5080 ok løste en del af hans qviþ;
þa lop hans leon rasklik fram
ok grep þæn þær eigh var lam,
þæt kastaþe þæn diævul niþer til iorþæ,

It thinks of the many ways
Sir Ivan helped it at the moment   5040
when the serpent wanted to kill it,
and it looked every which way
to find a crack
through which it might sneak.
It heard Sir Ivan receive heavy blows   5045
from the devils attacking him
and thinks that now is the time
that he needs its help;
it will now gladly repay him,
if it had a chance,   5050
for having helped it well,
when the serpent wanted to kill it.
Now when the lion discovered
that it could not get out to him,
it was seized with such great rage   5055
that it nearly went mad.
It falls down at the door;
then it discovered a little hole
under the threshold where it was lying
and then digs as much as it can,   5060
until the hole was so big
that it could get out through it.
Sir Ivan now gradually became worn out
by the the strong devils he was fighting with.
He fends off well on right and left.   5065
Each of their shields was famous
for being as strong as steel;
it was a very strange thing,
the strong blows Sir Ivan strikes
had not the slightest effect on them.   5070
In face of such tremendous danger
Sir Ivan feared for his life,
for neither of them had been wounded,
except for one whose arm was lamed.
Sir Ivan had many wounds   5075
and bled heavily the whole time;
he suffered so greatly
that he nearly gave himself up.
At that moment his lion came
and solved part of his trouble;   5080
his lion rushed quickly forward
and seized the one who wasn't lamed;
it threw the devil to the ground

```
          sva at han sik eigh røra þorþæ;
5085   ma han eigh braþelik hiælper fanga,
          þa kan han aldrigh bort ganga.
          Hvart þæt barn þær komit var þæræ,
          baþe større ok sva smærræ,
          þa þakkaþe þe þæt leon allæ,
5090   þa þe sagho þæn diævul falla.
          Þæn annar diævul tok høgt at øpa
          ok vilde þa til sins kompans løpa,
          þit han sva ømkelika fallin la,
          ok vilde þæt leon fra honum sla.
5095   "Hvat skal mik længer lifsins frist,
          mæþan iak haver min kompan mist!"
          Þæt førstæ hærra Ivan þætta sa,
          at diævulin vændis honum i fra,
          han rasklik æptir honum rænde
5100   mæþ þæt sværþ han hafþe i hænde,
          han hiog a hans hals sum han var stark,
          þæt hovuþit for ut a þæn mark
          ok bukin styrte for honum niþer;
          hærra Ivan sik þær gladde viþer.
5105   Þa mælto þe þær stoþo nær:
          "Þæt vet væl Guþ i himirike ær
          sva mang land iak haver um let,
          skiællikare hug iak haver eigh set,
          æn þænne diævul han fik nu;
5110   þæs løne Iþer Guþ ok sva var fru!"
          Hærra Ivan løper braþlika þa
          þit leonit a hinom andra la
          ok vilde þy hiælpa um þæt matte ske.
          Þaghar leonit fik þæt se
5115   þæt slar bort axlena af hans lif
          sum hon vare skurin af mæþ en knif.
          Þo at han visar til Momppaler
          ok biuþer þær silf ok gul ofmær,
          han kan þær eigh þæn mæstara fa
5120   þær honum þæt sar nu lækia ma.
          Þæn diævuls son baþ sva naþelik:
          "Sla þætta gryma diur fra mik,
          þær mik haver hær sva sara skænt,
          þo at iak haver eigh þæt af þik þiænt;
5125   iak kænnis, hærra, þær giærna viþer
          at iak haver mykit brutit mot Iþer
          ok sva mot andra flere,
          þy ær min sorgh nu þæs mere.
```

so that he did not dare to move;
if he does not get help quickly, 5085
he will never be able to escape.
Everyone who had arrived there,
both big and small,
they all thanked the lion,
when they saw the devil falling. 5090
The other devil began to call out loudly
and wanted to run to his companion
where he pitifully lay
and wanted to beat away the lion from him.
"What use is it to live any longer, 5095
since I have lost my companion!"
As soon as Sir Ivan saw
that the devil turned away from him,
he quickly galloped after him;
with the sword he had in his hand 5100
he struck his neck as hard as he could;
his head flew to the ground
and his body tumbled down.
Sir Ivan rejoiced at this.
Then those standing there said: 5105
"God in Heaven be my witness,
as many countries as I have visited,
I have never seen a greater blow
than this devil got now;
May God and Our Lady reward you!" 5110
Sir Ivan proceeds quickly
to where the lion was lying on top of the other one
and wanted to help him, if at all possible.
As soon as the lion saw this,
it struck the shoulder from his body, 5115
as though it had been cut with a knife.
Even if he were to send a message to Montpellier
and offer precious silver and gold,
he would not find there the master
who could cure that wound for him. 5120
The son of the devil begged very humbly:
"Drive this cruel animal away from me,
which has injured me so badly,
though I have not deserved this from you.
My lord, I admit willingly 5125
that I have offended you greatly
and also many others;
therefore my anguish is now all the greater.

Iak beþis nu af Iþer naþæ,
5130 latin mik eigh mera skaþa!
Man skrivar þær af ok sæghir sva,
þæn ær eigh værþer naþer fa
þær eigh vil naþer giva;
nu latin mik, hærra, liva,
5135 mæþan iak mik siælf eigh væria ma,
iak mon þok aldrigh hæþen ga."
Hærra Ivan svaraþe honum þær til:
"Um mik lyster ok um iak vil,
þa sigh nu þæt hær opinbara
5140 for þænna mykla frugho skara
ok allom þem hær se up a,
þæt þu nu ække mera ma;
þa taker iak siþan leonit til mik,
þæt skal eigh mera skaþa þik.
5145 Mat þu siþan liva ok ær sva sæl,
þa an iak þik þæt af hiærtat væl;
skalt þu dø ok ær þæt sva,
þa varþe þæt þær um, huru þæt ma."
Þa kom folkit løpande þær,
5150 hvart þæt barn a husit ær;
husbondin siælver þær husit atte
þakkar honum hvat han matte
ok kyste han sva innelik:
"Þæt vil iak lova Guþi ok þik,
5155 at þu skal hær mina dotter fa
ok alt þæt goþs þær iak forma
ok vara hær hærra ivir borgh ok land,
þæt vil iak Iþer fanga i hand."
Hærra Ivan þa af hiærtæt lo
5160 ok mælte til honum ok saghþe svo:
"Matte iak hænne til husfru havæ,
þæt toke iak for rikæ gavæ;
þy ma iak mik saræ kæræ
at þæt ma ække nu sva væræ;
5165 for þæn skuld talar iak ække sva,
at iak vil hænne þær mæþ forsma,
iak vet ængin hærra sva rik,
hon matte eigh vara honum lik.
Æn þætta vil iak biþia Iþer,
5170 um I þæt siælve kænnins viþer,
um þæssa salugha qvinnæ
þær hær varo fangna innæ,
I givin þem liþugha ok latin þem fara

I ask for your mercy;
do not have me harmed any more! 5130
It is written and people say,
he is not worthy of mercy
who does not grant mercy;
now, my lord, let me live,
since I cannot defend myself; 5135
I shall, however, never leave this place."
Sir Ivan answered him:
"If I so desire and if I will,
then declare it publicly here
before this great gathering of women 5140
and all those watching here
that you do not have any more strength.
Then I shall fetch my lion;
it will never injure you again.
May you live happily afterwards; 5145
I wish you this with my whole heart;
should you die, and this occurs,
whatever will be, will be."
Then the people came rushing,
everyone from the castle; 5150
the lord himself, who owned the castle,
thanks him as much as he can
and kissed him very sincerely:
"I want to promise God and you
that you will get my daughter 5155
and all the wealth I can give
and be the ruler of castle and land;
this I will give to you."
Sir Ivan laughed heartily
and spoke to him and said: 5160
"Were I to get her as my wife
I should think this a splendid gift;
therefore I regret greatly
that this cannot be.
I do not say this, 5165
because I want to scorn her;
I know no lord so noble
whose equal she would not be.
But I want to ask you this,
if you would grant 5170
these poor women
who are imprisoned here,
set them free and let them go

til þæt land þe fyr i varo,
5175 þy I þæt vitin sanlik,
iak haver þem frælsat for utan svik."
Husbondin mælte mæþ rættan skæl:
"Iak later þem giærna fara væl,
þy at I havin dræpit þe diæfla tva,
5180 sum þera møþa stoþ up a;
þæt sæghir iak a mina san,
þu haver þem frælsæt sum en man.
Æn raþer iak þik at þu þæt gør,
þær iak haver þik um biþit fyr:
5185 þu tak mina dotter ok gør þik sva,
þær skal þu høghelika æro af fa.
Þykker þik eigh hænne vara yfrit rik,
iak skal þæt hughsa mæþ siælvum mik,
læggiæ þær sva mykit til
5190 sum mæst þu siælver hava vil.
Um þu hænne nu mister hær,
iak vet eigh hvar þu bæter fær,
þær tokt ok sinne kan gøma
ok sina æro eigh forgløma."
5195 Hærra Ivan svaraþe honum þær:
"I vitin eigh huru mik þæt stær,
ok þor iak eigh þær sighia fra;
I latin mik fara sum iak ma,
þy at iak ma eigh i þætta sinnæ
5200 hænne fa æller ok andra qvinnæ.
Þe iomfru þær mik fylghþe hit,
til mik stær al hænna høghsta alit,
hon vil eigh længer æptir mik biþa;
nu latin mik, hærra, hæþan riþa,
5205 hvat þæt varþer mik til gaghn ælla skaþa,
iak vil hænne fylghia um iak ma raþa."
"Ne, þæt skal þik eigh sva ganga,
iak skal þik hælder fa hænne for fanga,
mæþan þit hoghmoþ raþer sva
5210 at þu forsmar mina dotter at fa,
þe iak þik biuþer mæþ mykin æra;
þæt skal þik angra at þu kompt hæræ."
"Þæt vet væl Guþ þær alt forma,
at iak vilde hænne giærna fa,
5215 um þæt matte vara at þætta sinnæ;
þo at I mik takin hær for fanga inne,
þo ma þæt, hærra, eigh þy hælder ske,
þæt vil iak hær for Iþer te.

to the country they used to live in,
for you certainly know 5175
I have freed them without treachery."
The lord said in all justice:
"I allow them to go in peace,
since you have slain the two devils
on whom their misery depended; 5180
I say on my honor,
you rescued them like a man.
But I advise you to do
what I asked you earlier:
take my daughter, do so, 5185
and you will have great honor.
If you do not think her rich enough,
I shall turn this over in my mind,
and add as much
as you possibly wish. 5190
If you lose her now,
I do not know where you would find someone better
who keeps her virtue and common sense
and never forgets her honor."
Sir Ivan answered him: 5195
"You do not know how matters stand with me,
and I do not dare tell you about it;
let me act as I must,
for at this moment I cannot
have her or any other woman. 5200
The maiden who accompanied me,
her greatest trust is in me;
she does not want to wait for me any longer;
now, my lord, allow me to leave;
be it for my gain or shame, 5205
I shall accompany her, if it is up to me."
"No, that will not happen to you;
I shall sooner capture you for her,
since your pride leads you
to reject my daughter 5210
whom I offer you with great honor;
you will regret having come here."
"Almighty God, be my witness
that I should gladly have her,
if it were possible at this time; 5215
even should you imprison me here,
it can nevertheless not happen,
that I must tell you.

Nu lat mik fara, þæt biþer iak þik,
5220 for þæssa iomfru hær fylgher mik;
iak vil Iþer lova a mina tro
at iak vil ændelik gøra svo,
um mik vil Guþ giva þe trøst
at iak far hænna anger løst,
5225 þa skal iak ater koma hær;
um þæt þa Iþer vili ær
þæt I vilin mik hænne giva,
þa vil iak hær nær Iþer bliva."
"Guþ givi þem al omaka
5230 þær lovan vil af þik taka!
þu skal mik nu eigh svika;
far þik bort æ hvart þik lika!
Min dotter ær mik eigh sva okær
—þæt skalt þu væl forstanda hær—
5235 at iak vilde nøþa þik hænna at fa;
ne sanlik, iak gør eigh sva!
Nu far þik hæþan ok var eigh sen!
Þok at þu komber hær aldrigh i gen,
þæt aktar iak eigh viþ et har,
5240 þæt skal þu vita ræt opinbar."

Þe fatøk frughur sum honum var iat
hærra Ivan far nu hæþan brat;
alla ut mot honum ga
in processione æ tva ok tva
5245 ok þykkis vara nu alla rika;
hvar finder man nu andra slika,
sva manga frughor saman faræ;
þæt ma væl vara en høvelik skaræ.
Þy mæst gingo honum i mot
5250 riddara ok svena, bøghþis til fot
at biþia han þær giærna til,
at for Guþs skuld han gøra vil
forgiva þem þæt mæþ rættan san
at þe sva illa untfingo han.
5255 Þe for utan husit bo,
sanlika þe giorþo ok svo,
fylghþo honum a hans leþ
þær hærra Ivan for reþ.
Hærra Ivan svarar, þæt sæghir iak þik:
5260 "Hvat I havin talat til mik,
þæt vil iak giærna Iþer forgiva;
nu late Guþ Iþer hela liva;

Now allow me to leave, I beg you,
for the sake of the maiden accompanying me. 5220
I promise you on my honor
that I shall certainly do so,
if God grants me that help
that I may settle her troubles,
then I shall return again. 5225
If then it is still your will
that you give her to me,
I shall stay with you."
"God make life difficult
for anyone keeping you from your promise! 5230
Now you must not deceive me;
go wherever you wish!
I do not love my daughter so little
—you must understand this—
that I would want to force her on you; 5235
no, indeed, I shall not do so!
Now take yourself off and do not be slow!
Even if you never return,
I shall not care the slightest,
you may be sure of that." 5240

The poor women promised to him
—Sir Ivan must leave at once—
all went out to meet him,
walking in procession, two and two,
and they all seemed to be noble now. 5245
Where can one find their like,
so many women walking together?
This must be an imposing group.
Next to meet him
came knights and squires, bowing down before him, 5250
to implore him willingly
that for God's sake he would
forgive them sincerely
for having received him poorly.
Those living outside the castle, 5255
they certainly did so too,
accompanied him on his way
where he rode in front.
Sir Ivan answers, I tell you so:
"What you said to me, 5260
I will gladly forgive you;
may God let you prosper,

þy at I havin mik eigh talat i gen
þæt mik þykkir vara til nokot men."
5265 Þe þakkaþo honum mæþ bliþ andsvara
ok baþo Guþ hans æro væl bevara.
Þa gingo fram þe fatøka qvinnæ
ok toko orlof at þæt sama sinnæ,
baþo Guþ sva innelik
5270 giva honom løn i himirik,
þæt han hafþe frælst þem af vanda,
ok foro siþan hem til landa.
Hærra Ivan far nu þæþan brat
baþe um dagh ok sva um nat
5275 til atta dagha liþne æræ;
þæn nionda at qvælde kom han þæræ
til þæt hus iak sæghir fra,
þær þe iomfru siuk i la
ok daghlik æptir honum mon langa,
5280 þæt hon matte hans talan fanga.
Þa þe iomfru þæt spyria fær
at þæn riddare komin ær,
hænna sot sva brat forgik
af þe glæþi hon þær af fik
5285 i sit hiærtæ sva manga lunda,
þotte hænne i þæn sama stunda
sum hon vare standen up af døþæ
ok løst fran allæ sinæ nøþæ;
nu vænter hon sik hiælper fa,
5290 sva at hænna syster eigh forma
hænna arf fra hænne at taka
mæþer sina vranga saka.
Sva bleka varo hænna kinna,
þæt matte væl a hænne finna,
5295 at hænna sot hafþe hænne varit harþ;
þo lot hon vara sina þiænist osparþ
ok ganger mot hærra Ivan,
helsar han sum hon bæzt kan.
Mik þykker vara oflangt at sighia þik
5300 huru liuflik hon honum untfik
mæþ bliþa orþ ok stolta lata,
þær hænne stoþo fulvæl til mata.
Þe lagho þær þe sama nat;
um morghonin riþu þe þæþan brat,
5305 hærra Ivan ok þe iomfru,
þit þe konung Artus funno nu,
a Karidols hus þær han þa ær.

for you have not said anything to me
that I consider to be of any harm."
They thanked him with kind answers 5265
and asked God to preserve his honor.
Then the poor women came forward
and took leave at once,
imploring God most sincerely
to reward him in heaven, 5270
since he had rescued them from misery;
and then they went home to their country.
Sir Ivan rides off hastily
by day and by night
until eight days have passed; 5275
on the ninth, in the evening, he arrived
at the castle I told you about,
where the maiden lay ill in bed
and longed for him every day,
since she had to speak to him. 5280
When the maiden learned
that the knight had arrived,
her illness vanished so quickly
for the joy she then felt
in every way in her heart; 5290
she felt as though at that very moment
she had risen from the dead
and been rescued from all her misery;
now she expects to receive help
so that her sister will not be able 5290
to take away her inheritance from her
with her unjust charge.
Her cheeks were so pale
that one could see
that her illness had been severe; 5295
still she was not unsparing in courtesy
and went to meet Sir Ivan;
she receives him as best she can.
I think it too long to tell you
how kindly she greeted him 5300
with gentle words and becoming conduct,
which befitted her well.
They slept there that night;
in the morning they rode off quickly,
Sir Ivan and the maiden, 5305
where they found King Arthur
at castle Carduel, where he resides.

Han haver fiuretighi dagha vænt þær,
vaktat, um nokor koma skal
5310 þær væria þor þera iomfru mal.
Þe ældre syster til hova alt var
ok beddis af konungin daghlik svar:
"I maghin væl þænne sak up giva,
hon kan eigh fa, mæþan hon ma liva,
5315 nokor þæn riddara mik at fa,
þær minom kæmpa þor besta."
Hænna syster ær eigh sva langt i fra
sum hon þa þænkte, hon mælte sva;
þæt sama qvæld þa kom hon þær
5320 ok Leons riddare mæþ hænne ær.
Nu ær eigh mera ater æn svo
af þera formal, þæt maghin I tro,
um þæn dagh han nu forgar,
komber þær ængin þa til svar,
5325 þa haver hon mist mæþ rættan skil
sin faþers arf, hvat þær ær til;
hænne varþ mera for, þæt sæghir iak hær,
fyr æn hon þæt sva saktelika fær.
Han tok nu hærbærghe, þæn riddare goþ,
5330 i et litit hus þær næla stoþ,
for utan portin, þe giorþo sva,
iomfruan ok hærra Ivan baþa tva,
hærbærghaþo þær þe sama nat
til ater komber dagher brat,
5335 sva at ængin man han kænde
hvarte viner ælla frænde;
þy æn han hafþe riþit til þæt hus
þæn aptan mæþan dagher var lius,
þa vare han genast kænder þæræ,
5340 hvat riddara han monde væra.
Þaghar þænne nat forgik,
þa stoþ han up ok væpnaþe sik,
ok riþa þæþan lønlik tu,
hærra Ivan ok þe iomfru,
5345 sva nær þæt hus þær for þem stær
ok hvilas þær til sol up gær.

Hærra Gavian var fyr farin bort,
sva at ængin hafþe til hans sport,
ok vet þæt ængin for utan han en,
5350 hvarte riddare æller ok sven,
nar han komber ater i gen,

Hærra Ivan

He has waited there for forty days,
watched to see if anyone came
to defend the maiden's case there. 5310
The older sister was at court the whole time
and daily asked the king for an answer:
"You may surely give up this case;
as long as she lives she will not find
any knight to present to me, 5315
who dares to fight my champion."
Her sister is not as far away
as she thought, when she said this;
that same night she arrived,
accompanied by the Knight with the Lion. 5320
Now there is no time left
of their respite, believe me;
if on the following day
nobody had arrived to defend her,
she would have clearly lost 5325
her paternal inheritance, every bit of it;
there is more in store for her, believe me,
before she will at last get it.
Now he took lodging, the noble knight,
in a little house nearby 5330
outside the gate. They did this,
the maiden and Sir Ivan, the two of them;
they lodged there that very night,
until the day quickly dawned,
so that nobody recognized him, 5335
neither friends nor kinsmen;
for if he had ridden to the castle
that evening, while it was still light,
he would have been recognized there
for the knight that he was. 5340
When the night had passed,
then he stood up and armed himself,
and the two rode off secretly,
Sir Ivan and the maiden,
to the vicinity of the castle before them 5345
and rest there until the sun rises.

Sir Gawain had left
so that nobody had any news about him,
and nobody knows but he alone,
neither knight nor squire, 5350
when he will return again,

for utan þe iomfrugha en
þær han skal kampin for bestanda
þær han hafþe takit tilhanda.
5355 Han kom sva lønlika ater til hova
þæt ængin þera kunne þæt prova
af alle þe þær for æra,
hvat riddare han monde væra,
þy at han hafþe eigh þe vapn pa
5360 þær han var fyrre van innan ga.
Þa mælte um þe iomfru væna
sum sina syster vilde ræna
ok hænne vilde taka i fra
þæt goþs þær hon mæþ rættin a:
5365 "Iak biþer Iþer giærnæ, konung Artus, æn
—I gørin þæt baþe for Guþ ok mæn—
þæt liþer nu fast at daghsins tiþa,
latin mik eigh nu længer biþa!
Þæn siþarsta dagh nu komin ær,
5370 min syster skulde nu vara hær
mæþ þæn riddara hon rosaþe fra
þær minum kæmpa skulde besta;
mik þykker þæt vara ena kranka alit
þæt min syster komber hit;
5375 þy maghin I, hærra, nu þæt finnæ,
at iak haver ræt at þætta sinnæ.
Dømin mik þæt goþs ok latin mik fara,
þy þæt skal æ þæt sama vara;
iak sæghir þæt Iþer, þæt ganger alt svo,
5380 þæt lovar iak Iþer a mina tro.
I vitin þæt, hærra, væl sanlik,
at iak haver nu for utan svik
fra þæn fyrsta dagh til þæssa tiþa
siþan I, hærra, baþin mik biþa,
5385 vaktaþ hær minna syster fund
ok tapat hær alla mina stund.
Þy þorvin I eigh undra up a,
at iak mon, hærra, gøra sva,
fara nu hem ok hava maka
5390 ok akta eigh hænna vranga saka
æptir þolika møþo, sum I havin hørt,
þær min syster haver mik giørt.
Æn þo at hon ær i orþum diarf,
hon fanger eigh af vart fæþerne arf
5395 sva mykit eigh sum en fot ær breþ,
hvat hon ær hælder glaþ ælla vreþ,

except the maiden alone
for whom he is to engage in the combat
that he had taken on.
He returned to court so secretly 5355
that nobody could detect
of all those who are there
what knight he might be,
because he did not wear the armor
he usually wore. 5360
Then the fair maiden said,
she who wanted to rob her sister
and to deprive her
of the possessions she owned by right:
"I beg you sincerely, King Arthur, once again, 5365
—do it for the sake of God and men—
the hours of the day pass quickly;
do not let me wait any longer!
The final day has now come;
my sister should now be here 5370
together with the knight she boasted of,
the one who would fight my champion.
I think it is a poor prospect
that my sister will come;
that is why, my lord, you can declare 5375
at this time that I am right.
Award the property to me and let me depart,
for that is bound to be.
I tell you, it will happen;
I promise you upon my honor. 5380
You know very well, my lord,
that I have without any treachery
from the first day until now,
since you, my lord, asked me to wait,
been awaiting my sister's arrival 5385
and have wasted much time here.
Hence you do not need to wonder
that I want, my lord, to do this,
to go home now and live at peace
and not worry about her unjust case, 5390
after all the trouble, as you have heard,
that my sister has caused me.
Even though she talks bravely,
she will get nothing of our patrimony,
not so much as a foot of ground, 5395
no matter whether she is happy or angry,

þy at mik til bør mæþ ræt
at iak far þæt arf alt slæt."
Nu þa konungin þæt forstoþ
5400 þæt hon var sva hoghmoþ,
hon vilde alt mæþ vrango fara,
þa svaraþe han hænne opinbara:
"Þu skal æn biþa, iomfru, ena stund,
þy at iak þæt ma lata ænga lund
5405 af konungslik vald þær Guþ gaf mik
at gøra ræt, þæt sæghir iak þik.
Þæt se væl allæ goþe mæn
at þæt ær ække middagh æn;
þæt ma æn mangt for qvældin ske
5410 þær vi maghom litit nu til se."
Þa konungin hafþe talat sva,
hærra Ivan ok iomfruan baþæ tva
komo þa maklika farande þær
sva at ængin viste hva han ær,
5415 þy hans leon æptir la
i þæt hus iak saghþe i fra,
þær han hafþe lighat þe nat
ok reþ um morghonin þæþan brat.

Þæt første konungin varþ þæs var,
5420 at þe yngre syster komin var,
han kænde hænne þa i staþ
ok var þæs i sit hiærta glaþ,
þy at hon vilde nøþugh þrætta
um hon matte liva mæþ rætte.
5425 Han talar til hænna bliþelik:
"I ærin vælkompna Guþi ok mik!"
Þe riddara lypto hænnæ af sin hæst,
untfingo hana sum þe kunno bæzt.
Første hænna syster þætta sa,
5430 konung Artus monde hænnæ sva væl untfa
ok hon hafþe ført þæn riddara þit
þær hon matte hava til digher alit,
þa varþ hon svart ræt sum en iorþ,
hon stoþ sva qvar, hon mælte eigh orþ.
5435 Þe iomfru þa for konungin gik,
sva høvislika hon til orþa fik:
"Vi ærum hær komin a Iþra naþæ,
þænnæ riddare ok iak, vi baþæ.
Guþ þakke honum for sinæ æræ
5440 þæt han vilde koma hæræ

because it is my right
to have the entire inheritance."
Now that the king understood
that she was so proud 5400
and wanted to proceed wrongfully,
he answered her clearly:
"You must still wait some time, my maiden,
for I cannot in any way neglect
the royal authority which God gave me 5405
to maintain justice, I tell you.
All honest men see
that it is not yet noon;
much can happen before nightfall
which we can but little foresee." 5410
After the king had spoken thus,
Sir Ivan and the maiden, the two,
came slowly riding along
in such a way that nobody knew who he was,
since his lion remained 5415
in the house I told you about
where he had spent the night,
and had quickly left in the morning.

As soon as the king discovered
that the younger sister had arrived, 5420
he recognized her at once
and was happy in his heart,
for she would be at odds with herself
if she were to pursue righteousness.
He speaks kindly to her: 5425
"Welcome before God and me!"
The knights lifted her off her horse
and received her as best they could.
As soon as her sister saw this,
that King Arthur received her so well 5430
and that she had brought along a knight
in whom she had great confidence,
she turned as black as the soil;
she stood there; she spoke not a word.
The maiden then stepped before the king; 5435
she began to speak very courteously:
"We have come and seek your mercy,
this knight and I, the two of us.
God reward him for his kindness
that he wanted to come here 5440

        at hiælpa mik hvat han forma
        til þæt goþs iak rætlika a!
        Han giorþe væl sum iak han baþ,
        þo hafþe han sik iæt en annan staþ
5445   þit han hafþe yfrit at gøra;
        þæt fa I hær æptir at høra.
        Sva ær han høvisk i sin sinnæ,
        han fylghþe mik hit, en fatøk qvinnæ,
        ok vet eigh gørla hva iak ær,
5450   þo vil han for mik striþa hær.
        Min hærra, iak beþis æn þær til,
        um min syster þæt gøra vil
        for hænne dyghþ mæþ Iþræ raþæ,
        late mik hava mit goþs mæþ naþæ;
5455   iak beþis ængte þæt hon a,
        sva framt hon vil mik eigh forsma."
        Þe ældre svarar hænne þær til:
        "Sanlik, hærra, iak sighia vil,
        ængte vil iak hava þit,
5460   þy at þu haver hvarte dighert ælla lit;
        for þy ma þu væl ganga at sova
        ok lata þit qvant þu driver til hova;
        aldrigh kan þu predika sva,
        þæt þu skal þæs mera fa."
5465   Þe yngre svarar þa þæræ:
        "Þæt ma man sara kæræ,
        at þolike riddare for vara saka
        skulu nu striþa ok hava omaka,
        ok ær þæt þo et litit mal
5470   þær min riddare um striþa skal.
        Mik þykker þæt vara ømkelik tinga,
        at þu vilt mik þær til þvingæ,
        þæt iak skal mit goþs at mista
        for Iþra kloko lista.
5475   Iak vil min ræt þo eigh up giva,
        um min riddare ma nu liva;
        I mughen þæt mærkiæ mæþ siælvum Iþer,
        at iak þorf min lot væl viþer;
        þy vilde iak giærna þakka þik,
5480   um I vilin gøra sva naþelik,
        læta mik hava þæt iak a
        ok mæþ oræt þæt eigh af mik þra."
        Þe ældre svarar hænne mæþ vreþe:
        "Þæt gar þik fyr til mykla leþe;
5485   Guþ læte mik fyrre brænna

to help me, however he can,
to get the land I own by right!
He kindly did as I asked him,
though he had agreed to go elsewhere,
where he had much to do 5445
—you will hear about this later.
He is so courteous in disposition,
he accompanied me, poor woman, here,
yet does not really know who I am;
still he wants to fight for me here. 5450
My lord, I ask once again,
if my sister agrees,
out of kindness and with your counsel
to let me have my property in peace;
I ask for nothing that she owns, 5455
as long as she does not scorn me."
The older sister answers her:
"Indeed, my lord, I say to her:
'I want nothing of yours,
since you own neither much nor little; 5460
that is why you can go to bed
and stop the nonsense you bring to court;
your preaching will never
succeed in getting you more.'"
The younger sister answers then: 5465
"One must sorely regret
that such outstanding knights for our sake
now should fight and be bothered,
and yet it is a small matter
my knight has to fight about. 5470
I think it is a pity
that you will force me
to lose my property
because of your cunning devices.
Still I do not want to give up, 5475
if my knight will survive;
you can see it yourself
that I need my share badly.
Therefore, I would gladly thank you,
if you would be so kind 5480
as to let me have what I own
and not desire to get it unjustly from me."
The older sister answers angrily:
"Sooner may it cause you great harm.
May God sooner have me burned 5485

æn nokor skuldi þæt kænna,
at þu skulde en pæning fa,
fyr æn þæsse riddara tva
skilia vara þrætto,
5490 hvat iak ægher mæþ rætto,
ok late mik aldrigh siþan liva,
æn iak vilde þæssa striþ up giva!"
Þa mælte þe yngre iomfru:
"A hærra Guþ, þæs biþer iak nu,
5495 mit hop star nu til þinna naþa,
frælsa min riddara nu af skaþa,
þær for rættin striþa skal
ok væria vil mit fatøka mal;
þo haver iak þæt eigh af honum þiænt,
5500 þy iak ær litit mæþ honum kænd."

Þa þe hafþo talat sva,
þe leddo fram þe riddara tva;
folkit þrængis þær nu til,
hvar man giærna þæt se vil
5505 hvilikin þera þær bæter forma
ok annan ma þær niþer sla.
Mik þykker þæt vara underlik þing
þæt væruldin ganger sva um kring,
þe fyrra goþe kompana varo
5510 varþa nu at bærias sara;
fyr vilde hvar hin annan væl,
nu vil hvar annan sla i hæl.
At stort hat mæþ goþ vilia,
sva at ængin ma þem at skilia,
5515 mugha baþe i enæ bryste bo,
þæt þykker mik under a mina tro.
Hvar þera halder hin annan fra
ok vil honum skaþa hvat han ma.
Þe hugga þera ørs a baþa siþa;
5520 hvar þera þor væl hin annan biþa;
omaklika þe til saman rænde
mæþ þe skapt þe hafþe i hænde,
hvar þera stak hin annan sva fast
at þera glævia i stykke brast.
5525 Hafþe hvar þera annan kænt
þe hafþe eigh sva saman rænt,
þa hafþe ok varit þera fund
mæþ mykle glæþi i þæn sama stund.
Þe rykto þera sværþ ok fara til saman

rather than that anyone award
you a single penny,
until these two knights
have settled our dispute,
about what I own by right; 5490
and may He not let me live,
should I renounce this battle!"
Then the younger maiden said:
"Oh, Lord God, I beg you now,
my hope is in Your mercy: 5495
save my knight from injury
who is to fight for justice
and defend my wretched case;
yet I have not deserved this from him,
since I am little acquainted with him!" 5500

After they had spoken thus,
they led forward the two knights;
the people crowded there.
Everyone likes to see
which one is the stronger 5505
and can knock down the other.
I think it was a strange thing
that the world turns like this:
those who used to be great friends
now have to fight bitterly; 5510
formerly each wished the other well;
now each wants to kill the other.
That there is strong hatred with good will
so that no one can distinguish them
—both can dwell in one breast— 5515
seems to me strange indeed.
Each holds his own against the other
and wants to hurt him as much as he can.
They dig their spurs into the horses' sides;
each dares boldly withstand the other; 5520
violently they rush at each other.
With the lances they held in their hands
each struck the other so hard
that their lances broke into pieces.
Had each recognized the other, 5525
they would not have clashed together;
then their meeting would even have been
one of great joy at that moment.
They drew their swords and rushed at each other

5530 —þæt gik þem baþom þa af gaman—
slogho hvar annar angistlika;
ængin vilde for annan vika
eigh sva bret sum en fot—
þæt ulte þera hoghamot;
5535 þera goþo sværþ sva fastlika bet;
þe þrykto ut þæn røþe svet;
genom hiælm ok brynio ringa
sa man þera bloþ ut springa;
þera anlite ok þera kinnæ
5540 þrutnaþo fast at þæt sama sinne.
Þera sværþ varo slio ok matto eigh bita,
þe vilde eigh længer a þem lita;
þa rykte hvar sin plato knif
—þæt stoþ um bæggias þera lif—
5545 ok slar hvar annan angistlik,
sva at elder af þera hiælme gik,
man hughsaþe at þe skuldo brænna;
þæt matte ængen þæn annan kænna;
þera næva varo sva harþe;
5550 hvarten þera annan sparþe.
Þe barþis nær en halvan dagh,
þæt hvilikin þera gaf androm slagh,
þa var hin annar eigh sva sen,
han galt honum þaghar þæt i gen.
5555 Þera skiolda varo sva forslæghnæ
þæt þe matto þem eigh hæghna;
þe hava fangit sva mang sar,
mik ræþis þem þæt til døþin gar,
utan Guþ þæt føgher sva
5560 at nokor man þem skilia ma.

Æn þok þe varo hælaþa goþa,
þe urþo þok baþæ saman moþa,
ok matte þæt ængen livande finna
hviliken þera þær matte minna;
5565 þe vilde þo baþe prisin bæra
af þæn lek þe hafþo þæræ
ok træþo baþe sænder til baka;
þe þorfto þa viþer hvilo at taka
ok sattos niþer a þe iorþ;
5570 hvarkin talaþe til annan orþ.
Þa þe hafþo hvilats en riþ,
þa byria þe ater ena harþa striþ
ok bæriæs sva angistlik þær,

—they both lost their good humor— 5530
they struck at each other violently;
neither wanted to yield before the other,
not so much as a foot.
Their courage brought that about.
Their excellent swords bit so hard 5535
they forced forth the scarlet sweat;
through helmets and ringmail
one saw their blood spurt out;
their faces and cheeks
swelled up quickly at that moment. 5540
Their swords became dull and could not bite;
they could no longer depend on them.
Then each drew his dagger
—both their lives were at stake—
striking at each other violently, 5545
so that sparks flew from their helmets;
people thought they would catch fire;
but neither would let the other perceive it;
their fists were so hard,
neither spared the other. 5550
They fought for nearly half a day:
if one gave the other a blow,
the other would not be slow;
he paid him back at once.
Their shields were so smashed up 5555
that they did not protect them.
They have received so many wounds,
I fear they will cause their death,
unless God so disposes
that someone separate them. 5560

Though they were able champions,
both of them became exhausted,
and no man alive could find
which of them had the lesser strength;
they both wanted to bear off the prize 5565
from the battle they had there,
and at the same time both of them retreated;
they needed to rest a bit
and sat down on the ground;
neither said a word to the other. 5570
After they had rested a while,
they began a hard struggle again
and fought so hard

sva at hvart þæt barn þær var nær
5575 ok alle þe þær sagho up a
mælto þæt ok saghþo sva:
"Skulu þæsse riddara sik fordærva
for þæssa iomfrughor ærva?
Þæt þykker os vara mykin nøþ
5580 at þe skulu þær for bliva døþ.
Þæt kan þem aldrigh varþa lønt
þæn mandom þe hava hær rønt,
ok ær þæt et mykit ømko mal
at hvar a annan gøra skal
5585 þolik nøþ ok mykin omaka
for hvarghins þera siælva saka"—
ok haver þo hvar annar kær,
sva at hafþe han vitat hva han ær,
han vilde døþer nær honum bliva
5590 ælla sik fangin for honum giva.
Þæsse riddara þær barþos sva
þe lyddo til ok hørþo up a
at þe þær stoþo utan viþer
toko talas viþer um siþer,
5595 at konungin vilde gøra sva væl,
døma mællom þem ræt ok skæl,
þo at þæt vare eigh þera vilia,
ok late þe riddara þær mæþ skilia.
Þe yngre iomfru svaraþe þa:
5600 "Þær nøgher mik væl up a."
Þe ældre iomfru svarar: "Ne,
þæt vet væl Guþ, iak gør þæt eigh,
þy at iak vil mit mal eigh up giva
mæþan iak ser min riddara liva."
5605 Drotningin baþ konungin sva væl gøra:
"For mina bøn latin mik þæt høra,
þe yngre matte en þriþiung fa
um þæt eigh mera væra ma
ok hon kan þæs eigh mer fanga
5610 af þæt goþs hænne æptir langa,
ok laten þem þær mæþ vara sat
ok siþan þe riddara skilias at;
mik þykker þæt ofilla væræ
um annar þera skal dø hæræ."
5615 Þa svarar hænne konung Artus:
"I havin þæt hørt for þætta hus,
þe ældre ær sva illalik
þæt hon vil eigh lyþa mik;

that everyone who was nearby
and all those who watched 5575
spoke and said:
"Should these knights ruin themselves
for the sake of the maidens' inheritance?
We think it would be a great disaster
if they were killed for this reason. 5580
They can never be rewarded
for the courage they have proven here,
and it is a deplorable thing
that each should cause the other
so much danger and trouble 5585
without intending to do so."
And yet each holds the other dear,
so that had he known who he was,
he would prefer to have been killed by him
or else surrender to him. 5590
These knights who fought this way,
they listened and heard
that those who stood there
finally began to say
that the king should be disposed 5595
to give them what is right and fair,
though that was not their will,
and thus have the knights separated.
The younger maiden answered then:
"I am well content with that." 5600
The older maiden answers: "No,
as God is my witness, I shall not do this,
since I will not give up my case
as long as I see my knight alive."
The queen implored the king: 5605
"Grant my request and let me hear
that the younger one will get one third—
if it cannot be more
and she cannot get any more
of the property she desires— 5610
and let them thus be reconciled
and the knights then separated.
I think it would be too bad
if either of them dies here."
Then King Arthur answers her: 5615
"You have heard outside this castle
that the older sister is so wicked
that she will not obey me;

         mæþan hon vil þæt hava sva,
5620　　þa skipte þæt bæzta þær hon ma."
         Alt þæt folk sum komit var þæræ
         undraþo huru þæt matte væra,
         þy at ængin þera fyrra sa
         sva iæmpt tva riddara mællom ga,
5625　　þy at hvarkin satte fram sit ben
         sva at hin annar slo han eigh i gen.
         Þa mælte armæ ok sva rika:
         "Hvar finder man nu andra slika!
         vi viste þæt giærnæ hva þe æræ
5630　　þe sva framlika striþæ hæræ!
         Þæt ær þo under, þe riddara goþæ
         þe kunno ække varþa moþæ!"
         Nattin mon þem nu til ga
         sva at næplika hvar hin annan sa.
5635　　Þe varo sara, moþe ok þrøtte,
         þe matto þera arma eigh up lætta
         ivir þera hovuþ mæþ þera sværþ,
         þy varo þera slagh litit værþ;
         forgangin var al þera makt
5640　　af mykle nøþ; þæt hørþe iak sagt,
         at bloþit val i þera sar
         sum þæn kætil ivir eldin star;
         hvar þera ræþis af annan skaþa
         ok vilde þa hælder vara mæþ naþa.
5645　　Underlikt þykker þæt eigh vara mik
         at þem lyster at hvila sik.
         For þæssa tvæggia handa saka
         þe hioldo up ok giorþo þem maka.

         Fyr æn þe skilias af þæn staþ
5650　　þa varo þe baþe saman glaþ,
         þy at hærra Ivan þa æptir leter
         hvat þæn same riddare heter:
         "Æþle riddare, iak spyr þik nu,
         hvat ær þit nampn ok hva æst þu?"
5655　　Hærra Gavian kænde eigh hans røst,
         þæt þykker mik vara underløst,
         þy han hviskaþe lagt ok matte eigh tala;
         þæt hafþe han af bloþsins qvala,
         þær honum ran af til mykin tunga,
5660　　han matte eigh væl røræ sinæ tungo.
         Þa mælte um hærra Ivan:
         "Æþle riddare," saghþe han,

since she wants to have it thus,
she has to deal with it as best she can." 5620
All the people who had come there
wondered what would happen,
since none of them had ever seen
two knights so equally matched.
Neither advanced a foot 5625
without the other beating him back.
Then the rich and poor alike said:
"Where can one find others like them!
We would like to know who they are
who fight so bravely here! 5630
Yet it is strange: the valiant knights
still are not exhausted!"
Night was about to overtake them,
so that the one hardly saw the other.
They were wounded, exhausted, and tired; 5635
they could hardly raise their arms
with the swords above their heads;
thus their blows were of little worth;
all their strength was gone
on account of their great hardship; I was told 5640
that their blood boiled in their wounds
as in a kettle on the fire;
each was afraid of more injury
and wanted most to be at peace.
I think it is no wonder 5645
that they wanted to rest.
For these two reasons
they stopped and sought repose.

Before they left that place
they both became joyous, 5650
for Sir Ivan then asks
what the knight is called:
"Noble knight, I now ask you:
what is your name and who are you?"
Sir Gawain did not recognize his voice. 5655
I think it was quite natural,
since he whispered low and could hardly speak;
that was because of the pain from the blood
that ran down and made him suffer;
he could not fully move his tongue. 5660
Then Sir Ivan spoke again:
"Noble knight," he said,

"os ma ængin skuld at giva
þæt vi maghum hær eigh længer bliva,
5665 þæt vi skulum nu skilias at,
þæt valder os þænnæ myrka nat.
Þæt þor iak sighia a mina san,
þu æst en þæn græmpste man
iak haver set i mina dagha,
5670 þær sik þorþe sva for livit vagha.
Iak fik aldrigh i minnæ tiþ
iæmharþlik en litin striþ,
þæt kænnis iak viþer sanlik,
af þe slagh sum þu gaf mik
5675 iak vænter mik nøþelika fanga bøter
eigh a hænder ok eigh a føter;
iak ma mik sva nøþelika røra,
þæt maghin I baþe se ok høra;
þæt kan iak nu ful væl prøva,
5680 þu kan þin slagh sva væl høva
at þæn skal sik ful væl akta
þær sik skal for þem vakta.
Iak þænkte aldrigh finna þæn
bland heþna æller ok kristna mæn,
5685 þær mik sva længe stoþe viþer,
þæt iak kan eigh sloghe niþer;
þy ma iak þær kænnas viþ,
þu haver mik kænt en annan siþ.
Þin stora slagh þe gøra mik sva ve
5690 at iak ma hvarte høra ælla se.
Nu tron mik, hærra, iak aldrigh sa
i mina dagha, iak sæghir sva,
nokor tima en þæn man
þær bæter mæþ sværþe striþa kan
5695 ok sik sva framlika visa;
þæs vil iak Iþer prisa.
Nu sighin mik, hærra, hvat I heta
—þæt ær þe bøn iak æptir letæ—
ok af hvat slækt þu komin æst,
5700 hva þine frænder æru ok þine næst;
viste iak hva þik monde føþa,
þa stadde iak væl mina møþa."
Hærra Gavian svarar þa mæþ skil:
"Iak vet at þæt ær ække til,
5705 þy at iak kænnis þæt mæþ siælvum mik,
iak fik flere slagh af þik;
iak ma þæt sighia mæþ sannind nu,

Hærra Ivan

"no one can blame us
if we do not stay here longer
or that we now part; 5665
the dark night forces it on us.
I dare indeed say:
you are the most outstanding man
I have seen in my day
who dares to risk his life thus. 5670
In my life I have never had
as difficult a combat;
I admit it in truth,
for the blows you gave me
I hardly expect recompense, 5675
neither on my arms or legs;
I can move only with great difficulty;
you can see and hear it.
I now realize very well
that you can adjust your blows so well 5680
that he must take great care
who is to protect himself from them.
I never thought to find someone
among heathens or Christians
who held out against me so long, 5685
whom I did not strike down;
hence I can admit,
you have taught me a new lesson.
Your hard blows, they hurt me so
that I can neither hear nor see. 5690
Believe me, my lord, I have never seen
in my day—I want to tell you—
any time such a man
who can fight better with his sword
and prove to be so valiant; 5695
that is why I want to praise you.
Now tell me, my lord, what your name is
—it is the request I make—
and what family you come from,
who your kinsmen are and your immediate family. 5700
If I knew who had borne you,
I would be able to endure my pain."
Sir Gawain answers with conviction:
"I know that this is not the case,
for I myself realize 5705
I got more blows from you;
I can truly confess now,

þit et var størra æn min tu,
iak ræddis at iak skulde for þik fly;
5710 þa iak slo et, þa slo þy þry."
Hærra Ivan monde honum svaræ:
"Guþ gave at iak viste hva I varæ!
Þæt ær þe þing iak æptir leta,
Iþart nampn ok hvat I heta."
5715 Hærra Gavian lo ok mælte sva:
"Þæt vet væl Guþ þær alt forma,
haver iak þik givit nokor slagh,
þu haver þem guldit mik i dagh
ok a mit halsben sva skrivit,
5720 iak ma eigh viþ værra halda livit.
Þæt vil iak þik giærna sighia,
iak vil þær um eigh længer þighia:
iak heter Gavian for utan spot,
min faþer var næmpder konung Lot."
5725 Þæt førstæ hærra Ivan þætta hørþe,
vilin I høra hvat han giørþe?
Han kastaþe fra sik sværþ ok skiold
langan vægh ut a þe mold
ok kærþe sik sva harmelika:
5730 "Avi, at oglæþi vil mik svika!
Hvat ømka stund þa var þænnæ,
at iak skulde þik eigh kænnæ!
Hafþe iak vitæt hva I væræ,
þa vilde iak þaghar oppenbara
5735 mik for Iþer giva
ok æptir Iþart minne bliva,
þy at for al væruldsins æra
vilde iak mot Iþer vapn eigh bæra,
sva framt um iak Iþer kænde,
5740 hærra Gavian, min kære frænde."
Þa hærra Gavian þæt forstoþ,
þa mælte sva þæn riddare goþ:
"Mik þykker þæt væra underlikt,
hvat manne æst þu, hvi talar þu slikt?"
5745 "Iak heter Ivan, frænde þin,
konung Yrian het faþer min;
iak an þik væl for alla mæn
þe iak vet i væruldine æn;
þu haver mik vist æ dyghþ til hova,
5750 iak ær þik skyldogh at æra ok lova;
i allan staþ havin I ærat mik
framer æn siælvan þik.

one of yours was greater than two of mine.
I was afraid I should flee from you.
As I struck one, you struck three." 5710
Sir Ivan answered him:
"God give that I knew who you are!
That is what I am seeking,
your name and what you are called."
Sir Gawain laughed, and spoke thus: 5715
"God Almighty knows,
if I have given you any blows
you have today repaid me
and etched them onto my neck;
I should not have survived any worse. 5720
I will gladly tell you;
I do not want to keep silent any longer:
my name is Gawain;
my father was called King Lot."
As soon as Sir Ivan heard this, 5725
do you want to know what he did?
He threw down his sword and shield
far onto the ground
and lamented so grievously:
"Alas, if only my sorrow would desert me! 5730
Cursed be the hour
when I did not recognize you!
Had I known who you were,
I would clearly at once have
given myself up to you 5735
and into your power,
since for all the glory of the world
I would not have borne arms against you,
if I had recognized you,
Sir Gawain, my dear kinsman." 5740
When Sir Gawain grasped this,
the noble knight then spoke thus:
"I think that is strange;
who are you, why do you talk like that?"
"My name is Ivan, your kinsman; 5745
my father is King Urien.
I love you above all other men
whom I know on earth.
You have always shown me respect at court.
I am bound to honor and esteem you. 5750
Everywhere you have honored
me above yourself.

Hvat iak haver giort a mot min vilia
þa vil iak þæt sva for skilia,
5755 iak biuþer Iþer þolika bot
for þæt iak Iþer haver giort a mot,
iak kænnis at iak ivirkomin ær
for alt þæt folk æn ær komit hær."
Høvislika svaraþe hærra Gavian:
5760 "Guþ forbiuþe þæt," saghþe han,
"þæt skal aldrigh gøra iak,
taka bot for þolika sak,
þy at iak kænnis viþer,
iak ægher þæt at gøra Iþer,
5765 þæt I mik biuþin hær til æra;
ia sanlika, þæt skal ok væra."
Hærra Ivan svarar þær til: "Ne,
sanlika, þæt sker ræt eigh;
þæt iak moþer ær ok ma eigh standa
5770 þæt haver iak fangit af Iþra handa,
þy ær iak skyldogher mik up at giva
ok æptir Iþart minne bliva."
Hærra Gavian mælte ok svor um Guþ:
"Sva hiælpe han mik mæþ sit buþ,
5775 sum iak var aldrigh sva umgør
af nokrom livandis manne fyr
sva sum iak ær nu af þik,
þæt sæghir iak Iþer sanlik.
Iak sæghir þæt eigh for þolik sak
5780 at iak þik rosar a þin bak,
æn þo at þu mik okunnugh væræ
iak sæghir þæt þo opinbara,
iak vilde eigh viþ þik striþa meræ
ælla skipta mæþ þik huggum fleræ."
5785 Þa han hafþe talat sva,
þa gingo saman þe baþæ tva
ok tok hvar þera um annars hals
ok mintos liuflika for utan fals;
hvar þera gaf hin annan pris,
5790 þe giorþo þæt þy at þe varo vis.
Mæþan þe riddara þær um kiva,
hvar þera vil andrum prisin giva,
þa kom konungin riþande þær
ok alt þæt folk sum þær var nær
5795 ok undraþo alle þær up a
hvi þe mondo gøra sva,
at þe varo þa sva bliþæ

Hærra Ivan

What I have done against my will,
I want to set right in such a way
as to offer you compensation 5755
for what I did against you;
I acknowledge that I have been defeated
before all the people who have come here."
Courteously Sir Gawain answered:
"God forbid," he said, 5760
"I shall never do that,
accept compensation for such a thing,
since I realize
that I ought to do for you
what you have offered to honor me; 5765
yes, in truth that shall be."
Sir Ivan replies to this: "No,
in truth that is not right;
for I am exhausted and cannot stand up;
this is what I have suffered at your hands; 5770
that is why I ought to surrender
and be at your mercy."
Sir Gawain spoke and swore by God's name:
"May He help me with His power,
since I have never suffered so 5775
at the hands of any living person before
as I have now from you;
this I tell you in truth.
I do not say this for the reason
that I would praise you behind your back, 5780
even if you were unknown to me;
I would say this openly:
I would not fight with you any longer
or exchange further blows with you."
After he had spoken thus, 5785
the two went toward each other
and embraced each other
and kissed each other tenderly without deceit;
each declaring the other greater;
they did this, since they were wise. 5790
While the knights argue about this—
each wanted to declare the other greater—
the king came riding there
and all the people who were nearby,
and all of them wondered 5795
why they acted like that,
that they were so gentle

æptir þolik harþa striþa:
"Hvat riddara mono þætta væra
5800 þær allan daghin striþa hæræ
at ængin man þem skilia matte,
nu æru þe varþne sva ful væl satte?"
Konungin mælte þa til þera:
"Iak vil Iþer spøriæ mera:
5805 Hvat riddara ærin I baþæ
þær hvar vilde hin annan skaþa
ok sva braþlika varo ivir ena—
þæt undraþe riddara ok svena."
Hærra Gavian svarar þa þær til:
5810 "Min hærra, iak Iþer sighia vil,
mykin ostund þa var þænnæ,
þæt hvarghin vara skulde annan kænna.
Þok vil iak gøræ sum I mik raþa
ok sighiæ hva vi æræ baþæ:
5815 min kompan ær hærra Ivan
æn iak ær Iþar frænde Gavian.
Iak kænde eigh þæn æþla man
fyr æn um siþer þa mælte han
ok spurþe hvat man þær iak var;
5820 um siþer fik iak sva til svar
sum Guþ mæþ sina naþæ
han vilde os frælsa baþa,
ok saghþe hvar andrum i fra
hvat mannum vi varom baþe tva.
5825 I þæn sama riþ vi kændoms viþ,
hafþe þa længer standit þe striþ,
þa matte iak ændelika dø
for vranga saka þe ældre mø;
þy vil iak mik hælder up giva,
5830 ivirkomin vara mæþan iak ma liva,
æn min frænde skulde hava møþa
æller syrghia nokot æptir min døþa."
Hærra Ivan var leþ, þæt maghin I tro,
at hærra Gavian mælte svo:
5835 "Min kære hærra, þæt havin I hørt,
han kænnir mik þæt han haver giørt,
þæt vet væl Guþ i himirike,
iak ma ække vara hans like."
Hærra Gavian svarar honum þa:
5840 "Iak vet eigh huru þæt vara ma,
þær vil iak aldrigh kænnæs viþer
at iak haver nokon pris for Iþer."

after such a hard battle:
"What knights might they be
who fight all day long 5800
so that no one can separate them,
and now they are completely reconciled?"
Then the king spoke to them:
"I want to learn more from you:
who are you two knights 5805
who wanted to hurt each other
and so quickly have become reconciled—
knights and squires wondered at this."
Sir Gawain answers then:
"My lord, I want to tell you, 5810
it was a great misfortune
that neither of us recognized the other.
But I want to do as you bid
and tell you who we two are:
my companion is Sir Ivan; 5815
and I am your kinsman Gawain.
I did not recognize the noble man
until he at last spoke
and asked me who I was.
At last I managed to answer, 5820
since God in His mercy
wanted to save both of us,
and we told each other
who we two were.
At the moment we recognized each other, 5825
had there been a longer battle
I would certainly have been killed
for the older maiden's wrongful cause;
therefore I would rather surrender
and be vanquished—but live— 5830
than that my kinsman should endure pain
or mourn after my death."
Sir Ivan was unhappy, believe me,
that Sir Gawain spoke thus:
"My dear lord, you have heard 5835
that he credits me with what he has done.
God in Heaven knows quite well
that I am not his equal."
Sir Gawain answers him then:
"I do not know how that can be, 5840
since I shall never admit
that I am superior to you."

Iak kan þær eigh sighia i fra,
af al þe høviske man þær sa
5845 ok hvar þera hin annan bøþ
utan þvang ok utan nøþ.
Þa konung Artus hørþe þera dyghþ,
hans hiærta fik af glæþi en fryghþ:
"Iak vil Iþer væl forlika,
5850 sva at hvarkin skal hin annan svika.
Iak ær þæs i mit hiærta glaþ
þæt iak ser i þænna staþ
Iþer livandis baþa
for utan lifsins vaþa."
5855 Konung Artus mælte meræ:
"Latin hit koma folkit fleræ,
iak vil þem allum visa
—ok þæssa riddara prisa—
hvat hær ær nu sket forsnima
5860 i þænna daghsins tima.
I skulin þæt alle høra
hvat þæsse riddara monde gøra;
þo at þe varo baþe høvisk ok bald,
þe vildo þæt giva i mit vald
5865 ivir al þe kæra þem mællom ær
ok for þe sak þe striddo hær;
iak skal þem forlika baþæ
mæþ mino visasta raþæ.
Hørin I hvat iak sæghir nu,
5870 hvar ær þe yngre iomfru,
þær sik haver kært sva sara?
Latin hænne fram til svara!
Nu vil iak hænne gøra ræt
um þæt goþs hon haver til þræt."
5875 Þe ældre svarar þær hon stær:
"Min hærra, iak ær til reþo hær,"
ok þaghar fram for konungin rænde.
Þæt første konungin hana kænde,
þa mælte han ok saghþe sva:
5880 "Þu þorf eigh æn sva næla ga,
þo at þu halder þik visa ok snialla,
iak lot þik þo ække kalla.
Þu skal þinne syster fa
alt þæt hon mæþ rættin a
5885 ok ængte af þæt halda
sva frampt sum iak ma valda."
"Kære hærra, iak biþer Iþer æn,

Hærra Ivan 273

I cannot tell you
about all the courtliness one saw there,
and how each gave prominence to the other 5845
without being forced or needing to do so.
When King Arthur heard their kind words,
his heart rejoiced within him:
"I want to reconcile you
so that neither will betray the other. 5850
My heart is glad
that I see on this spot
both of you alive
without mortal injury."
King Arthur continued: 5855
"Let more people come here:
I want to show them all
—and praise these knights—
what has just happened here
at this time of the day. 5860
You should all hear
what these knights have done.
Though they are both courtly and valiant,
they want to place in my hands
all the grievances between them 5865
and the case they fought about.
I shall reconcile the two
with my most wise counsel.
Listen to what I now say!
Where is the younger maiden 5870
who has complained so bitterly?
Let her come forward to answer!
Now I want to do what is right
concerning the property in dispute."
The older sister answers from her place: 5875
"M'lord, I am ready,"
and she hurried before the king.
As soon as the king recognized her,
he spoke, and said:
"You do not yet need to approach; 5880
even if you pretend to be wise and eloquent,
I have not called for you.
You are to give your sister
all that she owns by right
and not keep anything of it 5885
as long as I rule."
"My dear Lord, I beg you once again,

          I gørin þæt baþe for Guþ ok mæn,
          I talin eigh længer slikt,
5890   mik þykker þæt vara ængo likt,
          þy at iak ma þæt eigh høra
          ok æn halvo siþer gøra;
          þo at iak mik forglømde,
          sva at iak min orþ eigh gømde,
5895   þæt star Iþer væl til mata
          þæt I skulin mik eigh hata
          æller mik i orþom taka
          for nokra þolika handa saka;
          Iþer bær þær til konungslik æra
5900   ræt at gøra þem sik viliæ kæra."
          "Iak kænnis þær sanlika viþer
          ræt at gøra, þæt sæghir iak Iþer,
          þy vil iak Iþer at skilia
          ræt a mot þin vilia,
5905   þy at iak haver þæt for Guþi iæt
          þæt iak skal allom gøre ræt.
          I saghin þæt væl, iomfrugha,
          —vilin I þæt havæ i hugha—
          at þænne riddare ok sva þin
5910   gingo baþe hær til min
          ok gavo þera þrætto i mit vald.
          Æn þo at I ærin i hugha bald,
          iak ma eigh gøra alt þæt þu vilt,
          hvat þu haver þæt for got ælla ilt,
5915   þy at vi vitæ þæt allæ slæt,
          þæt þu til taker, þæt ær oræt.
          Nu mæþan iak skal þæt døma
          þa latin Iþer baþa þær um søma,
          hvar Iþer skal hin andre iata
5920   liva mæþ naþer ok vara satta,
          æller vil iak sighia brat,
          þæt iak vet for Guþi ær sat,
          min systerson ivirkomin væra
          alt for þina vranga kæra;
5925   ok sætins I eigh at þætta sinnæ,
          þa skal þu fanga halvo minna."
          Þæt giorþe han af vit ok eigh af bræþæ
          ok vilde þe iomfru þær mæþ ræþa.
          Þe iomfru svarar honum þær til:
5930   "Iak ser þæt gar eigh sum iak vil;
          þær ivir skulin I, min hærra, raþa,
          þæt star alt til Iþra naþæ;

for the love of God and men,
do not talk like that any longer.
I do not think it is fair, 5890
and I will not listen to it
nor do this;
even if I forgot myself
and I did not watch my speech,
it is fitting for you 5895
not to hate me
and to take me at my word
on account of such things;
your royal honor obliges you
to grant justice to those seeking it." 5900
"I promise in truth
to dispense justice, I tell you.
I therefore will settle the dispute
quite against your will,
for I have promised before God 5905
that I shall dispense justice to all.
You did see, my maiden,
—please remember it—
that this knight and yours too
both came to me here 5910
and entrusted the matter into my hands.
Even though you are bold,
I cannot do what you want,
whether you like it or not;
for we all know quite well 5915
that what you are doing is unjust.
Since I shall now judge,
you two will have to be content,
and each must promise the other
to live in peace and be reconciled. 5920
And I want to say at once,
I know it is true before God,
my nephew was overcome
on account of your wrongful cause.
And if you are not reconciled at once, 5925
you will get only half as much."
He did this wittingly and not rashly,
for he wanted to frighten the maiden.
The maiden answers him:
"I see that it is not going as I want. 5930
M'lord, it is up to you to decide.
All is in your power;

       hvat I gørin mæþ ræt ok skæl,
       þæt skal os þykkia baþa vara væl,
5935 þær at skulum vi nu lita
       sva at vi skulum þæt aldrigh sunder slita.
       I mughen væl for mik lova
       fyr æn iak riþer fran hova,
       at hvat I gørin hæræ
5940 þæt skal alt staþugt væræ."
       "Iak sæghir Iþer þæt, iomfru, nu,
       I skulin vara hænna fru,
       ok alt þæt goþs hon ærva ma,
       þæt skal hon af Iþer untfa
5945 ok þiæna Iþer þær af giærna
       sum hon vare Iþar þærna
       til alla føgha ok gøra sva;
       þo skulin I eigh hænne forsma."
       Han skipaþe sva mellan þe iomfruor tva,
5950 þæt þem siælvum væl nøgher pa.
       Þe þakkaþo honum hvat þe mattæ
       ok riþu siþan þæþan satta.

       Konungin mælte til hærra Gavian:
       "Min kære frænde," saghþe han,
5955 "latin hærra Ivan sin vapn af taka
       ok skipin Iþer baþom maka;
       þæt bør Iþer til at vara bliþ
       æptir þænna harþa striþ."
       Þe giorþo alt þæt konungin baþ
5960 ok bundo sin vapn af i staþ;
       þe gingo þæþan baþe saman
       mæþ mykle glæþi ok sva gaman;
       ængin matte finna þæræ
       þæt en vilde bæter æn annan væræ.
5965 Þa þe hærra þæþan gingo
       et under þe þær se fingo:
       et leon kom þa farande þær
       ok løper sum þæt galit ær,
       hon letaþe þær mæþ føgha lista
5970 sin kæra hærra þær hon hafþe mistan.
       Þa þe sagho þæt leonit løpa
       þa tok folkit alt at øpa,
       þe ræddos for þæn vaþa
       þæt leonit skulde þem skaþa.
5975 Þæt førsta leonit sin hærra sa,
       þæt fiol for hans føter ok la

what you do in your justice and wisdom,
we shall both consider good;
we shall be content with it 5935
and never break our pledge.
You can promise,
before I ride away from court,
that what you decide here
shall be maintained forever." 5940
"I tell you now, my maiden,
that you are to be her mistress,
and all the property she is to inherit
she is to receive from you
and therefore serve you willingly, 5945
as if she were your maid
in every way, and do this;
yet you are not to scorn her."
He decided thus for the two maidens
and they were both well content. 5950
They thanked him as best they could
and rode off reconciled.

The king said to Sir Gawain:
"My dear kinsman," he said,
"have Sir Ivan remove his armor 5955
and both of you enjoy leisure;
and it behooves you to be merry
after this hard battle."
They did everything the king bid
and disarmed themselves at once; 5960
they left there together
with great joy and pleasure.
No one could find there
that one wanted to be better than the other.
When the lords left, 5965
they caught sight of something strange:
a lion came rushing there
and ran as if insane;
it sought with great cunning
its dear master whom it had lost. 5970
When they saw the lion running,
the people began to scream;
they feared the danger
that the lion might harm them.
As soon as the lion saw its master, 5975
it fell down at his feet and lay there

ok varþ þa fæghit at þæt han fan
ok faghnaþe honum þæt bæzta hon kan.
Hærra Ivan baþ þem biþa:
5980 "I þorvin eigh for hænne qviþa,
þy þæt haver ængte mæþ hænne at sæta,
hon gør Iþer ække vætta;
iak þor Iþer lova a mina san,
hon skal skaþa ængin man,
5985 þy at hon haver sik givit mik
ok ær mik lyþogh mæþan hon ær qvik,
vi ærum tva goþe vinir baþe
ok lyþum giærna hvar annars raþe."
Þa kændos þe alle saman viþer
5990 —þæt sæghir bokin for sanno Iþer—
hvat þe hafþo fyrra hørt
þæt Leons riddare hafþe giørt,
at þæt var ængin annar man
utan þæn stolte hærra Ivan.
5995 Hærra Gavian mælte til hærra Ivan þa:
"Þæt vet þæn Guþ sum alt forma,
iak haver Iþer þæt illa lønt,
þe dyghþ iak haver af Iþer rønt,
þæt I giorþin sva mykit væl,
6000 I sloghin þæn dighra risa i hæl
ok frælste minna syster barna;
vi ærum Iþer skyldugh at þiæna giarna;
þu halpt þem at halda land ok borgha
ok frælste þem af høghelik sorghe.
6005 Iak haver opta þænkt up a
huru þæt matte vara sva,
siþan iak af minne syster hørþe
hvat Leons riddare for hænne giørþe.
Iak spurþe hvat riddara monde vara þænnæ,
6010 hon saghþe iak monde han væl kænna;
iak matte þo eigh han finna
fyr æn nu i þætta sinnæ."
Siþan æptir þæsse orþ
toko þe vatn ok gingo til borþ;
6015 man skipaþe þem alla naþe
til dryk ok æta baþe.
Þa þe mætte vara
þe loto binda sina sara
ok gingo for konungin standa
6020 ok spurþo hvat þe skuldo taka til handa.
Þa læt konungin kalla þit

and was happy to have found him
and greeted him as best it could.
Sir Ivan begged them to wait:
"You do not need to be afraid of it, 5980
for there is no reason to fear it;
it will not cause you any harm.
I dare promise this on my honor:
it will not hurt anybody,
because it has given itself up to me 5985
and obeys me as long as it lives;
we two are good friends
and willingly follow each other's advice."
Then all of them understood
—the book truthfully tells you this— 5990
what they had heard earlier,
what the Knight with the Lion had done;
that he was no other
than the noble Sir Ivan.
Sir Gawain then spoke to Sir Ivan: 5995
"God Almighty knows
I have poorly rewarded you
for the good will I have experienced from you,
for you have done so much good:
you have killed the big giant 6000
and rescued my sister's children.
We are indebted to you.
You have helped them keep land and castle
and freed them from great suffering.
I have often thought about this, 6005
how it could be thus,
since I heard from my sister
what the Knight with the Lion did for her.
I asked what knight he might be;
she said I should know him well, 6010
yet I could not find him
before this time."
After these words
they washed and went to table;
they were well provided 6015
with both drink and food.
When they had eaten their fill,
they had their wounds bandaged
and went before the king
and asked what they should do. 6020
The king summoned there

en mæstara han hafþe a høgha alit,
þær prisaþ var þær aldra mæst
ok en var af þem lækium bæzt,
6025 ok lot binda þera undæ
i þe sama stundæ
ok blivo siþan sva længæ þæræ
til þe væl til ræka æræ.
Þæt førsta hærra Ivan var forgangit
6030 þe sar han hafþe þær fangit,
þa þænkte han i sin hugha
a sina kæra husfrugha,
huru han matte i skamman frist
fa þæt ater han hafþe mist;
6035 han matte eigh længer hava þe møþa
ok þola þe þvang for utan døþa.
Han þænkte sva fastlika þær up a,
huru þæt matte vara sva
þæt han matte sva þæþan fara,
6040 at ængin man urþe þæs vara,
til þe kældo honum monde til langa
ok han daghlika bær for þvanga
ok vil þær antiggia bliva døþ
æller gøra þe frugho sva mykla nøþ,
6045 þæt hon skal honum forgiva,
um hon vil mæþ naþum liva,
hvat han haver hænne giort a mot,
ok biuþa hænne aldrigh andra bot.
Vil hon sit hoghmoþ eigh forlata
6050 han vil hænne sva sarlika hata
hvat han forma ræt alla sinne
utan mur ok utan tinna,
þær til hon siælf vil kænnas viþer
ok gøra giærna hvat han hænne biþer.

6055 Þa han hafþe þær hughsat a
þæt han vilde ændelika gøra sva,
han gat þa baþæ riþit ok gangit
af þe sar han hafþe fyr fangit.
Han far þa arla ut af þæt hus
6060 um morghons stund fyr dagher var lius,
ok skiutelika han þa þæþan reþ
til þe kældo þe genasta leþ,
ok hans leon mæþ goþan vilia,
þær sik vilde aldrigh fra honum skilia,
6065 gik mæþ honum þa al ena;

a master in whom he had great confidence,
who was most esteemed there
and one of the best doctors,
and had their wounds bandaged 6025
right then and there;
and they then remained there so long
until they had fully recovered.
As soon as Sir Ivan had recovered
from the wounds he had received there, 6030
he recalled to mind
his beloved wife,
how shortly he would be able
to have back what he had lost.
He could no longer put up with the anxiety 6035
and endure the agony without dying.
He thought so much about this,
how it could be done
that he could leave there
without anybody becoming aware of it. 6040
His longing was for the spring
and daily he is most anxious
and wants sooner to be killed there
or else cause the lady such trouble
that she will forgive him 6045
—if she wants to live in peace—
for what he has done to her,
and offer her no other recompense.
If she will not renounce her arrogance,
he will harass her so persistently, 6050
as much as he is able,
before her walls and battlements,
until she herself will promise
to do willingly what he bids her.

When he had decided 6055
that he definitely would do this,
he could again both ride and walk
despite the wounds he had received earlier.
Early he leaves the castle,
in the morning before dawn, 6060
and rode off quickly,
taking the shortest way to the spring;
and his lion, with much affection,
which never wanted to part from him,
went along with him. 6065

han hafþe þa eigh flere svena.
Al þe under varo þær giørþ,
þær I af fyrra havin hørt,
mæþ frost, haghl ok isa
6070 for utan allan lisa,
liughneld ok þordyn
hørþe man þær for utan skyn,
sva at alle þe a husit æra
mondo sik þa ømkelika kæra
6075 for þe stora gryma nøþ
ok hafþe angist for sin døþ,
þy at torn ok mura skulvo þær viþer
sum þe skuldo genast falla niþer;
hvart þæt barn sum þær var innæ
6080 varo hælder ute at þætta sinne
ok sva langt þæþan komin bort
þæt ængin finge til þem sport.
Þe bannaþo baþe vinir ok frænder,
þær husit byghþo mæþ sina hænder
6085 innan en sva pinlik staþ:
"Man skal sva opta varþa oglaþ
ok for þe møþo þe laghþo þær a,
þy at en man væl gøra sva,
þem alla þær til at þvinga
6090 a mot þera vilia at þinga
æller ok þola slik omaka
for ængin þera saka."
Luneta mælte þa til sin fru:
"Iak biþer Iþer høra nu
6095 hvat iak vil hær sighia Iþer.
Mik þykker I þorvin nu væl viþer
um man þæn matte nokor staþ finna
þær sik þorþe hær nu under vinna,
antiggia riddare æller ok sven,
6100 at væria Iþart land for þolikt men.
Mik ræþis þo þæn finnis eigh til
sum þæt for Iþer gøra vil,
þy at þæn ær ængin i þætta land
þær sik þor þæt taka til hand
6105 Iþart land sva vakta ok gøma
sum Iþer væl bør til søma.
Þæt sviþer mik i mit hiærta sara
um han skal sva hæþan fara,
mæþan han haver os giort þolikin vanda,
6110 um ængin skal honum hær bestanda.

He had no other squires then.
All the marvels occurred there
of which you have already heard,
with frost, hail, and ice
quite incessantly; 6070
lightning and thunder
were heard without reprieve,
so that everyone in the castle
lamented pitifully
over the great and severe danger, 6075
and they feared for their lives,
because towers and walls shook
as though they might fall down;
one and all inside there
would sooner have been outside at this time 6080
and so far away
that nobody could find them.
They cursed both friends and kinsmen
who had built the castle with their hands
at such a vulnerable spot: 6085
"One must often be unhappy
about the labor they put into it,
since one man can do this,
to force them all
to act against their will 6090
and to endure such unpleasantness
through no fault of their own."
Luneta then said to her lady:
"I ask you to listen now
to what I will tell you. 6095
I think you now need badly
—if one can find him somewhere—
the man who would dare to undertake
—either a knight or a squire—
to defend your land against such a disaster. 6100
Still I am afraid that he is not to be found
who would do that for you,
for there is no one in this land
who dares to undertake
to defend and protect your land 6105
as befits you.
My heart aches painfully
to think that he might leave
—since he has caused us such great harm—
without someone here fighting him. 6110

Þær þænkin a, min kæra frugha,
sva staþlika i Iþan hugha,
hvat hær varþer bæzt til raþa
at frælsa os af þænna skaþa,
6115 ælder mistin I þe æra
sum mang ar haver varit hæræ."
"Min hiærta kæra, sigh þæt mik,
hvat likas hær um þa þykker þik,
hvat vi skulum nu til raþa taka
6120 a mot þolika høgha saka;
þu skal nu gøra sum iak baþ
ok læggia mik for nokor raþ
mæþ þina kloka lista;
Guþ late mik þik eigh mista!"
6125 "Þæt læter iak, min fru, Iþer høra,
iak kænnis þær viþer iak vil þæt gøra,
hvat iak vet i væruldine væra
þæt Iþer ma koma til æra;
þo vet iak þæt for utan svik,
6130 I havin alt visare raþ æn mik,
þær Iþer kan visa til alla mata
hvat I skulin gøra ælla lata:
ok vil iak hælder þola hær
þolik nøþ hær ivir gær,
6135 æn nokor hafþe þær æmpne til
at sighia þæt mæþ rættan skil,
þæt iak skulde Iþer vara otro;
ne sanlika, iak gør eigh svo!
Kunne þæt eigh æptir Iþan vilia ga,
6140 ena høghelika skuld þa matte iak fa,
sva at iak hin arma qvinna
matte hænne aldrigh forvinna;
þy varþin I þær æptir at vakta
ok Iþer gørla þær um akta,
6145 þær til hær komber nokor þæn man
þær þænna vanda løsa kan;
at þæt ma eigh i þænna dagh ske,
þæt gør mik i mit hiærta ve."
Þe fru hon svaraþe: "Þæt sæghir iak þik,
6150 þe riddara hær æru nu mæþ mik,
til þem þorf þu ængte tala,
þe løsa ænga mina qvala,
þy at iak vet þæt mæþ rættan san,
ængin þera ær þær til man.
6155 Iak liter nu til þinna raþa,

Consider, M'lady,
steadfastly in your mind,
what is the best course to take
to save us from this harm
or else you will lose the renown 6115
that has lasted for many years."
"My dear, tell me
what you consider best in this case;
what should we undertake
in face of such an enormous problem; 6120
do now as I have asked
and give me some advice
in your great cleverness.
God let me not lose you!"
"I shall let you hear, M'lady; 6125
I promise that I will do this,
what I know on this earth
that will redound to your honor;
still I know, without delusion,
you have still wiser counsellors than me 6130
who can advise you in every way
what you should do and not.
And I would rather endure here
such danger as now occurs
than that anybody would have cause 6135
to say with good reason
that I might betray you.
No, in truth, I will not do such a thing!
If things do not turn out as you want,
I would face serious accusation, 6140
so that I, poor woman,
could never overcome it.
Therefore you must be attentive
and take good care
until some man arrives 6145
who can put an end to this danger.
That it cannot be today
grieves me in my heart."
The lady answers: "I tell you,
the knights who are with me now, 6150
to them you need not speak;
they will not resolve my difficulties,
because I know quite surely
none is enough of a man.
Now I rely upon your advice, 6155

þe skulu mik frælsa af al min vaþa;
man sæghir i fornum saghum svo:
i nøþ skal man vinum tro."
"Þær vare, min fru, nu nøþsyn a,
6160 matto vi þæn riddara fa
þær þre riddara en bestoþ,
þæt saghin I væl min fru goþ;
han giorþe ok þæs mera væl:
han slo þæn stora risa i hæl.
6165 Iak vet eigh gørla hvat han heter,
þær min hugher æptir leter;
um mik rætlika minnas kan,
Leons riddare þa heter han.
Fru, iak æn mer sighia vil,
6170 þe fru ær eigh i væruldine til
ok ængin hærra ær sva rik
—þæt skulin I vita sanlik—
þær honum matte sva mykit giva
at han vilde nær honum bliva,
6175 fyr han varþer satter viþ sina frugha
þær aldrigh ganger honum af hugha,
utan þæt varþer honum iat,
man skulde þem gøra baþin sat,
sva at hon skulde forlata honum en
6180 hvat han hafþe giort hænne i gen."
Þe fru svaraþe hænne þa:
"Þu skal þæn riddara lata forsta,
ok skiutelika æptir honum far,
biþ han koma hit til var;
6185 vil han sva øþmiuka sik
þæt han vil koma hit til mik,
iak vil mæþ makt ok mugha
sætia han viþ sina frugha,
ok vil iak visso gøra hære
6190 at þæt skal alt staþukt væra,
ok þæt skal ængin bryta
um iak ma livit nyta."
Luneta varþ þa braþ til svara:
"Fyr æn iak skal hæþan fara
6195 æptir þæn riddara nokra leþ,
þær um vil iak hava Iþan eþ,
ok skulin I eigh þær vreþes viþer
þæt iak beþis han af Iþer."
"Iak vil þæt gøra giærna,"
6200 saghþe þe fru til þe þærna.

which will free me from all my difficulties.
There is an old saying:
when in need, one should trust friends."
"Now, M'lady, is the time of need,
if only we could get the knight 6160
who singlehandedly overcame three knights.
You saw it clearly, my dear lady,
he did even greater things:
he slew the big giant.
I do not quite remember his name, 6165
for which my mind is searching.
If I remember rightly,
he is called the Knight with the Lion.
M'lady, I will tell you more:
that woman does not exist on earth 6170
and no lord, however rich
—you should know this for sure—
who can offer him so much
that he would stay with him,
before he is reconciled with his wife 6175
who is never far from his mind;
until he is promised
that one will see to it that they are reconciled,
so that she will forgive him again
for what he has done to her." 6180
The lady then answers:
"You should let that knight know
—and do quickly follow him;
beg him to come here to us—
that if he condescends 6185
to come here to me,
I intend with might and main
to reconcile him with his wife,
and I shall do this here
so that it will be steadfast 6190
and no one shall sunder it
as long as I live."
Luneta was quick to answer:
"Before I am to leave here
to look for that knight, 6195
I want you to swear to it—
and you should not be angry
that I ask you to do so."
"I shall gladly do it,"
the lady said to her handmaiden. 6200

Luneta fiol a knæ þær niþer:
"I skulin nu gøra sum iak biþer!"
Hon fik hænne hælghadoma þæræ
þær þe frugha skulde a sværia
6205 ok þær til ena mæsso bok;
þæt giorþe hon þy at hon var klok.
"I læggin Iþra hand hær a i staþ!"
Hon giorþe alt þæt sum hon baþ.
"Et vil iak hær undanskilia:
6210 gar þæt nokot mot Iþan vilia,
I skulin mik aldrigh giva sak
lønlika up a min bak
æller ok opinbara
æ huru þæt kan fara,
6215 for þy þæt ær alt giort for Iþer
ok eigh for andra, þæs kænnis iak viþer.
I skulin, min frugha, sværia sva:
'Sva hiælpe mik Guþ þær alt forma,
at iak skal þætta halda,
6220 sva framt um iak ma valda,
gøra þem baþa satta
—þæt skal iak Guþi iata—
Leons riddara ok hans fru,
sum þe varo liuvast tu.'"

6225 Þa þe fru hafþe svurit svo,
Luneta hon sva hemelika lo
ok þorþe þæt þa eigh opinbara
at þe fru þa urþe þæs vara.
Luneta haver mæþ fagher føgha
6230 fangit þe visso hænne a nøghæ
ok kræver braþlika nu sin hæst,
riþer þæþan sum hon ma mæst,
ok skiutelika þe iomfru far
þæn genasta vægh til kældona var.
6235 Luneta braþlika sea fik
et leon þær nær kældone gik,
þa varþ hon i sit hiærta glaþ
ok stegh af hæstin þa i staþ
ok viste þæt gørla þa for san
6240 at þær monde vara hærra Ivan,
lovaþe Guþ at þæt sama sinnæ
at hon skulde han sva braþlika finna;
hon þænkte sik alt længer fara
fyr æn hon urþe þæs vara.

Luneta there fell to her knees:
"You are now to do as I ask!"
She gave her the relics,
on which the lady was to swear,
and also a missal; 6205
she did this, since she was clever.
"Place your hand here at once!"
She did everything she asked.
"I want to set one condition:
should something go against your will, 6210
you will never charge me
secretly behind my back
nor openly,
whatever may happen,
for all is done for your sake, 6215
not for others; I assert this.
M'lady, you are to swear thus:
'So help me, God Almighty,
that I keep this
as far as it is in my power, 6220
reconcile them with each other
—this I promise God—
the Knight with the Lion and his wife,
as a most loving couple.'"

When the lady had sworn thus, 6225
Luneta smiled to herself,
and dared not show it openly
so that the lady would notice.
Luneta has nicely managed
to get the assurance she desired, 6230
and she immediately asks for her horse,
rides away as quickly as she can,
and quickly the maiden goes
the shortest way to the spring.
Luneta soon caught sight 6235
of a lion walking near the spring.
Then she rejoiced in her heart
and dismounted at once
and knew quite well
that Sir Ivan would be there. 6240
She gave praise to the Lord
that she had found him so quickly;
she thought she would ride farther
before she caught sight of him.

6245 Þa hærra Ivan hænne sa
han kænde hænne gørla þa,
han springer af staþ þær han stoþ en
ok ganger baghar hænne i gen:
"Var Guþi vælkomin i himirik,
6250 min hiærta kæra, ok sva mik!"
Þe umfingos þær liuflika tu;
þa mælte um þe iomfru:
"Þæt vil iak Guþi þakka giærna,
iak fan Iþer brat, hin salugha þærna."
6225 "Iomfru, ma iak spyria þik,
hvat farin I at leta æptir mik,
latin mik þæt høra,
hvat tiþande havin I mik føra?"
"Ia, vet mæn, vitin þæt sanlika,
6260 iak vil Iþer, hærra, ække svika,
mera glæþi ær mik eigh tet
æn þæt iak haver Iþer hær set.
Þe aldra vænasta frugha min
hon skal nu ater varþa þin
6265 ok vil nu þær af lata
Iþer eigh længer hata
ok I skulin naþer nyta,
vil hon sin eþ eigh bryta."
Þa hærra Ivan þætta hørþe,
6270 vilin I høra hvat han giørþe?
Han varþ sva glaþ for utan mata,
han viste eigh huru han skulde lata,
han þænkte eigh at þæt skulde sva ganga
þæt han skulde slik tiþande fanga,
6275 ok tok þe iomfru þa til sin
ok kyste hænne, sin kæra vin:
"Æ mæþan iak ma i værulden liva
innan Iþræ þiænist vil iak blivæ;
iak vet þæt væl, þæt ær eigh sva,
6280 þæt iak sva længe liva ma,
þæt iak far Iþer alt ater lønt
þe dyghþ iak haver af Iþer rønt."
"Min hærra, I þorvin eigh iævugh væra,
I havin nu fangit sva høghelik æra,
6285 I maghin mik ful væl løna,
þæt hopas mik at røna,
um iak haver þiænt a Iþra naþæ
æller nokot þæt giort þær I mik baþæ.
Sanlika iak þæt sighia vil,

When Sir Ivan saw her, 6245
he recognized her quite well.
He moves from where he was standing
and goes at once toward her.
"May God in Heaven welcome you,
my dear, and so do I." 6250
The two embraced tenderly there.
Then the maiden spoke:
"I thank God with my whole heart
that I, poor maiden, found you so quickly."
"Maiden, may I ask you, 6255
why you are searching for me?
Let me hear
what news you bring me."
"Yes, in truth, know this for sure,
I do not want to betray you, M'lord. 6260
I know no greater happiness
than to see you here.
My most beautiful lady
is to be yours again
and she will now refrain 6265
from hating you any longer,
and you will be pardoned,
provided she does not break her oath."
When Sir Ivan heard this,
do you want to know what he did? 6270
He became so boundlessly happy
that he did not know what to do;
he had not thought it would turn out like this,
that he would get such news,
and he took hold of the maiden 6275
and kissed her, his dear friend.
"As long as I live,
I want to be at your service;
I know for sure, it may not be
that I will live so long 6280
that I can repay you for
the good will you have shown me."
"M'lord, you need not doubt it:
you have now gained such great honor
that you can repay me fully. 6285
I hope to experience it,
if I have been of use and in your good graces
or have done what you have asked of me.
In truth I want to say,

6290 iak ræþis þo þæt ær eigh til,
þy at aldrigh mæþan iak i væruldine liver
ma iak þæt forþiæna mæþ Iþer
þa þu halp þær livit mik,
þa iak skulde brænna qvik."
6295 "Þæt var mik lønt mer æn þusand sinnæ,
þæt þakke Iþer Guþ, hin stolta qvinnæ!"
Luneta mælte i þæn sama riþ:
"Mik þykker þæt vara nu til tiþ,
vi maghum hær eigh længer biþa,
6300 vi skulum nu til husit riþa."
Hærra Ivan spyr þa Luneta:
"Vet þe frugha hvat iak mon heta?"
"Ængte þæt barn a husit ær
kænner Iþer, min hærra kær,
6305 utan Leons riddare allæ
sva mono þe Iþer kalla."

Þe kalzaþo mangt ok giorþo þem gaman
þa þe riþu til husit saman.
Hans leon gik up viþer hans siþa,
6310 þæt vilde eigh æptir biþa,
hon vilde sik aldrigh viþ honum skilia
um þæt gar æptir hænna vilia.
Þe varo sva þyst i þera lata
þa þe riþu fram at þe strata
6315 —þæt sæghir bokin Iþer for san—
þe talaþo til ængin livandis man.
Þa þe komo a husit in,
þa mælte hon til sin kæra vin:
"Vi skulum nu for mina frugho ganga,
6320 taka þolika naþer vi kunnum fanga."
Hærra Ivan for þe frugho gik,
sva minnelika hon han untfik;
sva høvisklik han helsar hænnæ;
hon matte han eigh for vapnom kænna;
6325 hafþe hon vitaþ þæt for san
at þæt vare hærra Ivan,
sanlika mæþ rættan skæl
hon hafþe han eigh untfangit sva væl.
Luneta mælte til sin frugha:
6330 "Nu latin honum Iþra hiælper dugha
til þe fru þær han væl an;
þæt vil han þiæna, þæn æþle man.
Latin han eigh længer standa for Iþer,

Hærra Ivan

I am afraid that cannot be,	6290
for never as long as I live	
shall I be able to repay you	
for having saved my life,	
when I was to be burned alive."	
"I have been repaid more than a thousand times;	6295
God reward you, you noble woman!"	
Then Luneta spoke again:	
"I think it is now time:	
we must not stay here any longer;	
we shall now ride to the castle."	6300
Sir Ivan then asks Luneta:	
"Does the lady know my name?"	
"No one at the castle	
knows you, my dear lord,	
other than as the Knight with the Lion;	6305
that is what they call you."	
They joked a lot and were merry,	
as they rode together to the castle.	
His lion walked by his side;	
it did not want to stay behind;	6310
it would never part from him	
if it had its way.	
They kept very quiet,	
as they rode along the road	
—the book tells you this is true—	6315
they did not speak to a living soul.	
When they entered the castle,	
she said to her dear friend:	
"We shall now go before my lady	
and receive whatever forgiveness we can."	6320
Sir Ivan stepped before the lady;	
she received him most kindly.	
He greets her with great courtesy.	
She could not recognize him because of his armor.	
Had she known for sure	6325
that he was Sir Ivan,	
for good reason, you may be sure,	
she would not have received him so well.	
Luneta said to her lady:	
"Now make every effort to help him	6330
get back his wife, whom he loves sincerely;	
he will repay it, the noble man.	
Do not let him stand before you;	

```
            sætin han nær Iþer siælve niþer
6335    ok gørin han i hans hiærta glaþ;
            þæt ær þe bøn iak Iþer baþ.
            Ængin man honum hiælpa ma
            —min kæra fru, I þænkin þær a—
            eigh riddara, eigh frughor, eigh svena,
6340    utan I, min fru, al ena."
            "Iak vil honum giærna gøra froma
            ok alt þæt honum til æra ma koma."
            Þe fru hon baþ þæn riddara þa:
            "I skulin mæþ mik at sitia ga."
6345    Þa mælte um þe iomfrua skøna:
            "Til hvars skal man þæt længer løna?
            Iak vil þæt hær oppenbara—
            þæt skal þok þæt sama vara.
            Þæn riddare hær nu komin ær,
6350    han ær Iþar eghin hiærta kær
            ok ægher eigh fru for utan Iþer:
            nu gørin væl hvat han Iþer biþer;
            þæt ær þæn stolte hærra Ivan,
            konung Yrians son, þæn æþla man;
6355    hvat han haver brutiþ maghin I forgiva;
            han vil æptir Iþart minne bliva."

            Þa þe frugha þætta hørþe,
            vilin I høra hvat hon giørþe?
            For vreþe matte hon sik eigh stilla:
6360    "Luneta, nu haver þu giort illa,
            þu vil mik þær þvinga til
            þæt sum iak eigh gøra vil,
            þæt iak skulde ælska han
            þær mik eigh af hiærta væl an
6365    ok alla staþa haver mik forsmaþ
            ok drivit mik til baþe spot ok haþ.
            Nu kænnis iak viþer sanlik,
            þu haver mik ater til drivit svik.
            Þu matte hælder hema væræ
6370    æn þolikin gæst at føra hæræ;
            hælder vilde iak alla dagha
            liva viþ nøþ ok þolikin agha
            æn iak vilde varþa hans vin.
            Vare mik eigh for eþa min
6375    —þem vil iak ænga lund bryta
            sva framt iak ma livit nyta—
            iak vilde honum aldrigh vinskap giva
```

have him sit down at your side
and make his heart happy; 6335
that is the request I made of you.
No other person can help him
—think about it, my dear lady—
not knights, not ladies, not squires,
but you alone, M'lady." 6340
"I will gladly help him
and do all to further his honor."
The lady then asked the knight:
"Come and sit by me."
Then the fair maiden said: 6345
"Why should it be concealed any longer?
I want to reveal it here:
nothing will change it.
The knight who has come here,
he is your heart's beloved 6350
and has no other wife but you.
Now do whatever he asks you.
He is the honorable Sir Ivan,
son of King Urien, the noble man;
whatever his misdeed, you must forgive it; 6355
he places himself at your mercy."

When the lady heard this,
do you want to know what she did?
She could not stop her anger:
"Luneta, you have done ill! 6360
You want to force me
to do what I do not want,
that is, to love him
who does not love me with all his heart
and has rejected me in every way 6365
and driven me to scorn and contempt.
Now I certainly realize
that you have betrayed me once again.
You would better have stayed at home
than to bring such a guest here. 6370
I would sooner every day
live in danger and great fear
than be his friend.
Were it not for my oath
—I shall by no means break it 6375
as long as I live—
I would never give him my friendship

mæþan iak matte i væruldine liva,
eigh for þiænist ok eigh for bøn,
6380 þær skulde han fanga a sanna røn,
þy at iak hafþe þæt sva staþlik iat
þæt vi skuldom aldrigh være sat.
Þo mæþan han ær komin a mina naþa,
honum skal ængte vætta skaþa;
6385 iak haver nu eigh annat til,
iak varþer at gøra hvat han vil
mæþ hiærta ok ræt goþvilia;
os ma nu ængin at skilia."
Þa svaraþe hænne hærra Ivan:
6390 "Guþ þakke Iþer, frugha," saghþe han,
"hvat iak haver brutiþ i þænna staþ,
þær haver iak fangit for et baþ!
Guþ late mik liva mæþan iak ma
ok aldrigh optare gøra sva;
6395 iak vil nu Iþra æro gøma
ok aldrigh mik sva sara forgløma."
"Iþer skal ængte vætta saka,
iak vil mæþ æro viþer Iþer taka.
Guþ gøme os fran allæ nøþ,
6400 os ma eigh at skilia for utan døþ!"
Þe gingo saman i sama stund
ok mintos liuflika af hiærtans grund
ok toko hvart þera annat um hals,
umfingos liuflika for utan fals.
6405 Þa mælte hærra Ivan stolt ok goþ
þæn æþle hærra þær han stoþ:
"Fyrra skal mik nu livit þryta
æn iak skal nokot mot Iþer bryta!"
Nu ma hærra Ivan vara bliþ
6410 ok liva for utan møþo ok qviþ,
þy at al hans sorgh ær nu ænd
ok honum til glæþi ok skæmptan vænd.
Luneta baþ sva hiærtelik:
"A hærra Guþ i himirik
6415 mæþ sina sighnaþa naþæ
gøme Iþer saman baþæ
ok late Iþer hær liva sva
þæt I maghin himirikis glæþi fa
ok naþer for utan ænda
6420 þa Iþer skal døþin hænda!"
Nu haver Luneta alt þæt fangit
þær hænne haver længe æptir langat,

as long as I am alive,
not for compliments and not for begging;
he would experience this for sure, 6380
since I had so steadfastly sworn
that we should never be reconciled.
Still, since he is now at my mercy;
nothing will be done to harm him.
Now I can do nothing else 6385
but do what he wants
with all my heart and with the best will.
No one can now part us."
Then Sir Ivan answered:
"May God reward you, M'lady," he said, 6390
whatever misdeed I have done,
I have paid for with hardship!
God let me live, however long,
never to act like that again.
I shall now protect your honor 6395
and never again transgress."
"Nothing shall harm you.
I intend to take you back with honor.
God deliver us from all calamities;
nothing but death can part us!" 6400
They then went toward each other
and kissed each other with all their heart,
and they embraced each other
and greeted each other without guile.
Then Sir Ivan, honorable and courteous, 6405
the noble knight, spoke where he stood:
"Sooner will my life fail
than that I shall offend you!"
Now Sir Ivan can be happy
and live without anxiety and distress; 6410
all his sorrows are now at an end,
and have turned into joy and pleasure.
Luneta then prayed with her whole heart:
"Ah, may the Lord God in Heaven
with His blessed grace 6415
preserve you two
and let you ever live in such a way
that you will enjoy the Kingdom of Heaven
and grace without end,
when death seeks you!" 6420
Now Luneta has achieved everything
that she has desired for so long:

      sæt sin hærra ok sina fru
      sva at þe æru væl ivir ena nu.

6425 Nu haver iak sagt af hærra Ivan
      alt hvat iak skrivat af honum fan
      ok ængte vætta lagt þær til.
      Late hva þæt eigh tro vil!
      Iak lot þær ængte ater sta
6430 þæt iak skrivat for mik sa.

      Þa þusand vinter, þry hundraþ ar
      fran Guþs føþilse liþin var
      ok þær til þry, i þæn sama tima
      varþ þæsse bokin giorþ til rima.
6435 Eufemia drotning, þæt maghin I tro,
      læt þæssa bokena vænda svo
      af valske tungo ok a vart mal
      —Guþ naþe þe æþla frugho sial—
      þær drotning ivir Norghe var
6440 mæþ Guþs miskun þrættan ar.
      Nu ær þæsse bok til ændæ.
      Guþ os sina naþer sændæ!
      Guþ givi honum þær hana giørþe
      ok allum þem þær bokena hørþe
6445 himirikis glæþi for sina møþo
      ok frælse os fran hælvitis døþæ!

she has reconciled her lord and her lady,
so that they are now at perfect peace.

Now I have told about Sir Ivan 6425
everything I have found written about him
and have not added anything myself.
Whoever does not believe it, so be it!
I have left out nothing
of what I found written. 6430

When one thousand winters, three hundred years
had passed since God's birth
and another three, that is when
this book was turned into verse.
Queen Eufemia, you may believe me, 6435
had this book translated
from French into our language
—God have mercy on the noble lady's soul—
who was queen of Norway
for thirteen years by the grace of God. 6440
Now this book is finished.
God grant us His mercy!
God grant him who wrote it
and all those who listened to the book
heavenly bliss for his efforts, 6445
and deliver us from death in hell!

VARIANTS

Only variant words or forms in A are usually given (normalized), not orthographical variants or obvious misspellings. Passages with no correspondence in A are indicated as "lacking." My emendations, in contrast to those taken over from N, contain references to the manuscript(s) used; variants from Noreen's edition are identified as N and given with the manuscript(s) used by him. My emendations also incorporate the few misprints or rare mistakes in N. In some instances I have punctuated differently from Noreen without commenting on this. I have also joined (or disjoined) certain compounds, for example *of sent* > *ofsent*. Other editing principles should be clear from the following explanation of the symbols used:

hd 2   Changes by hand 2 in A when that is not the current hand.
N   The edition *Herr Ivan* by Erik Noreen.
...   Lines and words, or parts thereof, missing in A because of damage to the manuscript.
+   Additions in the margin or between lines in A.
\>   Written forms in A changed by a scribe to.
<   Written forms in A changed by a scribe from.
< >   Supplied by editor.

1 hælga anda] h... **4** skæmptan] glæþi. viliæ] vil. **15** Karlamagnus] konung M<agn>us. **17–18** at fræmbre varo ænge i þera tiþa (< tima) / for kristna mot heþna mæþ at striþa. **22** æ hvar þe striþa mæþ sit hof. **24** grevar þiænte þem] grev... **25** giorþo ok sva] gior... **26–40** ... **45** þem] þær. **48** up a] pa. **51** slikt] þolikt. valdit] vald... **55** *From E, not in N*; þær þe vilia hava til þiænara *A* ; þær þe viliæ hava til þolikin æræ *B*; ok þeræ þiænare vil iak væræ *F*. **56** hava] *thus B*; hava þem *A* , *N*. **58** skæmptan] glæþe. forþom] forþ. **60** mælte] talaþe. **64** alt] þær. **66** han] þy han. **68** mør] iomfrur. **71** Segremors ok] hærre Segremors ok. hærre Gavian] Valivan *A* , *N*. **72** Kalegrevanz] ...s **73** ok—qvaþsprak] ...aþsprak. **74–88** ... **91** høviskare] + a *hd 2*? **92** for] ok for (+ for *hd 2*). **95** fruo] + drotninginne *hd 2*. **99** mælte] > talaþe *hd 2*. æn] + um *hd 2*.

101 ofsene] sene. **103** mælin] > talaþe *hd 2*. **107** mælte] > saghþe *hd 2*. **108** monde] mon. **118** eigh] *lacking in A*. mælt] > þagt (> sagt *hd 2*). **125** kiva] < skiva. **127** for] *lacking in A*. **129** þu] ok. **132** drivit] driver. þem] + til *hd 2*. **134** at þu] *thus D, F*; þu *A* , *N*. eigh] *thus F*; ok ække *A* , *N*. **137** mælte] + ok saghþe *hd 2*. **142** vi] man. **150** alt] + *hd 2*. ofþungt] þungt. bæræ] gøra. **153**

Biþer iak] Iak biþer. **156** fruor] svena. **165** þænne] + same *hd 2*. **172** mælte] > saghþe *hd 2*. **177** vare] var. **190** *before* hvar] + ok *hd 2*. **192** gæst] gæstæ. **204** matte] matte þem. **205** ok] ok under. **206** gullit] gul hængde þær i. **210** saþ] (+ um *hd 2*) sat. **212** væruldsens] værulds. **213** lukt] staþ. **216** var] var þær. **218–19** *lacking in A*. **220** iumfrua] iumfrua mik. **221–22** *lacking in A*. **235** vi sate] honum iætta. **236** þæt] + ækki. late] eigh forlata. **239** lango] langa. **243–44** *lacking in A*. **246** orlof ok gik] þa lof at ga. **252** riþit] < riþin? **258** varþ] < var? *hd 2*. **260** fan] < fra. **263** Han—sum] Honum. fylghþe (+ ok *hd 2*) en. **264** ørsa] < horsa. **265** halsin krokot sum] hans hals var sum (+ en *hd 2*). **268** horn] < hørn. **276** lang] var. **279** enæ] sina. **282** kostnaþ] + eigh *hd 2*. **285–86** sa iak þær um honom svema / orma ok øþlo aldra væghna. **289** a—alnæ] up a en høghan.

300 mælte] > talaþe *hd 2*. **303** mælte] > talaþe *hd 2*. **309** mik—set] mik nu. **310** skæpna] skapilse. **313** hær at gøræ] gør iak. **316** kant þem gøme] gømer þe diurin. **329** þæt] et. ok kaster] iak kastar þæt. **334** skaþa] *lacking in A*. **337** ok letar] < at leta. **338** þy] þem. **339** matte] + af *hd 2*? **345** kan] + nu et] mit. **347** *another line follows*: þe vænasta man mæþ øghon sa. **353** haver] haver Iþer. **354** rosir] + um *hd 2*. **356** þvang] makt. þe] þer. **359** kælda] kælda hon. mere] en. **380** menæ] skaþa. **387** riþit] < riþin. **395** lund] sama stund.

412 af kældan] iak hana. **413** iak siþan] siþan iak. **423** giort] giort mik. **439** sær um] sunderlika. **450** ti<o>] ti *A*, *N*. **460–64** þæt skal þu giælda þæt nu ær sket. **467** giort] + þæt *hd 2*? **470** skaþa] skaþa i. **471** bøta] høta. **472** sva] *lacking in A*. **479–82** *lacking in A*. **486** sin glævio] sit spiut. **490** nøþ] ... **492** min glæviæ] mit spiut. **495** bort han] han bort.

511 blyghelik] blygher. **516** Sva] *lacking in A*. **517** bliþelika] bliþelika þa. **519** mik] m... **522** mør] iumfrur. **532** nokor] nokor man. **549–50** þa talaþe ok þær til hærra Kæyær / hør ok mik hvat iak sægir. **556** baþom giærna] fulgærna. **557** þo] þy. **559** nar] Ivan. **573** þolikt spot eigh] nu eigh þolkit. **586** eigh] eigh at. **599** ængte] + at *hd 2*.

604 honum] + *hd 2*. **606** þæt] þæt sum. **607** I mughen] þe magho. **610** førþe] han førþe. hære] hæ... **611** glaþ] g... **612** saghþe] + þæt *hd 2*. **615** Aktin] Ivir. **618** baþe æro] æro baþe. **622** at] *lacking in A*. **626** sva] sva ok um. **631** alla væghna þe tiþande foro. **633** riddara] riddara sva. **634** utan] + eigh Ivan] + *hd 2*. **637** þæt] + ævintyr *hd 2*. **638** ævintyr] + ville han *hd 2*. **648** tygh] þing. høræ] hørir. **652** hvart] hvart sum. **660** mik] + *hd 2*. **662** langæ] langar. **663** Gavian] Valivan *A*, *N*. **673** han] han i. **678** þær] þe. **680** eigh] > aldrigh *hd 2*. **685** æro] + nu væl *hd 2*. **686** mæþ—eigh] mik eigh sina naþer. **687** þe] + sama *hd 2*. **689** en] þæn. **691** þæn] + sama *hd 2*. **698** sum] þæt. **699** ok] han.

701 up a] a (> af *hd 2*) sky. **702** hvart han skulde ga þæt viste han eigh. **704** þa voþ han þæt af vinters vis (> pris *hd 2*). **705** þa] *lacking in A*. **707** væpnaþer—hosenskoþ] af þæn øþkne skogh. **715** annan] annat. **717** hiolt] hafþe. for hat] forsmat. **721** mangin] mangin man. **724** þær høghæ] margha. varo] varo þe. **728** hvar] hvar þera. sin] þera. **729** þe] ok. **732** eigh] æn. **735** Iak] + < af. **739–40** *lacking in A*. **744** tokt] tygh. þæt] + eigh *hd 2*. **746** Vadein] + røþa *hd*

2. **750** flydde] flyddo. **753–54** *lacking in A*. **761** hærra] + *hd 2*. **764** viþ] fra. **765–66** *lacking in A*. **770** vin—frænde] viner ælla frænder. **771** þær] + *hd 2*? **773** þe] þera. **781** þær] varþ. skøt] støt. **788** frælste] < frælse *hd 2*. **789–90** *lacking in A*. **795** sare] sarlika. **796** iaghæ] iaghar.

804 høghelik] mykin. **806** up—sin] a sina hænder. **810** hær] *lacking in A*. **811–12** *lacking in A*. **818** vi vitom] vitin. **819** svaraþe] + hænne *hd 2*. **822** sva] sva flatlika. **823** þa] sva. **825–26** *lacking in A*. **827** Iþer skyldogh] skyldogh Iþer. **830** for at] *thus D–F*; for *A, N*. **831–32** *lacking in A*. **834** þæt] *lacking in A*. Iþer] + þæt *hd 2*. **835** ængin] eigh. høviskan] + en *hd 2*. **837–38** utan I ena Iþart nampn iak eigh mon / utan I hetin hærra Ivan. **839** var þik] varen < varo þe *hd 2*. **840** þik] nu Iþer. fulvæl] *lacking in A*. **848** han a sik] þær han. **853** mik] mik i gen. **857–58** *lacking in A*. **859** mælte] > saghþe *hd 2*. **865** litin] lønlik. **867** ok hvilæ] I hvilen. **868** lang] længæ. **869–70** *lacking in A*. **873** naþæ] maka. **874** skaþa] saka. **875–76** *lacking in A*. **878** hon] þær. **879–80** mioþ ok vin ok ærlik most / ok alla handa goþer kost. **883** þæn døþis þiænare] *thus E*; Hans riddara ok svena *A, N*. **885** ok] + sva *hd 2*. **886** eigh] + mæþ allo *hd 2*. **889** mælte] > saghþe *hd 2*. **897** ok] ok sva. **898** mæþ] + mykin *hd 2*. **899** ømkelika] angistlika.

903 skæmptan] > glæþe *hd 2*. **905** þe hughsa alt at Iþer leta (< let *hd 2*). **908** hænder] hand. **909** honum] Iþer. **910** han—tærnæ] I giorþin viþer mik hærna. **911–12** *lacking in A*. **919–20** *lacking in A*. **921** þe kæra þera angist marghin fald. **924** slikt] þolikt. **925–26** *lacking in A*. **928** ærum] ærum nu. **931** mæþan alle lasa for portana æra. **933** makt] krapt. **934** þæn man honum svek mæþ onde makt. **939** alt] *lacking in A*. **943–44** *lacking in A*. **949–50** *lacking in A*. **957** æptir klærka] *thus B–D, F*; klærka *A, N*. **958** ok] at. **959** stoþ] satto þe. **961** klærkæ] klærkane. døþæ] ... **967** mælto] > talaþo *hd 2*. **968** sva] *lacking in A*. **971** letaþo] letaþo han. **979–80** *lacking in A*. **984** i hiærtat] sva sara. **989** riddare] riddare þær. var] varþ. **990** ospar] osparþ. **994** riþæ] striþa. **995** eigh sigher] en siþer. **996** þæt—mæþ] eigh hans. diævulsskapa] *thus A*; diævulsskapi *F, N*. **997–98** *lacking in A*.

1007 iumfru] iumfru hon. **1010** þætta] þæt. alt] þær nu var. **1013–14** *lacking in A*. **1020** føghæ] gøra. **1028** for] + **1030** eigh] + nu *hd 2*. **1033** mælt] > talat *hd 2*. **1041** þænne] *lacking in A*. **1046** ævintyr] ævintyr sum. **1047–48** *lacking in A*. **1051** at] um. **1053–54** *lacking in A*. **1058** baþe] baþe til. **1061** a] af. **1062** tik] t... **1069** ok driver mik til baþe haþ ok spot. **1077** æn] ok. **1083** iak] iak ivir. **1086** hiærtelika] + væl *hd 2*. **1089** hon] < iak. **1099** *lacking in A*.

1100 *lacking in A*. **1102** gøre mæþ] unna. **1104** glæþi] goþo. **1109** matte] matte þa. **1110** var] matte. **1113** var rædder] varþ vreþer. **1115** at han hafþe] þæt iak haver. **1120** æller] æn han. **1125** ær] + **1126** nu sva] sva mykit. **1131** mælte] > saghþe *hd 2*. **1136** mik] mit. **1139** honum] mik. **1141** leþe] lyþogh. **1145** æn] at. **1147** Æten ok drikken] Drikken þa *A*; Æten ok drikker *B, D, F, N*. **1151** huru þæt] þa iak ater. **1152** iak] iak iak. **1153** for—gik] gik for sina fruo. **1154** mælte] > saghþe *hd 2*. **1160** þæt iak han aldrigh (+ ater *hd 2*) fanga ma. **1161** honum þo] þo honum. **1163–64** *lacking in A*. **1165**

Iþer giva] giva Iþer. **1166** iæmvæl] iæmvæl ok. **1179** ondæ] fula. **1192** Iþer] þæt.

1201 ælsken] takin. kæran] kæra. **1202** halden] havin. **1213** hvi—I] I talin eigh. **1215** hiærta] hiærta at. **1216** skaþa] sorgh. **1217** eigh—svar] þa andsvar. **1223** vandæ] vand... **1241** ække] eigh. **1260** þor væl] þera vil. **1272** en—var] ensamber. **1275** þy] *thus B, E*; þo *A, N*. øræ] ør. **1278** forsmaþ] forsmat. **1281** Minnes] Snimmarst. mæltin] > saghþe *hd 2*. **1283** *lacking in A*. **1284** skulde] skulin. **1288** hus] hus þær. **1291** mælte] > saghþe *hd 2*. **1292** mik—illæ] illa þykker mik. **1294** kunne] kunne væl. **1295** ater Luneta] Luneta ater. **1297** for sin fruæ] sina fru at. **1299** hon þottis eigh þæþan vilia fara.

1305 *probably incomplete, cf. Jansson 1947 p. 66*. **1305–08** *lacking in A*. **1310** slækt] skækt. **1312** sigh] sigh mik. **1313** þa] *lacking in A*. **1317** skulde] skulde ivir. **1325–26** *lacking in A*. **1327** sina] sina sighnaþa. **1329–30** *lacking in A*. **1345** at le] *thus E, F*; le *A, N*. **1351** svaraþe] svarar. **1352** eigh] eigh raskare. **1353–54** sva langt ær þit, þæt maghin I tro / þær þæn æple riddare mon bo. **1358** kome] komber. **1362** þør] + þæt *hd 2*. **1364** honum] *followed by* ha (*crossed out?*). **1372** son] son ær. **1376** þær < þy *hd 2*. þe] at (*crossed out*). **1377** Min] þæn. **1381** braþ] brat. **1382** menlika] menlik *E, N*; manlik *A*. **1385** væræ] varþa. **1399** *lacking in A*.

1400–04 *lacking in A*. **1407** hat ok] þær til ena. **1414** hon] ok. mælte] > saghþe *hd 2*. **1415** nu] *lacking in A*. þæn] þæn same. **1417** alt] *lacking in A*. **1420** þæs] hans. **1428** duld] hult. **1432** haver] + at *hd 2*. **1443–44** *lacking in A*. **1442** riddare] *thus A*; ridddare *N*. **1445** ok] þe. **1449–50** *verse order reversed in A*. **1458** staþlika a] starklika up a. **1461** mælte] > saghþe *hd 2*. **1467** Talin] + I eigh. **1485** iak] + **1497** mæla] > sighia *hd 2*.

1501–02 *lacking in A*. **1505** dømæ] doma. **1508** at sit lif vil hvar man gærna gøma. **1510** hærra] *lacking in A*. **1512** hiærte] hærre. **1516** for] ivir. **1519** spænt] sprængt. **1525** Artus] Artus komber ok. **1528** fulvæl] væl. **1534** ma eigh] skal ængin. døþin] + at *hd 2*. **1535** mælte] > saghþe *hd 2*. hærra] hærra ia. **1537–38** i þæt hus sum hær star nær / riddara ok svena biþa os þær. **1542** lønlik] *lacking in A*. **1551** myklæ] *lacking in A*. **1555** mælte] > saghþe *hd 2*. **1557–58** *lacking in A*. **1561** þæt gar] vi skulum. **1563** at bæra] anbæra (= at bæra?). **1567** mælte] > saghþe *hd 2*. **1568** lyþa] + hær. **1569–70** *lacking in A*. **1578** vart—honom] goþs ok ræt eigh. **1580** innan] i. **1581** þorvom] þørvin. væl] alle. **1585–84** *lacking in A*. **1589–90** *verse order reversed in A*. **1593** ok—þæt] *lacking in A*. raþelik] raþelikt. **1598** hundraþ] < þusand.

1600 giærnæ] *lacking in A*. **1602** giptæs] gøra. **1609** allæ sagt] svaraþ. **1610** þæt] + **1612** vil] + þæt *hd 2*. **1616** heþerlik] hiærtelik. **1617** son] son baþe. fram] from. **1619** toktelik] dygþelik. **1621** iak] *lacking in A*. **1623** ok þærnæ] þæræ. **1624** þæt vilia vi alle giærna gøra. **1627–28** *lacking in A*. **1629** þæt] + *hd 2?* **1635** innelik] < minnelik. **1638** var] + sva *hd 2*. **1641–42** *lacking in A*. **1647–48** *lacking in A*. **1654** Landevans] annars manns. þe fru] husfru. **1657** alt] *lacking in A*. **1664** land] land þær. **1666** til ævintyr] væpnaþæ. **1674** mælte] > saghþe *hd 2*. **1676** ække] eigh æn. **1679** sva] *lacking in A*. **1682** han] at han. ræt] *lacking in A*. **1683–84** *lacking in A*.

1686 rosaþe] + 1689 þæt—os] taka os þæt avintyr. 1691 orþom] + 1693 virþer lit] urþin litit. 1694 han—giærnæ] þa vil han sik.

1705 tala þolikt] talaþe þolkin + orþ. 1708 ræþsl] ræþsl ræt. 1711 viþ] + *hd 2*. 1712 orþ] + *hd 2*. 1717 þa] Siþan. 1719 ok] at. 1720 giørþ] giort. 1724 þær] sum. atte] røþe. 1728 komen var] kom riþande þær. 1732 iak] + 1733–38 *lacking in A*. 1739 Iþræ] rika. 1742 han] + 1748 han] *lacking in A*. 1749 þrykte] satte. 1754 sin skaþæ] sin høghelika skaþ... 1755 þær] + hærra *hd 2*. 1757–58 *lacking in A*. 1759 þa] sva. 1760 iorþenæ] markinne. 1762 la] + hærra *hd 2*. 1767 O ho] O ho o ho. 1769–70 *lacking in A*. 1771 skænt] skæmpt. 1772 en] en annan. 1773 forsmaþ] forsmat. 1775 *before* Kæye] + Hærra. 1776 þo] þa. 1778 hærskap halda] stora hærskap. 1786 nu] genast. 1791–92 *lacking in A*. 1795–96 Man þænkte þæt opinbara. 1797 var] var eigh.

1800 mælte] > saghþe *hd 2*. 1810 lyster] ok lyster. 1812 mæþ] til. 1822 *before* morghon] + i *hd 2*. 1823 þa] < þe? *hd 2*? 1836 sven] svena. 1839 hælser] hælsaþe. bæzt kan] kunde bæzt; *another line follows*: ok sattis hvar þa af sin hæst. 1840 *another line follows*: konung Artus for at han var en man. 1849 skæmptan] > glæþi sum *hd 2*. 1850 man] + 1853 kostelika] kostelik. 1857 þæt] þæra. 1859 konungsens] konungs. vægen strød] viþa strøt. 1860 røþ] røt. 1861–64 *lacking in A*. 1866 sven] svena. 1868 konungen] honum. 1871–72 *lacking in A*. 1875–76 *lacking in A*. 1877 mælte] > talaþe um *hd 2*. 1884 þakke] þakker. 1892 huru] fyr æn.

1911 kæra] kær. 1912 æra] ær. 1919–20 *lacking in A*. 1923 giærnæ biþer] biþer Iþer. 1929 æræ] ær. 1930 þæræ] þær. 1933 þe] ok. skæmptaþo] > gladdo *hd 2*. 1935–36 *lacking in A*. 1938 at] < ok. veþa] beta. 1940 skæmptan] > glæþi *hd 2*. 1949 Iþer] + baþe *hd 2*. 1951 mælte] > saghþe *hd 2*. 1957–1999 ...

2000–62 ... 2063 æ] *lacking in A*. 2065–66 *lacking in A*. 2071 Nu] *lacking in A*. 2072 riþo] foro. 2075 þæt var þa] þa var þæt. 2079 fræmbre] bætre. 2091–92 *verse order reversed in A*. 2097–98 *lacking in A*. 2099 mælte] > saghþe *hd 2*.

2104 þykker] þykker sum. 2107 mælte] > saghþe *hd 2*. 2110 biþæ] bliva. 2111 svaraþo] svaraþo alle. 2113–14 *lacking in A*. 2115 skæmptan—fagher] baþe glæþi ok. 2118 up a] þa. 2120 frugha] husfrugha. 2129 konungen] konung Artus. þaghar] *lacking in A*. 2130 fru] fru mæþ. 2131 mangafalda] margin fald. 2132 maghen] havin. valda] vald. 2136 eigh] + nu *hd 2*. 2137 finder] + nu *hd 2*. 2146 lughit] lovat. 2148 ængte] aldrigh. 2149 af hiærtæ] optare. 2153 þa] + længe *hd 2*. 2155 af] < sik. 2162 þær] þit. 2165 þær] þæt < svo. 2168 sara] *lacking in A*. 2173 vin] viner. 2174 *before* at] + ok. 2175 þæn] sin. 2179 ofbald] for bald. 2182 mælte] > talaþe *hd 2*. 2184 þera] man. 2185 hans—sva] sva hans hiærna. 2186 klæþe] klæþe sva fordref (fordres *N*; *last two words crossed out*). han] + 2192 han] + 2193–94 *lacking in A*. 2195 undraþe] undra. 2196 funno—hvarten] finna han eigh hvarte. 2197 kan bæzt] ma mæst. 2198 ma mæst] kan bæzt < ma mæ.

2200 han] + 2201 sven] *lacking in A.* 2202 mykit] stort. 2204 han] ok.
2205 þær] *lacking in A.* 2206 þær baþæ] baþe i. 2209 ræt] *lacking in A.*
2211–12 *lacking in A.* 2215 han] han þær. 2217 undraþe] þænker. 2219
þænker—sik] han þænkte at han. 2221 krafþe] < qvarþe (*uncertain meaning, misspelling?*). 2226 annat] < annan? 2228 sattis—lius] satte sik þær hos.
2229 sva] *lacking in A.* 2231–32 *lacking in A.* 2233 æ] *lacking in A.* 2237–
38 *lacking in A.* 2243 i himirik] < sva naþelik. 2247–48 *lacking in A.* 2253–
54 *lacking in A.* 2257 þæt—baþe] þæt sama kiøt han. 2258 genom—vindøghæ]
þæt genom vindøghat. 2259–60 *lacking in A.* 2267 riþu] riþu þe. 2269 stoþ]
< stegh. 2270 vilde] vilde þær. 2271–72 *lacking in A.* 2277–82 *lacking in A.*
2283 ok] hon. 2287–88 *lacking in A.* 2290 þæræ] hære. 2291 sighnar]
sighnaþe. 2293–94 *lacking in A.* 2296 reþ] reþ siþan. 2299 *lacking in A.*

2300 *lacking in A.* 2302 en] < æn hd 2? 2306 konung] konungs(ens?).
Yrians] + 2307 a] af. 2309 þæt] < þe. 2312 skipilse] skapilse. 2317 giorþe
Iþer] haver Iþer giort. 2319–22 *lacking in A.* 2329 komber] komber ok. 2333–
34 *lacking in A.* 2337–38 *lacking in A.* 2340 æptir] ater. 2343–44 *lacking in A.* 2349 gar] star. 2355–56 *lacking in A.* 2362 i] + sva. 2374 laghþe] bar.
2381 stund] stund þær. 2386 mælte] > saghþe hd 2. 2397–98 *lacking in A.*

2409–10 *lacking in A.* 2413 beþis] biþer. 2414 i] *lacking in A.* 2418
ok] hon. hon] + 2419 talaþe—hans] svaraþe honum. 2423–24 *verse order reversed in A.* 2423 Um—ærligh] Kæra iomfru vilin I sva. 2424 liþugh] liþugha.
2435–36 *lacking in A.* 2445–46 *lacking in A.* 2448 þa—farande] þe komo
siþan. 2450 þæn] þe. buþken þa] buþka tva. 2454 buþken] buþkana. 2464
enne] < inne. 2465 bars—at] kom eigh bæter til. 2466 þæn—mik] æn buþkin
fiol niþer. 2473–74 *lacking in A.* 2480 iak vil] at han skal. giærnæ] *lacking in A.* 2481 þær] þy. þænkie] þær þænkia up. 2483–84 *lacking in A.* 2485 nu
eigh] *lacking in A.* 2493 langan] langin A, N.

2505–06 *verse order reversed in A.* 2505 væpnaþer baþe til ørs ok fot.
2509 ater] nu. 2529 hær] *lacking in A.* 2532 omaklika] + þa hd 2. 2533–34
lacking in A. 2547–48 *lacking in A.* 2549 þe sik eigh giærna vildo giva. 2250
han—døþer] þe skuldo þær døþe. 2551–54 *lacking in A.* 2555 væræ] varþa.
2556 lægger] læggia. 2592 sva hemført] ater fört. 2593–94 *lacking in A.*
2598 þæn riddare varþ þa storlika vreþ.

2601–02 *lacking in A.* 2603 hugger] han hugger. 2607–08 *lacking in A.*
2611 þa—þæt] þe hafþo þær. varat] varit. 2612 ok] þær < ok. þe] en. 2613
nu] æn. 2615–16 *lacking in A.* 2621 vil] skal. 2622 þu skal mik eigh slippa
sva. 2625 anger ok] mykla. 2627–28 *lacking in A.* 2631 honum] honum i.
2643–46 *lacking in A.* 2650 fangin] fangin mæþ sik. 2651–56 *lacking in A.*
2660 beþis] beddis. þo] *lacking in A.* 2661 kænnis] kænnis at. 2667–68
lacking in A. 2674 þæt] þa. 2677–78 *lacking in A.* 2682 eigh] + hær hd 2.
2683–84 *lacking in A.* 2689 þy] þo. 2690 han] + 2694 þæt] + hafþe]
monde. 2696 þæt leon var stat i storan vaþa. 2699 ække] eigh.

2700 matte] matte hon. 2701 Han] ok. rættæ] rættan. 2703 þa] ok.
2705 man] han. 2707 þa] *lacking in A.* 2711–12 *lacking in A.* 2715–16

lacking in A. **2719–20** *lacking in A.* **2722** skulin] maghin. **2728** ræt] *lacking in A.* **2730** mik] *lacking in A.* **2731** ut] *lacking in A.* **2733** þæt—han] þa leonit sin hals fram. ratte] > rækte *hd 2.* **2742** viþ] *lacking in A.* hana] hænne. **2745** sit] < sik. **2754** af] *lacking in A.* **2756** undrar] *thus B*; undra *A , N.* **2758** þær] þær til. **2761** vil—stund] ok vilde han længer. **2762** yfrin diur þa (*crossed out*) fan hon þær nær. **2766** braþlika—hon] hon lop genast. **2371** ti<o>] ti *A , N.* **2775** bliva] < biþa. **2779** hiærtæ] hiærta ok. **2780** ok—hos] gaf þæt leonit sum for. **2783–86** *lacking in A.* **2791** alt hos] for honom. **2792** ække] eigh. **2793** mæþan] sum. **2797** Han laghþis] ok laghþis siþan.

2800 þa laghþe hon sik honum sva nær. **2802** þæn—honum] ivir sinom hærra. **2803–04** *lacking in A.* **2805** mer] *lacking in A.* **2810** nætter] dagha. **2813–14** *lacking in A.* **2819–20** *lacking in A.* **2825** hals] axl. **2826** ok i] a. **2831–34** *lacking in A.* **2837** þæt—tok] þa tok hon. **2841–44** *lacking in A.* **2849–50** *lacking in A.* **2858** frugha] husfrugha. **2867–68** *lacking in A.* **2871–72** *lacking in A.* **2874** mik] + mon. **2878** vil] vilde. **2880** æn diævulin skulde eigh siælina ærva. **2882** sat] stoþ. **2883** hos] þær nær. **2887– 88** *lacking in A.* **2889** mælte] > saghþe *hd 2.* **2891–92** *lacking in A.* **2894** Sigh] Sigh mik. **2898** þær] sum.

2900 þine] < mine. **2905** for þera lygno mal. **2906** i] a. **2910** hvi] for hvi. Iþer] Iþer at. **2915** skulde] skal. **2917** ække] eigh. **2918** kan] kan þem. **2952** dyghþelik ok] þa daghlika. **2953–54** *lacking in A.* **2963** eno] eno þær. **2971** sva] alt. **2972** hon] hon fik. Iþer fik] þik. **2975–76** *lacking in A.* **2977** skaþa] skaþan. **2979** gørlæ] *lacking in A.* **2983** þa] þy. **2986** þæt] *lacking in A.* **2987** han] ok. **2989–90** *lacking in A.* **2992** gøra] + þæt *hd 2.*

3003–04 *lacking in A.* **3005** Konungen] Konung Artus. mælte] > saghþe *hd 2.* **3007** Gavian] *thus E*; Valivan *A , N.* **3009** Iþer] Iþart. **3011** þa] *lacking in A.* **3015** matte iak] at. **3035** antiggia] antiggia iak. **3027** æ] ok æ. **3029** leta] < læ (*misspelling*). **3033** þæt] þær af. **3037–38** *lacking in A.* **3045** æræ] < æru? **3049–50** *lacking in A.* **3053** mik] < Iþer. **3057–58** *lacking in A.* **3070** at] > þæt *hd 2.* **3073** a husit] þær. **3075–78** *lacking in A.* **3080** baþo— han] mælte þe. **3086** at] > þæt *hd 2.* **3087–88** *lacking in A.* **3090** leon] > leonit *hd 2.* **3094** frur] iomfrughor. lius] blus. **3095–96** *lacking in A.* **3097** fruor] frugha. mondo] monde. **3098** skipaþo] skipaþe. **3099** mælte] > saghþe *hd 2.*

3102 at] > þæt *hd 2.* **3103–04** *lacking in A.* **3108** skæmptan] > glæþi *hd 2.* **3111–12** *lacking in A.* **3114** at] > þæt *hd 2.* ømke at] ømkelikt. **3119–20** *lacking in A.* **3124** þæt—Iþer] Iþer matte þæt. skæmptan] > glæþi *hd 2.* **3127– 28** *lacking in A.* **3133** haver giort] gør. **3141** rask] rikasta. **3143** Fiælskarper] Fiælskarper mono. **3148** þær—liva] ater liva ok. **3150** mit hiærte] hiærtat. **3153** hænne] hænne sina. **3155–56** *lacking in A.* **3163–64** *lacking in A.* **3167** svaraþe] + honum *hd 2.* **3170** manga] < manger? **3171** giærna] giærna vil. **3173–74** *lacking in A.* **3178** løst] løst ræt. **3189** nøþ] < døþ. **3193** þe] þæt. **3194** þær] sum.

3207 þær—koma] koma þæræ. **3108** æller froma] ælla æræ. **3214** finna ma] sniman sa. **3220** at] > þæt *hd 2.* man] nokor. **3222** at] > þæt *hd 2.* **3224**

eigh *lacking in A*. lata] skulin I eigh lata (< grata). 3227–28   *lacking in A*. 3231–32   *lacking in A*. 3236   at] > þæt *hd 2*. fallæ] standa. 3237–38   *lacking in A*. 3239   Iak—þæt] ok vil iak. 3243–44   um Guþ mik þe lykkona sænder / at (> þæt *hd 2*) han bliver døþ for mina hænder. 3245–46   *lacking in A*. 3251–54   *lacking in A*. 3263   mælte] > saghþe *hd 2*. 3264   givi] < giver *hd 2*. 3265   mæþ] mot. 3267   hans] þæt. 3268   hvilæs] vilia. 3277   anda] < ænda. 3281   þæt—mik] mik + nu *hd 2*. 3287   tok] tok þa. 3292   hærra] *lacking in A*. 3293–94   *lacking in A*. 3295   honum] + *hd 2*. 3299   fræghna] spyria.

3300   goþa] + þæghna flere *hd 2*. 3302   eigh] + nu *hd 2*. 3308   æþlæ] hærra. 3309   hærra fin] nu. 3310   þæt hans syster ær min fru. 3316   orþ] eþ. 3321   vald] hand. 3335   komber] kom. 3328   ena] ena dighra. 3337   bundit—baþe] bundna baþe um. 3348   han] + þem *hd 2*. 3350   man—þæt] þæt matte. 3352   sva] illa. 3353–54   *lacking in A*. 3359–60   *lacking in A*. 3365   þa] þem. 3371   þæt] þæt sva. 3373   hænna] þæt hænna. 3380   gave] + *hd 2*. 3381–82   *lacking in A*. 3399   gøme] < gømer? *hd 2*.

3401   þe] *lacking in A*. 3417   þæt—æst] Æst þu. mik] mik hær. 3426   hio] slo. 3429   for—hafþe] hafþe for platane. 3433   han] + þæt *hd 2*. 3436   skiolden] hans skiold. 3455   sinne] sin. stanga] *thus A*; stango *N*. 3458   raþelika] > ræþelika *hd 2*. 3459–60   *lacking in A*. 3461   leon] > leonit *hd 2*. 3468   alt] al. 3477–99 ...

3500–99 ...

3600 ... 3628   ser] skal se. 3632   varþer] + nu *hd 2*. 3643   þik ær] þæt ær + þik *hd 2*. 3645   þær] hænne. 3655   þæt] + rættæ] visso. 3659–60   *lacking in A*. 3663–64   *lacking in A*. 3673   Iþer] Iþer gøra. 3674   værin] varin. 3681   svaraþe] svarar. 3699   omaklika] ømkelika.

3708   ok—han] rasklika. um] han um. 3709   Han] ok. 3719   þe rykto þa baþe til saman. 3720   þem—þa] þa þem allum. 3741   leon] > leonit *hd 2*. 3742   afstaþ] up. 3743   þorfte] þorfte þa. 3747   sma] sunder. 3750   spaldenær] panzare. 3763   frælsa þænna riddara af þænna vaþa. 3767–68   *lacking in A*. 3778   þe] þæt monde.

3804   qviþ] > qviþe *hd 2*. 3811–12   *lacking in A*. 3820   hans leon] leonit. 3822   til rækæ] reþo. 3828   i] + min *hd 2*. 3841   mælte] saghþe *hd 2*. 3850   æptir] mon at. 3853   frua sighiæ] sighia for. 3875–76   *lacking in A*. 3883   mælte] > saghþe *hd 2*. 3885   hær] ær. ær] hær. 3887–88   *lacking in A*. 3893   hænne] hænne alt. 3898   ængin] ængin man.

3902   frugha] > husfrugha *hd 2*. 3909–10   *lacking in A*. 3919   hænne siþan] siþan hænne. 3929   þæn—kom] En man kom þa. 3930   þær] + hær *hd 2*. 3933   honum] þe. 3939–40   *lacking in A*. 3948   ok sarlika þe hans skaþa kæra. 3949–50   *lacking in A*. 3951   mælte] > saghþe *hd 2*. 3958   þe] ok han þe. varo] varo þe. 3960   hvitæ] sinne. 3961   sva] *lacking in A*. 3968   af] *lacking in A*. 3971   han—hans] hans døþ varo. 3975   mælte] > saghþe *hd 2*. 3978   til—far] þær um til hova fara. 3979   at fanga] ok fa. en þæn] þæn sama. 3986   hænne] þe ældre. kome] komber. 3989   nøþæ] nøþ.

4002   þæt skal ængin af mik høra. 4003–04   *lacking in A*. 4011   hen] ær. 4012   i gen] þær. 4015   *lacking in A*. 4016   fængilse] fængilse sum. 4030   af þem] ok þæn. fra] saghþe fra. **4034** qviþ] > qviþe *hd 2*. **4036** Gavian] Gavian ræt. **4045–46** *lacking in A*. **4047** iak fyr] þær iak. **4060** ændelika] + skiut. **4061–62** *lacking in A*. **4065** konung Artus] konungin. **4075–76** *verse order reversed in A*. **4083–84** *lacking in A*. **4085** at] > þæt *hd 2*. **4088** min—þok] eigh sva min ræt. **4089** Konung Artus] < Konungin. svaraþe] + þa *hd 2*. **4096** hænne] hvar.

4103 kan] mik. riddare] riddare kan. **4105** Artus] Artus han. **4109** 40] siæxtighi. **4110** æptir þæn] æn nakar. **4113** var] fik. til] at. **4115** mæla] > sighia *hd 2*. **4116** þo at] þy at (> þæt *hd 2*). **4118** hærra] hær. **4119** at] > þæt *hd 2*. **4125** al] al + sin *hd 2*. **4129–32** *lacking in A*. **4133** ok] hon. **4139–40** *lacking in A*. **4141** af] *lacking in A*. **4145** æræ] ær. **4146** kæræ] kær. **4147–48** *lacking in A*. **4150** baþæ—ok] hænne þa sva. **4163–64** *lacking in A*. **4169–70** *lacking in A*. **4171** i] + en *hd 2*. **4175–76** *lacking in A*. **4178** at] > þæt *hd 2*. **4179** ængte] ængte taka. **4180** sik] um sina. **4181** at] > þæt *hd 2*. **4182** got] *lacking in A*. **4186** qviþ] > qviþo *hd 2*. **4188** þæn] þe. blæser] blasa. **4189** hvar þera sin tona siælver giorþe. **4190** þe–sva] sva at (> þæt *hd 2*) iomfruan þem. **4194** saghþe] *thus A*; saghe *N*. **4198** at] > þæt *hd 2*. **4199** þæn] þe.

4206 man—øghon] þær man vilde. **4215** mælte] > saghþe *hd 2*. **4220** iak—ful] for þy iak þarf þæs nu. **4225–26** *lacking in A*. **4228** til] baþe til. **4231** biþiæ] sighia. **4254** at] > þæt *hd 2*. **4258** al—bøþ] al væruldsins ød. **4260** van] > var *hd 2*. **4262** mere] større. fiænd] diævul. **4267** vete] vet. **4269** leþ] heþ. **4274** til] til þæt. **4279** hiærtæ ok] hiærtans. **4280** at] > þæt *hd 2*. **4284** hvan] > hvar *hd 2*. **4287** at] *lacking in A*. **4289** samma] skampman. **4290** skamma] þe sama. **4291** hær] þe.

4310 at] > þæt *hd 2*. **4316** fra] < þa. **4319** længe] sva. **4327–28** *verses precede v. 4325*. **4329–30** *lacking in A*. **4333–34** *lacking in A*. **4343–44** *lacking in A*. **4346** *lacking in A*. **4347** hænne siælf] þa hænne. **4354** æller] æller ok. **4355–56** *lacking in A*. **4362** æþla] sama. **4367–70** *lacking in A*. **4376** mælte] > saghþe *hd 2*. **4381–83** *lacking in A*. **4384** *missing rhyme indicates lacking line*. **4387** at] > þæt *hd 2*. **4389** sa] < sva. **4390** mælte] > saghþe *hd 2*. **4397–98** *lacking in A*.

4401–02 *lacking in A*. **4425** hærra] < mik. **4439–40** *lacking in A*. **4442** at] > þæt *hd 2*. **4443–44** *lacking in A*. **4449–50** *lacking in A*. **4451** mælte] > saghþe *hd 2*. æru] vara; *another line follows*: þa þe hærra Ivan sagho fara. **4452** varþer] varþ. hæræ] hær; *another line follows*: ok diævulin siælver (> siælvum *hd 2*?) komin nær. **4459** utan] utan alt. **4461–62** *lacking in A*. **4463** þæt—nokor] nokot viþ. **4468** þær] hær. **4472** genast] genast þær. **4473** ælla] > æller? *hd 2*? **4477** mykin] mykit. **4480** þy matte] þæs mat. **4483–84** *lacking in A*. **4485** land] *lacking in A*. **4490** fru] iomfru.

4500 at] > þæt *hd 2*. **4509–10** *lacking in A*. **4511** at] ok. donde] + en *hd 2*. **4517** at] a husit. **4518** biþæ] bliva. **4521–22** *lacking in A*. **4532** at] > þæt *hd 2*. þæt] *lacking in A*. **4535–36** *lacking in A*. **4545–49** *lacking in A*. **4553** þær] hær. **4573–74** *lacking in A*. **4575** frughur] frughur sum. **4576** varo þera] monde þe. **4579** halsa] halla. **4586** þær] < til. **4587** oæra] sara. **4593** var] ær.

4605 at] > þæt *hd 2*. **4609–10** *lacking in A*. **4614** at] > þæt *hd 2*. **4616** monu] mon. **4617** æru] æru kompna. **4620** at *lacking in A*. **4625–36** *lacking in A*. **4631** ok] han. **4633** Iþer] Iþer alla. **4634** Iþer] + *hd 2*. **4645** konung] < riddare. **4646** ful] + *hd 2*. **4650** mang] ok mang. **4655** for] at (> þæt *hd 2*) for. **4661** sina] sina stora. **4673** en] *lacking in A*. **4675** hærra] hær. **4680** um] *lacking in A*. han] + *hd 2*. **4686** at] > þæt *hd 2*. **4691–92** *thus F*; þa æru vi løsa af þænnæ qviþa / ok maghom vi siþan mæþ naþer bliva *A*, *N*. **4694** at] > þæt *hd 2*.

4700 fyr æn Guþ vil os sina naþer sænda. **4701** nøþ] døþ. **4703** sva] *lacking in A*. **4704** *first* at] > þæt *hd 2*. **4707–08** *lacking in A*. **4711** at] > þæt *hd 2*. **4712** tiughu] tva. **4713** ække] eigh. **4720** ok os sva sara mon forsma. **4721–28** *lacking in A*. **4735** gar] gør. **4737** ævintyr] ævintyr kunno. **4741– 44** *lacking in A*. **4747** til] + **4748** at] > þæt *hd 2*. **4749–52** *lacking in A*. **4753–54** *verse order reversed in A*. **4762** sven] svena. **4764** þæt] þæt þa. **4767** ok] þa. mælte] > saghþe *hd 2*. **4772** hvat] > hvar *hd 2*. **4777** frua] iomfru. **4783** varo] varo baþa. **4785–86** *lacking in A*. **4797** at] > þæt *hd 2*.

4803–04 *lacking in A*. **4806** skæmptan] > glæþe *hd 2*. **4807–08** *lacking in A*. **4822** siælvom] *lacking in A*. **4823** untvæpner siælf] umfæmpner. **4827– 28** *lacking in A*. **4829** lot] mon. **4831–34** *lacking in A*. **4835–36** æn þotte hænne þæt oflitit væra / hvat hon matte honum til høvisko gæra. **4843–44** *lacking in A*. **4847** þe] þe stolta. **4854** tok] tok þa. **4861** at] > þæt *hd 2*. **4865– 66** *lacking in A*. **4871** mælte] > talaþe *hd 2*. **4874** at] > þæt *hd 2*. **4887** ok] sum. **4889** mælte] > saghþe *hd 2*. **4891** at] > þæt *hd 2*. **4893** ændelik] *lacking in A*. **4894** þæt—sva] þær se up a. **4897–98** *lacking in A*.

4901 þæn kamp] þe kæmpa. **4905–08** *lacking in A*. **4923–24** *lacking in A*. **4935** þe—starke] han var starker. **4940** þær—þa] þæt laghþis þa niþer. þæn val] en pal. **4947–48** *lacking in A*. **4949** mælto] > talaþo *hd 2*. **4950** os] þik. **4953–58** *lacking in A*. **4959** skiut] hit. **4961** at] > þæt *hd 2*. **4972** lango] genast. **4973–80** *lacking in A*. **4982** vare Iþer] matte Iþer vara. **4985–88** *lacking in A*.

5004 halda] nu behalda. **5007–08** *lacking in A*. **5013** at] > þæt *hd 2*. **5019–20** *lacking in A*. **5022** for] af. **5027** hærra Ivan] *thus E*; ok *A*, *N*. **5030** at] > þæt *hd 2*. **5035–36** *lacking in A*. **5049–50** *lacking in A*. **5055–56** *lacking in A*. **5065–74** *lacking in A*. **5075** unda] lundæ. **5076** blødde] klædde. allæ] manga. **5080** af] af alle. qviþ] > qviþe *hd 2*? **5081–82** *lacking in A*. **5085–86** *lacking in A*. **5087** þær] sum. **5093** þit] þy at. **5097** þæt førstæ] þa. **5098** at] > þæt *hd 2*. vændis honum] honum gik. **5099** *lacking in A*.

5100 *lacking in A*. **5101** hals] hiælm. **5103** *lacking in A*. **5105** mælto] > saghþo *hd 2*. **5107** land] lunder. **5109–10** *lacking in A*. **5117** til Momppaler] til *plus empty space* > ivir mær *hd 2*. **5118** þær] *lacking in A*. ofmær] þæræ. **5125–28** *lacking in A*. **5135–36** *lacking in A*. **5142** ække] eigh. **5143** til mik] af þik. **5145** Mat] ok ma. ær] + *hd 2*. **5147–48** *lacking in A*. **5153–54**

lacking in A. **5155** at] *lacking in A.* **5156** þær] sum. **5157–66** *lacking in A.* **5174** til] i. **5175** þy at I þæt sannelika vita ma. **5176** for—svik] hvat iak forma. **5177** mælte] > saghþe *hd 2.* **5180** møþa] døþer. **5181–82** *lacking in A.* **5183** at] > þæt *hd 2.* **5184** um] nu. **5185** gør þik] gar þæt. **5187–90** *lacking in A.* **5193** tokt—kan] bæter kan tokt ok æro. **5194** æro] æro vil. **5199** *lacking in A.*

5200 *lacking in A.* **5210** at] > þæt *hd 2.* **5212** at] > þæt *hd 2.* **5214** at] > þæt *hd 2.* **5216** þy at; *rest of verse filled in by sixteenth-century hand.* **5219** lat] latin. **5221–22** *lacking in A.* **5224** iak far] far iak. **5233–36** *lacking in A.* **5238** þok] þy < þo? *hd 2.* hær aldrigh] aldrigh ater. **5241** fatøk] høviska. **5247–48** *lacking in A.* **5247** faræ] *thus F*; fara *N*. **5248** skaræ] *thus F*; skari *N*. **5250** bøghþis] buþus honum. **5252** at] > þæt *hd 2.* **5254** at] > þæt *hd 2.* **5263–64** *lacking in A.* **5271** þem af] þera. **5273** þæþan] hæþan. **5279–80** *lacking in A.* **5282** at] > þæt *hd 2.* **5285–88** *lacking in A.* **5290** eigh] eigh hænne. **5295** at] > þæt *hd 2.* **5299** *lacking in A.*

5300 *lacking in A.* **5301** stolta lata] stolt um lata. **5307** þær—ær] sum han ær. **5308** haver] haver nu. **5318** mælte] > saghþe *hd 2.* **5329** Han—nu] Han tok. **5331–32** *lacking in A.* **5337** æn] > at *hd 2.* **5340** riddara] + *hd 2.* **5345** sva—hus] i en kastel. **5354** hafþe] < haver? takit] + *hd 2.* **5357** af] þæt. **5358** hvat] hvat handa. **5359–60** *lacking in A.* **5361** mælte] > saghþe *hd 2.* **5363–64** *lacking in A.* **5365** giærnæ] *lacking in A.* **5366** baþæ] < bæter *hd 2.* **5376** at] > þæt *hd 2.* **5377** goþs] *lacking in A.* **5378** þy] *lacking in A.* **5379–80** *lacking in A.* **5382** at] > þæt *hd 2.* **5383–84** *lacking in A.* **5388** at] > þæt *hd 2.* **5391–92** *lacking in A.* **5394** fanger eigh] far. **5397–98** *lacking in A.*

5402 hænne] ræt. **5403** iomfru] *lacking in A.* **5405** Guþ] < han *hd 2*? **5406** gøra] høra. **5407** allæ] mange. **5413** farande] < gangande. **5414** hva] < hvar. **5417–18** *lacking in A.* **5420** at] > þæt *hd 2.* var] ær. **5423–24** *lacking in A.* **5430** sva] *lacking in A.* **5431** først] þa. **5433** en] > æn *hd 2.* **5434** mælte] > saghþe *hd 2.* **5436** hon—fik] han þe iomfru untfik. **5439–42** *lacking in A.* **5453** hænne] Iþra. Iþra] hænna. **5454** hava–goþs] mit goþs hava. **5466** þæt—man] Nu man man þæt. **5467** riddare] hærra. **5471–72** *lacking in A.* **5474** for] nu for. **5477** þæt—siælvum] mærkia þæt mæþ. **5485** fyrre] fyr a bale. **5486** þæt] þæt a mik. **5488** þæsse] þæsse goþo. **5489** skilia] + bæggias *hd 2.* **5490** ægher] + nu *hd 2.* **5491–92** *lacking in A.* **5493** mælte] > saghþe *hd 2.* **5494** naþa] naþ. **5499** *lacking in A.*

5500 *lacking in A.* **5506** ok—þær] annan þera. **5509** kompana] kæmpa. **5513–16** *lacking in A.* **5524** at—glævia] sva at þæt alt. **5529** þe] ok. fara] sva. **5533–34** *lacking in A.* **5536** þe þrykto] þa gik. **5541** varo slio] *lacking in A.* ok matto] þe matto þa. **5547–48** *lacking in A.* **5552** þæt] < at? *hd 2.* **5555** sva] + **5556** þæt] < at? *hd 2.* **5559–64** *lacking in A.* **5566** lek] pris. **5571** en] + litin *hd 2.* **5573–74** *lacking in A.* **5575** ok] þa. **5579–80** *lacking in A.* **5582** þæn] for þæn. **5584** at] > þæt *hd 2.* **5587** hvar] + *hd 2.* **5590** hælder ok nær honum mæþ frygþþine liva (< bliva). **5593** at] > þæt *hd 2.* sva] + *hd 2.*

5609–10 *verses precede v. 5615.* **5610** langa] > langar *hd 2.* **5611–12** *lacking in A.* **5623** sa] < sva. **5625** hvarkin] + *hd 2.* **5627** mælte] > saghþe *hd 2.* **5629–30** *lacking in A.* **5636** up] at. **5637–38** *lacking in A.* **5641** at] > þæt *hd 2.* **5646** *first* at] > þæt *hd 2.* **5647** tvæggia hand] andra tvæggia. **5656** vara] eigh *hd 2.* **5657** þy] *lacking in A.* **5659–60** *lacking in A.* **5661** mælte] > talaþe *hd 2.* **5669** *before* iak] + þær *hd 2.* **5672** iæmharþlik] æn harþlikare. **5681** at] > þæt *hd 2.* **5684** bland] i bland. ok] > æller *hd 2.* **5690** at] > þæt *hd 2.* **5692** i—dagha] a mina tro. **5695–96** *lacking in A.* **5698** letæ] lata.

5704 ække] < eigh *hd 2.* **5709** at] > þæt *hd 2.* **5712** at] > þæt *hd 2.* **5713–14** *lacking in A.* **5715** mælte] > saghþe *hd 2.* **5725** þæt førstæ] þa. **5730** at] > þæt *hd 2.* **5732** at] > þæt *hd 2.* **5733–34** *lacking in A.* **5735** mik] iak vilde mik + giærna *hd 2.* **5742** þa—sva] at (> þæt *hd 2*) sva. mælte (> talaþe *hd 2*) þa. **5753** min] Iþan. **5757** at] > þæt *hd 2.* **5758** folk] + **5763** at] at gørla. **5773** mælte—svor] svor þa. **5779** eigh] *lacking in A.* **5780** at] > þæt *hd 2.* þik] + eigh. **5797** at] > þæt *hd 2.*

5801 at] > þæt *hd 2.* **5802** varþne] *lacking in A.* satte] > sate *hd 2.* **5803** mælte] > saghþe *hd 2.* **5807–08** *lacking in A.* **5813–14** *lacking in A.* **5815** ær] ær þænne. **5818** mælte] > talaþe *hd 2.* **5829** hælder] nu. **5831** æn] mæþ > mæþan *hd 2.* **5834** at] > þæt *hd 2.* mælte] > saghþe *hd 2.* **5839** honum] *lacking in A.* **5840** vara ma] ma vara sva. **5842** at] > þæt *hd 2.* **5845–46** *lacking in A.* **5850** sva at] *lacking in A.* **5851–54** *lacking in A.* **5855** mælte] > saghþe æn *hd 2.* **5857** visa] bevisa. **5858** þæssa] þæssa goþa. **5870** ær] ær nu. **5883** skal] skal nu. **5885–86** *lacking in A.* **5893–94** *lacking in A.*

5900 sik viliæ] sum vil sik. **5903** Iþer at] hænne ræt hær. **5904** ræt—mot] þæt hon ægher ræt mæþ. **5905–06** *lacking in A.* **5909** at] > þæt *hd 2.* **5915–16** *lacking in A.* **5923** min systerson] at (> þæt) þu skal. **5933–36** *vv. 5935–36 precede vv. 5933–34.* **5934** vara] + **5937–40** *lacking in A.* **5949–50** *lacking in A.* **5953** mælte] > saghþe *hd 2.* **5960** ok] þe. **5961** þæþan] baþa. **5963–64** *lacking in A.* **5969** lista] list. **5970** þær—mistan] hafþe hon mist. **5973** ræddos] ræddos alle. **5974** þem] þem gøra. **5981–82** *lacking in A.* **5987–88** *lacking in A.* **5995** mælte] > saghþe *hd 2.*

6003–04 *lacking in A.* **6010** han] + ful *hd 2.* **6015–16** *lacking in A.* **6017** vara] > varo *hd 2.* **6019** gingo] gingo siþan. **6023–24** *lacking in A.* **6026** i] i alt. **6027** sva] *lacking in A.* **6040** at] > þæt *hd 2.* **6044** sva] *lacking in A.* **6045** honum] mik al (< alt? *hd 2*). **6047** han] iak. **6048** ok biuþa] iak biuþer. **6050** han] iak. **6051–52** *lacking in A.* **6054** han hænne] iak. **6055–58** *lacking in A.* **6065** gik] ok gik. **6069** haghl ok] ok haghl ok ræghn ok. **6070** þæt var þær for utan lisa. **6071** ok] ok storan. **6075–76** *lacking in A.* **6080** at—sinne] æn innæ. **6083** bannaþo] bannaþo þa. **6088** en] *lacking in A.* **6091** slik] slikt. omak] omaka. **6092** þera] þera rætta. **6093** mælte] > saghþe *hd 2.*

6132 at] > þæt *hd 2.* **6133** þola] lata. **6146** þær] sum. **6151** þu] iak ræt. **6159** þæt vari min fru nøþ sum ma. **6174** at] > þæt *hd 2.* **6175** frugha] > husfrugha *hd 2.* **6176** þær] sum. **6185** sva] hær. **6188** frugha] > husfrugha *hd 2.* **6189** iak] sik. **6197** vreþes] ræþas.

6212 lønlika] lønlika æller. **6214** kan] + siþan *hd 2*. **6219** at] > þæt *hd 2*. **6220** ma] ma livit. **6223** fru] > husfru *hd 2*. **6228** at] > þæt *hd 2*. **6232** riþir] < riþin? *hd 2*? **6240** at] > þæt *hd 2*. **6242** at] > þæt *hd 2*. **6252** mælte] > talaþe *hd 2*. **6256** at leta] *thus B*; leta *A , N*. **6257** latin] þa latin. **6271** varþ] *thus B*; var *A , N*. **6277–78** *lacking in A*. **6285** mik] mik nu. **6286** mik] iak nu. **6296** þæt þakkar iak Iþer þe salugha qvinna. **6297** mælte] > saghþe *hd 2*. **6299** biþa] bliva.

6304 kænner] þa kænner. hærra] hiærta. **6307–08** *lacking in A*. **6311–12** *lacking in A*. **6315–16** *lacking in A*. **6318** mælte] > saghþe *hd 2*. **6319** nu] *lacking in A*. **6323** høvisklik] minnelika. **6329** mælte] > saghþe *hd 2*. **6343** baþ] tok. **6345** mælte] > talaþe *hd 2*. **6347–48** *lacking in A*. **6364** an] < æn? **6365** forsmaþ] forsmat. **6368** ater] *lacking in A*. **6381–82** *lacking in A*. **6388** nu] nu ræt. **6399** fran alle] væl for utan.

6405 mælte] > talaþe *hd 2*. **6410** qviþ] qviþe (qviþo?). **6412** til] + mykin *hd 2*. ok skæmptan] *crossed out.* vænd] sænd. **6417** Iþer] Iþer mugha.

SELECT BIBLIOGRAPHY

Bergman, Gösta. *A Short History of the Swedish Language.* Translated and adapted by Francis P. Magoun, Jr., and Helge Kökeritz. 2nd revised edition. Stockholm: The Swedish Institute for Cultural Relations with Foreign Countries, 1973.

Haugen, Einar. *The Scandinavian Languages: An Introduction to Their History.* Cambridge, MA: Harvard University Press, 1976.

Hunt, Tony. "Herr Ivan Lejonriddaren." *Medieval Scandinavia*, 8 (1975), 168–86.

Jansson, Valter. *Eufemiavisorna. En filologisk undersökning.* Uppsala universitets årsskrift. Recueil de travaux publié par l'université d'Uppsala 1945:8. Uppsala / Leipzig: Lundequistska bokhandeln / Harrassowitz, 1945.

Liffman, J. W., and George Stephens. *Herr Ivan Lejon-riddaren, en svensk rimmad dikt ifrån 1300-talet, tillhörande sago-kretsen om kung Artur och hans runda bord. Efter Gamla Handskrifter.* Samlingar utgifna af Svenska fornskriftsällskapet 5. Stockholm: Norstedt, 1849.

Noreen, Adolf. *Altschwedische grammatik mit einschluss des altgutnischen.* Sammlung kurzer grammatiken germanischer dialekte, 8. Altnordische grammatik, 2. Halle: Max Niemeyer, 1904.

Noreen, Erik. *Studier rörande Eufemiavisorna. 3. Textkritiska studier över Herr Ivan.* Skrifter utgivna av Kungl Humanistiska Vetenskapssamfundet i Uppsala 26:1. Uppsala: Almqvist & Wiksell, 1929.

_____. *Herr Ivan. Kritisk upplaga.* Samlingar utgivna av Svenska fornskriftsällskapet 50. Uppsala, Almqvist & Wiksell, 1931.

Sawicki, Stanislaw. *Die Eufemiavisor. Stilstudien zur nordischen Reimlitteratur des Mittelalters.* Skrifter utgivna av Kungl humanistiska vetenskapssamfundet i Lund, 28. Lund: Gleerup, 1939.

Wessén, Elias. *Schwedische Sprachgeschichte*, 1-3. Grundriss der germanischen Philologie, 18. Berlin: Walter de Gruyter, 1970.

Åström, Patrik. "The manuscripts of *Skemptan.*" *Master Golyas and Sweden. The Transformation of a Clerical Satire.* Ed. Olle Ferm and Bridget Morris. Runica et Mediævalia. Scripta Minora, 2. Stockholm: Sällskapet Runica et Mediævalia, 1997. Pp. 235–56.

ARTHURIAN ARCHIVES

I, II. EARLY FRENCH TRISTAN POEMS
Edited by Norris J. Lacy

III. NORSE ROMANCE I: THE TRISTAN LEGEND
Edited by Marianne E. Kalinke

IV. NORSE ROMANCE II: THE KNIGHTS OF THE ROUND TABLE
Edited by Marianne E. Kalinke

V. NORSE ROMANCE III: *HÆRRA IVAN*
Edited by Henrik Williams and Karin Palmgrin

VI. DUTCH ROMANCES I: *ROMAN VAN WALEWEIN*
Edited by David F. Johnson and Geert H.M. Claassens

VII. DUTCH ROMANCES II: *FERGUUT*
Edited by David F. Johnson and Geert H.M. Claassens

VIII. ITALIAN LITERATURE I: *TRISTIANO PANCIATICHIANO*
Edited by Gloria Allaire

IX. GERMAN ROMANCE I: *DANIEL VON DEM BLUHENDEN TAL*
Edited by Michael Resler

X. DUTCH ROMANCES III: FIVE INTERPOLATED ROMANCES FROM THE *LANCELOT COMPILIATION*
Edited by David F. Johnson and Geert H.M. Claassens

XI. LATIN ARTHURIAN LITERATURE
Edited by Mildred Leake Day

XII. ITALIAN LITERATURE II: *TRISTANO RICCARDIANO*
Edited by F. Regina Psaki

XIII. FRENCH ARTHURIAN ROMANCE III: *LE CHEVALIER AS DEUS ESPEES*
Edited by Paul Vincent Rockwell

XIV. FRENCH ARTHURIAN LITERATURE IV: ELEVEN OLD FRENCH NARRATIVE LAYS
Edited by Glyn S. Burgess and Leslie C. Brook

XV. GERMAN ROMANCE II: *GAURIEL VON MUNTABEL*
Konrad von Stoffeln
Edited by Siegfried Christoph

XVI. GERMAN ROMANCE III: *IWEIN*, OR *THE KNIGHT WITH THE LION*
Hartmann von Aue
Edited by Cyril Edwards

XVII. GERMAN ROMANCE IV: *LANZELET*
Ulrich von Zatzikhoven
Edited by Kathleen J. Meyer

www.ingramcontent.com/pod-product-compliance
Ingram Content Group UK Ltd.
Pitfield, Milton Keynes, MK11 3LW, UK
UKHW021045200426
11947UKWH00037B/1519